库叔说

为什么是五个手指

－热门黑科技与冷知识－

瞭望智库◎编著

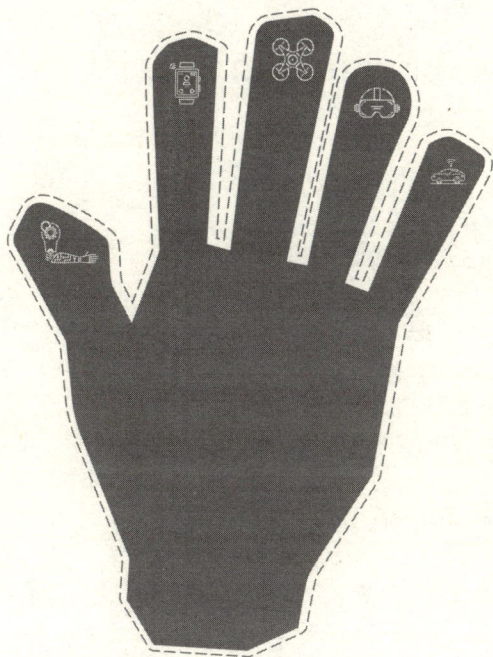

中国出版集团　现代出版社

图书在版编目（CIP）数据

为什么是五个手指：热门黑科技与冷知识 / 瞭望智库编著 . –– 北京 ：现代出版社，2019.6

（库叔说）

ISBN 978-7-5143-7738-5

Ⅰ. ①为⋯ Ⅱ. ①瞭⋯ Ⅲ. ①科学知识—普及读物 Ⅳ. ① Z228

中国版本图书馆 CIP 数据核字 (2019) 第 058106 号

版权声明

为什么是五个手指：热门黑科技与冷知识（库叔说）

编　　者：瞭望智库
责任编辑：张　霆
出版发行：现代出版社
通信地址：北京市安定门外安华里 504 号
邮政编码：100011
电　　话：010-64267325　64245264（传真）
网　　址：www.1980xd.com
电子邮箱：xiandai@vip.sina.com
印　　刷：三河市南阳印刷有限公司

开　　本：710mm×1000mm　1/16
印　　张：18　　　　　　　　字　　数：274 千
版　　次：2019 年 6 月第 1 版　　印　　次：2019 年 8 月第 2 次印刷
书　　号：ISBN 978-7-5143-7738-5
定　　价：42.00 元

中国黑科技

那些逆天的技术

人类的秘密

生存的危机

神奇动物在哪里

中国黑科技

01

这项世界轰动的中国顶尖科技，
抹黑之前要先动脑

导语： *愿中国青年都摆脱冷气，只是向上走，不必听自暴自弃者流的话。能做事的做事，能发声的发声。有一分热，发一分光。*

量子卫星上天，引起了中国人民对量子科学空前的关注。与此同时，对量子通信的否定也在网络上掀起了新的高潮。许多朋友来问笔者，应该如何看待这些说法。基本的回答其实很简单：只有符合学术规范的质疑，才值得认真对待。

在网上常见的对量子通信的否定，分为几个层面。

技术性质疑

有观点认为："量子通信的信号安全是以牺牲通信的稳定性为代价的，有了敌方干预就干不成事的量子通信系统最终也只能沦为一个摆设。"

跟各种否定相比，这是层次最高的一种，因为谈的确实是一个科学问题。

不过这个问题也容易回答：传统通信中，无法知道是否有人窃听。而在量子通信中，一旦有间谍干扰，通信方就会发现，这是个巨大的优势。然后就会一边中断通信，一边出动军队、警察搜捕间谍。因此对敌方来说，干扰量子通信是风险极高、收益极低的事，花很高的成本培养间谍，偷不到信息，只能阻断一次通信然后就暴露，比自杀式攻击还不如。

上述观点认为敌方持续干扰量子系统就无法通信，这话在技术上是正确的，但前提是执法部门完全是废柴，坐视干扰不动，这可能吗？另外，传统通信倒是可以在干扰下继续通信，但信息泄露了，难道这更可取吗？如果本来就不在意保密，只在意畅通，那直接用传统通信就好了，何必考虑量子通信？

不承认量子力学原理

又有观点认为："所谓非定域关联（非定域性，隔空鬼魅作用）——'当测量一个粒子时，另一个与之关联的粒子会瞬时改变状态，无论它们相距多么遥远。'——纯属谎言，因而所谓'量子隐形传态可用于大容量、原则上不可破译（万无一失）的保密通信，也是量子计算的基础'是无稽之谈。"

一般人看不懂这是在说什么，但物理专业的人明白，其是在说量子纠缠现象不存在，但实际上这是一个已经被许多实验证明、学术界普遍接受的现象。

该观点还称："相信这个断言绝对经得起历史的检验，无后顾之忧，无须说等着瞧。"这是很可笑的做法，好比在莱特兄弟发明飞机之后，还在反复声明"用比空气重的材料不可能造出能飞的机器"。即使重复次数再多，嗓门再大，诈唬住的外行再多，难道就"绝对经得起历史的检验"了吗？

把比喻当科学表述

再有观点称："潘建伟大师的终极目标是大变活人，用量子纠缠态进行隐形传输，把一个人分解了以接近光速瞬间传输到另一个遥远的地方组装，这么重大的军事价值，国家应该投资几万亿。"

显然提出这一观点的人没有看懂，这只是对量子隐形传态的一个比喻。

1997年潘建伟参与实现了光子的一个自由度的量子隐形传态，入选《自然》杂志的"百年物理学21篇经典论文"。2015年潘建伟、陆朝阳等人实现了光子的两个自由度的量子隐形传态，被英国物理学会评为年度十大物理学突破之首。这些是实实在在、获得公认的科学成就。原理上，用量子隐形传态是可以传人的，只是人体的自由度大概有10^{28}之多，所以离实现还太遥远。

科学家在媒体面前经常有一种无奈：说得专业、准确，对方听不懂；做个形象的比喻，又损失了准确性。要质疑科学家，针对的应该是他们的科学著作，而不是媒体上的比喻。

有罪推定

还有观点称："原来中国应用量子保密通信技术已经整整七年了，号称在芜湖搞了首个'不怕黑客攻击不怕木马窃听'的量子政务网。如果量子通信已经那么好使，七年来怎么没见在别的城市建第二个？反而想着上天去试验？"

首先，事实错误，依托于中科大科研成果的合肥城域量子通信网、济南量子通信网也都建成，且通过多年的应用实践，城域量子通信方面已达到产业化要求。其次，逻辑错误，难道地面不多建几个网，就不能上天试验？只有预先认定量子通信是骗局的人，才会接受这种"疑邻偷斧"的思维。

自卑到底

如："我不懂专业，但从朴素的感情出发，我不信中国能做出世界第一的科技贡献。""短期内凡声称有超过美国的黑科技肯定是骗局。"

这种人已经陷入了失败者的思维模式，你永远叫不醒装睡的人。

直接造谣

以上这些还算在讲道理，而有些人是一点道理都不讲，直接造谣传谣。如说量子通信是滥竽充数，主管领导骑虎难下同流合污，所有人都知道是骗局，只有国家高层的领导不知道。

其实，关于量子通信已经有了许多很好的科普作品，引起了广泛的兴趣。很多读者即使没有完全看懂，也提高了科学素养。但否定量子通信的人，全都充耳不闻。他们不明白，量子通信不仅是一个工程项目，也是一个科研领域。全世界有成千上万的科学家在进行研究，成果公开发表在科学期刊上。如果科学原理方面有什么错误，一来投稿时通不过评委审议，二来即使发表了也会被更大范围的同行发现。如果量子通信像这些人说的这么糟糕，早就被提出来，而且引起热烈的讨论了。之所以没有，正是因为这些观点不成立，在正规学术期刊上发表不了。

学术界通行的方式，是在经过同行评议的杂志上发表文章，进而进入科学共同体的科学探讨。在网络上发表文章的做法，说到底与民科差不多，只能影响舆论，不能影响科研。如果量子通信工作者对这些无理搅三分的质疑都要回应，那他们哪还有时间做研究？对科学问题，只有符合学术规范的质疑才值得认真对待。

普通人往往对科学界有一种阴谋论的想象——一群人共谋隐藏真相，只有少数正直的人站出来揭穿他们。这种图像不符合人性，因为指出错误的收获太大了。要给出多大的利益，才能让这么多人共谋呢？推翻一个学科是一种巨大的学术成果，如果可行的话，早就有许多科学家去做了，可以名利双收。他们为什么不做？因为推翻不了。

量子通信的研究者们是一个开放、公开、遍布全球、互相监督的团体，不是某些人想象中的阴谋集团。应该把科学家理解为正常人，而不是阴谋家。

需要强调一下，量子通信不是个可有可无的问题，而是个迫在眉睫的问题。

传统通信的保密，是建立在因数分解的计算量指数增长上的。而量子计算机能把计算量降低到多项式增长，原本需要计算几十亿年的会变成只需要几分钟。

当量子计算机实用化时，传统通信将变成完全无密可言。中国没有量子通信，就会被敌人技术突袭。有没有量子通信，不是 80 分和 90 分的区别，而是 0 和 1 的区别，甚至生和死的区别。

这世界上，总是有人通过建设来表现价值，有人通过诋毁别人的建设来表现价值。谩骂量子通信的网络舆论，是自暴自弃者的狂欢，彰显人性的丑陋一面。

让我们回顾鲁迅先生的两段文字：

我独不解中国人何以于旧状况那么心平气和，于较新的机运就这么疾首蹙额；于已成之局那么委曲求全，于初兴之事就这么求全责备？

愿中国青年都摆脱冷气，只是向上走，不必听自暴自弃者流的话。能做事的做事，能发声的发声。有一分热，发一分光。

撰文：袁岚峰　中国科学技术大学合肥微尺度物质科学国家实验室副研究员、科技与战略风云学会会长

02

中国电信业，20 年的逆势崛起！

导语：2018 年 4 月 2 日，《印度时报》报道称，印度边境军事基建的缺失只会进一步加剧与中国在军事能力上的严重不对称。

报道中，一名负责在边界"监视"解放军的印度军官诉苦，称他们那边既没有道路也没有信号，哪怕搬运一名伤员都是巨大的挑战，因为仅有的道路经常被山体滑坡堵塞。

更让印军崩溃的是，印度士兵们在通往中印边界的崎岖道路上行走着，突然，早已没有信号的手机显示出"欢迎来到中国"的字样，时间变成快了两个半小时的北京时间，信号也很稳定。

10010
Welcome to China and use China Unicom's network.Please dial + for international call/sms. Enjoy your journey in China.

资料图片

读了这条新闻，库叔除了看到中国军人因为良好基建所带来的快速部署能力，还看到了中国电信业覆盖范围之广，即使在偏僻遥远的中国藏南，都能有这么强的手机信号。

一直以来，很少有人谈论中国电信业，很多人也容易忽视的是：中国电信业从国际上不值一提的小角色，到成为全球"带头大哥"也不过用了不到20年的时间。

中国电信业的成长史，伴随着科技发展、大国博弈的故事，极其精彩！

标准背后是国家利益

众所周知，技术全球领先的美国制定了很多国际电信标准。

标准是行业的"灯塔"和"指南针"，国际电信标准的制定权是掌控电信产业主导权的关键，是国家核心竞争力之一。

美国人不是活雷锋，他们垄断国际电信标准是为了控制行业，从而牟取暴利。

1985年7月，7名专家在雅各布博士家中达成一致，决定创建高通公司。

一家靠卖标准获利的公司就这样诞生了。

成立不久，这家公司就拥有了4000多项相关专利，其中很多被国际电信联盟采纳。通过给全球100多家通信设备制造商进行专利授权，高通赚了个盆满钵盈。

制定国际电信标准的门槛很高，高新技术和雄厚资金缺一不可。大多数国家只能对美国唯命是从。

但是，欧洲国家不甘心。20世纪80年代，它们组成了国际电信标准的另一极——美标和欧标开始分庭抗礼。

美标出台时，摩托罗拉等美企便宣布大力支持，并应用到自己全线产品中；欧标一问世，爱立信和诺基亚等欧企当然会力挺。

这些企业巨头的支持是标准产生影响力的关键。

同时代的中国是什么情况呢？

那时，严重缺乏通信技术专利的中国，只能搞劳动密集型产业，成了全球最大的手机代工基地。

外国人以专利费的名义拿走了大部分利润，中国的巨型企业和海量工人只能挣点小钱。

掌握技术标准才能发大财，否则只能仰人鼻息、勉强糊口。

由此，中国人切身感受到了技术标准的重要性。

中国连滚带爬赶上末班车

在 2G 时代，欧美国家一边赚着大钱，一边搞 3G 技术标准。

改革开放后，有迅猛发展的经济做基础，我们意识到：中国不能再跟在美国和欧洲后面跑了，必须在 3G 技术标准上有所作为！

然而，欧美国家的一道道技术壁垒和专利陷阱都已铺好，外人很难从中分得一杯羹。

于是，中国另辟蹊径，选择"时分双工"作为突破口。

当时，大家普遍看好的是"频分双工"，因为它继承了 2G 技术设备；而"时分双工"缺乏工程基础，尚处于理论研究阶段，有风险。

上不上？当伙计没前途，当老板才有未来。中国决定：必须上！

1997 年 4 月，国际电信联盟向各国发出征集函，征集第三代移动通信（3G）技术标准，中国政府指定大唐集团进行论证和筹备。

1998 年 1 月，国内组织权威专家进行论证，召开了香山会议，最后决定 4 月 30 日前向国际电信联盟提交 TD-SCDMA 标准（即中国版的 3G 技术标准）提案。

然而，当时中国在 3G 方面的专利数量与国际电信联盟要求的数量差了一半，不足以发起国际电信标准的申请，时间还剩下 3 个月了，临时进行研究和申请也根本来不及。

怎么办？

中国盯上了西门子的 TD-CDMA（注意没有 S），因为它比较符合中国的

TD-SCDMA 技术路线。

当时，西门子的技术实力非常强，但是，由于其 3G 技术路线与其他欧洲企业不同，所以"落了单"。

欧洲向来抱团出击，因此，西门子"不合群"的标准体系很可能会被牺牲掉。

西门子意识到，等国际标准定下来，自家的技术真的就成废纸了。

与其砸在手里，不如尽快卖掉。

由此，双方一拍即合：中国买进西门子的技术专利，凑够了数量，赶上了申请 3G 国际标准的末班车。

挤进标准圈

在酝酿 3G 国际标准过程中，欧洲的 WCDMA（欧洲版的 3G 技术标准）比美国的 CDMA2000（美国版 3G 技术标准）优势明显。

欧洲也由此产生了一个宏伟的设想——打破美标和欧标并行的老局面，在 3G 时代将 WCDMA 树立为唯一的国际标准，将美国挤出标准制定圈。

美国当然不乐意了，他们的 CDMA2000 提案承载着美国电信企业的未来，怎能将主导权拱手让给欧洲？

不过他们也有些担心，因为当时欧标确实最优。

于是，美国决定联合中国抱团阻止欧洲一家独大，让中国的 TD-SCDMA 跟美国的 CDMA2000 一同进标准。

美国并不在乎中国标准也通过，他们认为，这无非就是在国际电信联盟的档案库里多份文件罢了，对美国并没有任何实质性影响，利用中国的帮助让美标挤进国际 3G 标准圈才是最终目的。

中美联合强调，国际上不能只有一种标准，随后获得了多个国家支持。

最终，欧标 WCDMA、美标 CDMA2000、中标 TD-SCDMA 共同成为 3G 国际标准，三足鼎力的国际格局就这样形成了。

中国代表团回国后，一个非常现实的问题摆在了眼前：TD-SCDMA 标准是锁在国际电信联盟的文件柜里当个摆设？还是真的把它做成产业？若真做产业，面临的难度可想而知。

当时有个提法，让中国铁通搞个区域性的 TD-SCDMA 网，这也算是产业化了。

但很多专家表示反对，他们认为小网络刺激不起产业规模，会越搞越缩水。而且，中国铁通的实力本来就不强，再交给它一个最艰巨的任务，结局可能很难看。

经过反复斟酌，政府终于下了决心，把这个最艰巨的任务交给技术实力最强的中国移动，做成全国性网络。

为此，政府重组中国电信业，将中国铁通并入中国移动，共同建设 TD-SCDMA。

与此同时，政府把当时最成熟、最优秀的欧标 WCDMA 交给中国联通经营，将美标 CDMA2000 交给中国电信经营。

中国移动的任务最艰巨。

中国的 TD-SCDMA 真的不行？

最初，中国的 TD-SCDMA 经营状况并不好，还曾被某些国人奚落嘲讽，是这项标准不行吗？

完全不是！

它足够先进，否则也不会被国际电信联盟批准成为 3G 的三大国际标准之一。

那么，为什么经营不好？

主要原因有以下四个：

一是它不像欧标 WCDMA 那样有 2G 时代的技术和设备积累；

二是智能天线等核心技术的工程化应用不给力；

三是当时宣布支持中国 TD-SCDMA 的企业规模都很小，跟欧美电信巨头无法相提并论。而前面也提到过，如果没有企业去研究和推广，那标准就毫无用处；

四是国内某些民众、大 V 等的唱衰，对 TD-SCDMA 的发展造成了一定阻碍。对于任何国家来说，把自己的电信标准推广开来是极为艰辛的，如果有国民的大力支持，就会产生更好的效果。

力挫 WiMAX 计划

3G 的三大国际标准建立后，美国发展怎样呢？

情况很不好。虽然美国的 CDMA2000 如愿成为了国际标准，但它在美国本土的应用其实远不如欧标 WCDMA，国外应用更不景气，最大的应用方居然是中国电信。

对于 3G 产业的颓势，美国没有坐视不管——既然电信业搞不过欧洲，那就借力计算机业这个长项来弥补电信业的短板。

于是，他们搞了个 WiMAX（美国的另一种 3G 标准，特点是大带宽，但移动性较差）。

与传统 3G 不同，WiMAX 构建在 IP 网络环境上，这就进入美国擅长的计算机领域了。

英特尔与摩托罗拉向 WiMAX 项目注资 9 亿美元，美国某运营商又注资 30 亿美元。如此大手笔的投入，WiMAX 一经面世就光芒四射。

这是美国依托强大的计算机产业试图对欧洲电信业发起的一次冲击。

美国遇到了一个难题：没有频率。因为全球统一频率划分是由国际电信联盟负责的，必须申请成为基础性的国际电信标准后才能得到全球频率。

也就是说，美国必须让 WiMAX 挤进 3G 国际电信标准，否则一切免谈。

国际电信联盟曾公告全世界，3G 标准提交的最后时间是 1998 年 6 月 30 日，而这时已经是 2007 年，大门已经关闭了 9 年。

然而，美国就是任性，硬是通过政治手段打开了国际电信联盟的大门。它召开专题会议，把 WiMAX 纳入第四个 3G 国际电信标准，并如愿得到了全球频率。

WiMAX横空出世，对外宣称是3.5G技术，有英特尔、IBM等巨头力挺，有国际电信联盟的全套手续，显现出了随时准备逆袭的势头。

在学术领域，研究WiMAX的论文呈爆发之势，而WCDMA论文数量则明显下降。

很多国家也加快了对WiMAX的推广。

北电（加拿大一家电信企业）将传统3G业务出售给阿尔卡特，孤注一掷地全面转向WiMAX。

除中国大陆之外的亚洲成了WiMAX的试验田，日本、韩国、马来西亚、菲律宾等都部署了WiMAX。

中国台湾也重重地押宝WiMAX，争先恐后地抢夺WiMAX牌照，全球一动、威迈思电信、远传电信、大众电信、大同电信、威达超舜电讯六家台湾企业都抢到了WiMAX牌照，准备大干一场。

WiMAX的搅局，令欧洲和中国很不安。

当初为了挤进3G标准，中国跟美国联合抗欧。现在，当然变成了中国跟欧洲联合抗美。

知道中国跟欧洲联合之后，美国非但不惊慌，还放出狂话"中国的TD-SCDMA没有前途，唯一的出路就是向WiMAX靠拢"。

为什么TD-SCDMA能向WiMAX靠拢呢？

因为两者都使用了TDD（时分双工）机制。

欧洲和中国加紧了抵制，2009年诺基亚的销售负责人公开批评WiMAX，把英特尔高管惹恼了，类似这样的斗争不断进行着。

但美国显然低估了欧洲和中国的实力。

欧洲电信商不生产WiMAX设备，WiMAX的通信基础设备就无法保证供应，使用体验越来越差。

而中国不开放全球最大的电信市场，WiMAX的应用量就被硬生生地切走了一大块。

这样，WiMAX慢慢就支撑不住了。

澳大利亚最早部署 WiMAX 的运营商老总在国际会议上痛骂 WiMAX，说室内覆盖在区区 400 米范围内就不行了，时延高达 1000 毫秒。他之前还在相关国际会议上对 WiMAX 赞不绝口，国际风向显然发生了变化。

2010 年，WiMAX 标准的最大支柱英特尔撑不住了，宣布解散 WiMAX 部门。

这可是一记要命的"闷棍"！ WiMAX 兵败如山倒，当初孤注一掷转向 WiMAX 的加拿大北电破产了。

马来西亚、菲律宾、韩国等亚洲国家纷纷从 WiMAX 转向 TD-LTE（中国主推的一种 4G 网络模式）。刚才提到 WiMAX 采用跟 TD 同样的"TDD 机制"，当时只能向中国的 TD-LTE 转换。

中国台湾在 WiMAX 上可是投入巨大，不肯轻易退出。自 2010 年英特尔退出 WiMAX 后，台湾又独自在 WiMAX 上苦撑了两年。等到 2012 年一盘算，发现六家运营商的 WiMAX 用户还不足 15 万，不及大陆一个贫困县！

它显然押错了宝，有报道称总共损失达 500 亿美元。钱没了可以再挣，但电信产业路线错误，耽误的可是一个时代。

2011 年 9 月，全球最大的 WiMAX 服务提供商美国 Clearwire 公司宣布与中国移动达成合作伙伴关系，共同推进基于 TD-LTE 标准的产品与设备开发，其业务重心最终由 WiMAX 转向了 TD-LTE。

中国电信业实现了逆袭！

1998 年，中国申请 3G 标准；到了 2013 年，国内 TD-SCDMA 网络基本成熟。

在这十多年的时间里，国际电信业波诡云谲，在国外拼杀多年的华为和中兴发展起来了，在全球四大电信设备商中，分别排名第一和第四。

以前说起国际电信业巨头，大家脑海里浮现的是摩托罗拉、诺基亚，现在，它们都没落了，摩托罗拉的移动事业部还被联想收购了。

华为和中兴才是妥妥的国际电信业巨头！

电信业有两大支柱，一是设备，二是市场。

当年欧洲卡住设备制造，中国不开放最大的电信市场，两个支柱一垮，WiMAX 就被掐死。

而如今，中国掌握着全球最强大的设备制造能力，拥有全球最大的电信市场，这就厉害了！

当年，中国"联美抗欧"挤进标准圈；

后来"联欧抗美"打压 WiMAX；

现在，中国要甩开欧洲、引领世界。

欧洲的 FDD 制式（欧洲的第四代移动通信模式）已经很成熟，如果跟着欧洲跑肯定永远不能出头，因此中国再次决定利用 TD 体制弯道超车。

难不难？

中国政府掌控着电信设备制造和最大的电信市场，两手都很硬，超车就不难，没用两年时间就将 TD 赶超到了能与 FDD 平分秋色。

2013 年 12 月 4 日，中国政府发布了 TD－LTE 的牌照，但没发 FDD-LTE 牌照，政策意图非常明显，就是要主推 TD 体制。

中国移动在 3G 时代憋坏了，抢了 4G 的 TD－LTE 牌照，不再继续投入 3G 时代的 TD-SCDMA 网络，集中全部力量上 4G。

按理说，牌照三大运营商都可以用，但联通和电信决定再等等，他们想经营 FDD 体制，这毕竟曾是电信业最强的欧洲主推制式。特别是联通，在 3G 时代尝到了欧洲制式的好处，想继续跟下去。

在联通和电信等 FDD 牌照的时间里，移动疯狂建 4G 基站，利用 4G 的先发优势狂抢联通和电信的老用户，用户数居然涨至 8 亿。

一年多后，政府看 TD 制式的基本盘稳住了，就发了 FDD 牌照，但联通和电信已经丧失了先机。联通近年来的利润持续下滑，董事长王晓初曾不止一次痛心疾首地表示错失了发展良机。

电信业特别强调标准统一，因为没有标准就不能互联互通，而标准具有很强的排他性，标准竞争的结果就是强者越强，然后垄断市场，弱者越弱，最终被淘汰。

过去，一直都是欧美标准引领世界，其技术标准一问世，就会被各大电信企业争抢。

然而，电信业江湖中冒出了中国这个设备、市场两手抓的"新大哥"。

中国帮美国，欧洲就吃不消；中国帮欧洲，美国就得吐血。

2013年，TD牌照发布时，联通和电信还对欧洲标准有所期盼，结果却是坐失良机，归根结底还是对电信江湖中美欧三家的势力消长判断失误。

移动及时跟上了步伐，现在日进斗金。

从跟跟跄跄地闯进国际电信标准圈的"小弟"，到成为全球电信业最重要的"带头大哥"，中国只用了不到20年。

当前，电信业的主题是5G（第五代移动通信），而中国是推进5G最积极的国家，没有之一。在5G相关的各种国际电信组织里，都有中国专家的身影。

现任国际电信联盟秘书长是赵厚麟，国际电信联盟的官方介绍很有意思，从不提联盟官员的国籍，只提出生地，例如赵秘书长生于江苏。

2013年，科技部、发改委、工信部联合成立了IMT-2020（5G）推进组，指导5G工作。

这个组织很重要——中国电信企业各有特长，在5G技术研发方面可不能"打乱仗"，进行统筹规划和合理分工才能减少内耗、形成合力。

在推进组的领导下，中国已经进行了两轮5G测试。除了华为、中兴、大唐这三大主力，还有一些国外企业参加，爱立信和英特尔均得到了中国政府的表扬。

欧美巨头企业为何会主动参加中国政府组织的5G测试？

中国的三大运营商计划投资1.2万亿元人民币，建造全球最大5G网，5G的未来在中国，国际电信企业当然乐于投奔。

中国电信业垄断坑人吗？

公众聊起中国电信业，最普遍的说法：运营商垄断电信市场，不让优秀的国外电信企业进入，信号特别差，坑害消费者。

这些说法是真的吗？

首先，我们来说说"垄断"。

大家都知道，电信业是从邮政业分离出来的，以前没有电话时靠的就是邮政。

邮政不是谁都可以经营的，各国都是如此，美国也曾有一部关于邮政专营的法律，对邮政进行严格限定，不准民间机构随便进入。

与邮政专营性质类似的，还有自来水专营、燃气专营等，这叫作"行政垄断"——这些公众事业涉及公民基础性安全，不能完全依赖市场经济规则，政府必须管控，这是对人民的负责。

电信运营商也是这个道理，既然不能随便设立，那么，应该有多少家呢？按理说如果只有一家，就会杜绝重复建设，从而降低成本，但是又容易形成价格垄断。

现在全世界各个国家通常设立 2 ～ 4 家全国性运营商，多数国家是三家，中国的全国性运营商有移动、联通、电信三家，这是国际主流模式。

电信业市场竞争非常惨烈。这一点，看看你周围就知道了。对于电信业销售人员来说，今年如果拼命完成了销售任务，明年的任务一定会涨。抱怨上级没人性是没用的，因为上级压力更大。

有的电信业销售人员早上 5 点贴的海报，被友商 6 点钟用自家海报给盖上了，然后就是争执甚至打架，而且一打架就是打群架，员工们自嘲说"连打架都不会，你还摆什么摊"。

全世界哪里有这种悲催的市场垄断？

其次，中国电信业运营市场不是没开放，而是开放了没人来。

中国地域广阔，运营全国性电信网络投入极高，有时候，砸入 100 亿元都看不到一点效果。这些，让无利不起早的外国电信运营商很无奈。

再次，还有人质问，为什么国内电信市场很少有国外设备？

这是因为中国电信企业的竞争力实在太强。华为和中兴在国外承揽电信工程时敢报对折价和对折工期，往往是以国家为单位承包的，就是说，你这个国家的电信基础设施我全包了，八个月内搞定。

中国工程师及工作人员也是吃苦耐劳，做事效率极高，这是其他任何国家没法比的。

我国电信设备市场其实早就开放了，但欧美国家的电信设备商在本国都被中国企业挤对得厉害，怎么会到主场来找虐呢？

这就好比种粮大户收了几十万斤小麦，正发愁着要去产能呢，你扛了一袋面粉去他家里卖，能卖得出去才怪。

最后，信号差就更不是事实了。

根据统计数据，中国移动的 4G 基站数量有 150 多万，中国电信 80 多万，中国联通有 70 多万。

全世界 500 万 4G 基站，中国占了 64%，其他 36% 由包括美国在内的其他 190 多个国家拥有。

中国的铁路沿线和国道基本都有信号，这是全球大国绝无仅有的。

美国黄石公园，如此美丽的全球著名旅游胜地居然没有信号，换作在中国，你敢想象吗？

三年前曾有人在微博上发了一张对比图，中国地铁上人人都在玩手机，而国外地铁上人人都在看报纸，帖子感慨道：我们是不是除了玩手机就没法活了？

后面跟贴无数，全是在批评中国人浮躁，羡慕外国人爱学习，连中国人的劣根性都讨论出来了。

实际上，外国地铁绝大多数都没有上网信号，他们想看手机而不可得，不看报纸看什么？

中国地铁率先解决了上网问题，而同期国外的地铁是没信号的，这两年华为承揽了欧洲国家的地铁网络工程，现在他们也有信号了。

于是，欧洲人民也不看报纸，跟着中国人玩手机了。

为什么中国的基站这么多，信号这么好？

中国的"村村通"政策要求 95% 以上的偏远山村都必须有信号，而且资费不得高于城镇地区，三大运营商每年都会接受工信部下达的任务。

大家都知道，经济越发达人口越密集的城市，其电信建设成本就越低，利润就越高，随便在楼顶上就可以建基站，覆盖上万月话费过百的城市人，员工骑个电动车就可以维护 10 个基站。

但在山区建基站，那得花 100 万盖铁塔，极偏远山区还得使用 VSAT 卫星通信接入，然后只能覆盖一个村，村民月话费不到 20 元，运营商一个月收入 800 块钱，还不够电费。

现在"村村通"已经完成，实现了信号的普遍覆盖，目前正在搞升级工程。

"村村通"政策造就了中国全球第一大电信覆盖率，到处都有手机信号。

偏远贫困人口的电信权被联合国认定为人权，中国电信业的"村村通"是国际电信联盟第 CA/42STGkg 号文件所倡导的"向农村和边远山区提供电信服务"理念的具体落实。

西方国家不是习惯讲人权吗？在这方面，中国是世界第一。

撰文：张弛　通信博士、科普作者，网名"奥卡姆剃刀"

03

无人驾驶产业，中国的机会！

导语： 2017 年 12 月 2 日上午，4 台 "阿尔法巴智能驾驶公交系统" 的深圳巴士集团公交车在福田保税区首发试运行。这是全球首次在开放道路上进行的智能驾驶公交试运行。

那么，究竟什么是无人驾驶技术？中国有哪些策略来帮助本国产业取得领先优势？又将面临怎样的挑战和机遇？

可以预测的是，无人驾驶技术已经成为中国未来 20 年高科技领域的重点攻关项目，极有可能使中国在科技产业一举获得领跑地位，帮助国家实现产业升级大业。

除中美外，日德等传统汽车业强国也已经在多个层面上开始了无人驾驶技术的发展，这一新兴产业尚处于襁褓之中就已经成为世界强国针锋对决的前沿阵地。

无人驾驶还在 "初级阶段"

顾名思义，"无人驾驶技术" 就是实现车辆无须人工操作的自动行驶。早在数十年前就有人预言未来的车辆将不需要司机控制方向盘，只需乘客给出目的地的指令就能自动驶向目标，且保证极高的安全性能。

如今，虽然各国和不同企业在无人驾驶技术的发展路线上有所区别，但对这一技术的终极目标的定义基本上是一致的。

然而，车辆从人工驾驶到自动驾驶的变革很难一蹴而就。因为实现车辆的完全自动行驶之前，产业界需要先推广不同级别的辅助驾驶技术来实现平稳过渡，而这些辅助驾驶技术又分成多个级别——从简单的自动刹车到复杂的高速公路区间自动导航。

比如2016年，美国电动汽车明星企业特斯拉就在自己销售的多款电动车型上提供了非常初级的辅助驾驶功能，使汽车可以在公路巡航时达到一定程度的自主控制。

在实验室，无人驾驶汽车的发展则要比量产车型快上许多。以谷歌为代表，多家科技巨头与传统汽车公司的无人驾驶测试车辆都实现了上路测试，其中谷歌的测试车已经行驶了几年，行程数万公里，发生的事故则屈指可数。

虽然目前实验型的无人驾驶汽车可以做到良好路况和天气环境中很高的可靠性，但面对复杂路况依旧力不从心，且基本无法在雨雪天气自主运行。

总的来说，无人驾驶技术现在仍然处于初期发展阶段，还有很多关键技术瓶颈未被克服，距离真正的实用化完全自动驾驶还比较遥远。那么，为什么各国都对这一不成熟的领域如此重视，无人驾驶产业又为何对中国的高科技产业升级意义重大呢？

无人驾驶为何如此重要？

要解答上面的问题，我们首先要了解公路全面普及无人驾驶汽车需要克服多少技术障碍、建设怎样的基础设施，并会为社会带来怎样的效益产出这几个问题。

首先，机器要代替大自然的杰出作品——人类，来自主引导车辆的前进是一件非常困难的工作。无人驾驶汽车必须装备复杂的传感器系统来感知周围数百米路段内的信息，对这些信息进行实时处理，并结合乘客预先设定的目标指令来对车辆进行操控。

第一个难关就是收集信息的传感器。从当前的技术条件来看，人们很难做到完全靠汽车自身的传感器实现复杂气候条件下的可靠信息收集——典型例子就是，即便配备昂贵先进的激光＋毫米波＋红外雷达阵列，雨雪天气中车辆依旧可能变成"近视眼"，对数十米外的物体无法做到有效识别。

研发先进传感器的难度甚至不亚于发展先进战机的高性能雷达，事实上今天无人驾驶汽车的很多传感器技术都是来自军工行业。如果能实现全天候都有高性能和高可靠性的传感器系统，其用途将远不止汽车产业一个领域，而是会带动大量民用甚至军工行业的发展。

除了汽车自身的传感器系统，未来的无人驾驶车辆还需要道路两边固定的传感器网络来补充路况信息。广泛部署传感器、监测并实时传递路况的公路可以被称为"智能公路"。智能公路将是无人驾驶技术的必要组成部分，足以弥补汽车自身传感器的大多数缺陷。

做到了车辆周围环境信息的有效收集，下一个难关就是对信息的综合处理。即使对于高智商的人类而言，在环境复杂的公路上驾驶高速行驶的汽车并随时应对各种突发事件都不是一件轻松的任务。车载计算机要取代人类来控制车辆，需要非常高水平的人工智能计算技术。

高性能的人工智能是汽车自动行驶的前提条件，反过来能够代替人类驾驶汽车的人工智能也自然能在大量行业中发挥重要作用。正因如此，很多与汽车制造本来毫无关联的 IT 巨头先后登上了无人驾驶技术的舞台，甚至成了产业发展的主导力量。可以毫不夸张地说，能够在无人驾驶产业获得领先地位的企业和国家，也必然或者必须在人工智能领域引领潮流。

更进一步说，当未来的车辆获得自动驾驶的能力、安装了复杂的传感器系统和通讯系统后，传统的交通行业基础设施和管理模式也将迎来革命。

详细点说就是，国家可以在各级公路上全面部署智能交通辅助和管理系统，依靠超级计算机自动规划交通流量，引导车辆行驶；路面汽车可以实时获取交管系统分布在道路上的传感器提供的信息来规划行车路线，并将路线发送到控制中心以方便中心对车流量进行管理；高度自动化的道路交通网络会极大程度提高交通运输效率、大幅降低事故概率、解放无数司机的双手，创造显著的经济效益。

在无人驾驶技术发展和普及的过程中，产业将需求大量的高技术高素质人才资源。在这样的需求刺激下，国家的教育和人才培养体系也会受到深刻影响，在产业带动下培育出更多高水平劳动者。反过来，这些高水平人才还会帮助其他高科技行业的发展，进一步加快国家产业升级的步伐。

由此可见，无人驾驶技术产生的直接收益和间接效益将非常可观与诱人。

可以预料，在无人驾驶领域获得领头羊地位的国家，也将在整个高科技产业中引领世界前进。

也正因为无人驾驶技术对各国的意义非凡，各国政府才都会下足了功夫引导和帮助本国产业发展。对于中国来说，无人驾驶则是未来 20 年国家面临的宝贵机遇，如果能成功抓住这次机会，中国的产业升级伟业就将一举成功。

既然无人驾驶技术对国家的未来如此重要，中国又可以采取哪些措施来打赢这场高科技产业没有硝烟的战争呢？

中国面临哪些挑战和机遇？

当然，中国要在无人驾驶技术革命中一举超越众多发达国家成为世界领先也不是一件轻松的任务。在这条长达 10 年以上的发展道路上，将存在许多阻碍和难关，需要国人一一克服。

首先，中国在相关技术领域的研发起步晚、起点不高，且目前来看实际进展较为缓慢。国外的谷歌、苹果、英伟达等高科技企业与传统车企进行相关研究已经有几年，且取得了不少阶段性成果；相比之下国内的相关工作直到 2017 年才正式走上轨道。

美国政府在 2017 年已经开始正式为无人驾驶产业发展进行相关的立法，而我国在这一领域的立法工作还在探讨之中。从资源方面看，我国研发无人驾驶技术的企业大都没有足够的资金实力，进行长期的无回报、低回报高投入研发比较困难。

其次，国内交通运输状况较为复杂、民众交通安全意识、遵守规则的意识较为淡薄，这也给无人驾驶汽车上路行驶带来了更多麻烦。当然反过来说，如果国产无人驾驶车辆能够在国内复杂的路况中较为可靠地运行，那么未来在全球市场的竞争中也就多了一份筹码。

最后，目前国内研发无人驾驶技术的相关国有、民营力量还是比较分散，没有形成一个紧密的、接受国家引导的大联盟。考虑到竞争对手的强大实力，尽快建立一个团结的产业联盟是目前摆在中国产业面前的头等大事。一旦建立起来可靠的联盟体系，国家给予足够的政策和资金扶持，中国的无人驾驶产业就很容易驶入发展的快车道。

我们的优势在于国内有着庞大的潜在市场，又有充足的人才资源，在国家扶持下资金实力也可以匹敌跨国企业巨头。如果政府有决心、有耐心，在相关的立法工作方面可以做到比发达国家更高的灵活度，更利于技术的研发和向实际产品的转化。

例如，最近美国一些科技企业就对美国政府新出台的一些严厉的监管法规表达了不满，认为这些法规会限制美国企业的相关技术研发测试，影响了自己的长远利益和竞争力。在这一类问题上，我国完全可以做得比其他国家更好、更符合产业发展的客观规律。

此外，中国经过数十年的改革开放，如今位列全球第二大经济体，接下来面临的主要挑战就是从劳动密集型经济向技术密集型经济实现跨越。无人驾驶技术的发展可以全面带动国家产业升级，是对整个社会利好的大事。因此国民对这一产业的支持也会比其他国家更为热情。

中国发展无人驾驶产业的可行策略

总体来说，我国可以由政府主导，在三个层面上采取有效措施来实施无人驾驶产业的发展规划：它们分别是技术引导、法规监管和经济支持。

1. 技术引导

无人驾驶是典型的高科技产业，涉及的技术门类众多、级别高、研发难度巨大。掌握无人驾驶核心技术是国家在这场竞赛中取得领先地位的前提条件。

具体来说，无人驾驶产业需要突破的技术难关主要有先进传感器、人工智能、高精度实时导航、大规模物联网络与高性能数据中心等。目前我国民营企业在数据中心领域有一定的底蕴积累，有不错的竞争力，但其他的几种先进技术就非常需要国家支持和引导来追赶世界一流的竞争对手。

其中，我国已经建设成功北斗卫星导航系统，并准备广泛部署高精度高速导航网络；同时，国家在 5G 通信网络的建设方面也有了充分的准备。我国还在超级计算机领域取得了全球领先地位，这些都会为无人驾驶产业打下良好的技术基础。

接下来，我国需要重点攻关的薄弱环节主要是传感器技术和人工智能技术。前者可能需要一些军工企业来帮助民用产业实现技术突破，而后者则主要需要各大 IT 巨头充分重视和较大的投入。另外，人工智能芯片的相关制造领域也将是国家主导、重点投入的范畴。

我国还可以效仿美国等发达国家的经验，采用国家出钱招标、国有研究机构与民营企业共同分担研究任务的形式，在上述几大关键领域实施长期研究计划。

例如，可以制定一个人工智能芯片的研发目标，国家提供一定的研究经费补助，交由多家实力较强的 IT 企业进行周期较长的开发攻关。另外，国有研究机构、院校也可以制订一些技术交流方案，与大型 IT 企业进行相关领域的合作开发。

由于无人驾驶技术发展周期漫长、投入巨大、前期回报不多、风险较大等因素，单独靠一两家企业进行独立研发的成功率是很难达到预期的。但如果国家和企业联合、研究所和公司合作、各个领域的高水平机构组织在大层面的政策下共同发展，就能够最大限度发挥我国的潜在技术实力、减少发展过程中的风险和资源浪费。

另外，有些关键技术涉及国家安全等重要领域，必须由国有企业或研究机构完全主导或控制。当无人驾驶产业最终实现实用化，无人驾驶汽车大规模推向市场时，又必须依靠民营企业的力量来促进竞争、将技术转变为适合市场的产品。由此可见，国家主导、国有和民间力量合作是我国无人驾驶技术研发的最佳策略。

2. 法规监管

无人驾驶技术的出现对传统交通运输行业的监管法规是一次前所未有的冲击。传统的法律法规是以人类驾驶汽车为立法前提的，主要约束司机的行为意志。但无人驾驶车辆最终会做到完全由计算机操控车辆，那么针对人类的法规在这种情况下就不再有意义了。

最显著的问题在于，一旦无人驾驶车辆发生交通安全事故，事故责任该如何确定？只有解决了这一难题，无人驾驶车辆才能被允许大规模销售。

目前来看，虽然各国在无人驾驶车辆的法规监管方面讨论诸多，但核心的原则基本上是一致的：无人驾驶车辆应该遵循传统的道路交通规则，这种规定不仅要体现在立法层面，还要具体到控制车辆的计算机代码层面。

比如，无人驾驶车辆的主控芯片必须按规定写入符合交通规则的代码逻辑，并保证这部分逻辑无法被用户删改；同时，当交规法案更新时，相应的代码也必须能够立刻更新以符合变化需求。

好消息是，由于计算机的严谨性远超人类，事实上绝大多数情况下无人驾驶汽车都可以做到完美地遵守交通法规，大大减少事故的发生概率。

由于技术水平的限制，未来上路的无人驾驶汽车将不可避免地面对极端路况、极端天气和未知技术故障等不可抗力的威胁。在这些情况发生时，车辆很可能会出现无法正常执行符合法规的运行逻辑的后果，导致交通事故。

在这种情况下，事故的责任归属就是一个需要立法者仔细研究的关键项目。幸运的是，大数据研究可以较好地预测大量车辆出现事故的平均概率，并计算出全社会需要为这些事故付出的成本。

根据这类数据，国家可以强制汽车消费者购买对应的事故保险，将所有的保费汇总建立赔付平台。当某台无人驾驶汽车发生因以上原因导致的事故时，赔付平台就可以赔付全部或大部分事故损失。

　　这种做法的好处在于，由于此类事故不涉及人为责任，保费和赔付标准都可以有统一的标准，处理流程也能大大简化。当交通事故的主要因素由人为责任变为不可抗力因素时，相关的法律纠纷也会明显减少，因为事故和赔付给相关方带来的各种损失也会被控制到最低程度。

　　如果出现因无人驾驶车辆生产厂商的疏忽而导致的技术故障与交通事故，此时赔付责任就应该由厂家来承担。厂商在销售车辆时应该预先缴纳一定数额的保证金，当此类事件发生时首先用保证金来赔付受害者。

　　国家应该严格监管无人驾驶车辆的生产和销售、建立企业准入门槛，防止低水平的车辆上路行驶；新车型的测试流程要比传统有人驾驶车辆更为严格，并针对复杂路况、气候安排专门的测试场景。

　　更进一步，当未来大量无人驾驶汽车上路行驶并接入统一的交通管制网络后，传统有人驾驶车辆也应安装设备接入网络，以降低两种车辆发生事故的概率。

　　如果有人驾驶车辆改变行驶状态（加减速、转向、刹车）时，信号可以通过网络立刻传递给周围的车辆和管理中心，那么周围的无人驾驶车辆就可以根据前者的信号决定自己的下一步策略，视情况采取避让措施。另外，交管中心应该具备权限在紧急时刻远程要求某一路段的车辆减速乃至停驶，以应对突发事件。

　　无人驾驶车辆的基本行驶策略（例如加减速幅度、超车时机、刹车时机等）应该由交管部门制定统一的范围限制，这样一来所有车辆的行驶就有了可以准确衡量的规律，进而降低交通管制网络的压力、提升交管系统效率。车辆和管理网络在预测路况时，就可以根据法律对车辆操控的限制缩小预测范围，得到更准确的预测结果。

　　更为复杂的挑战是一些两难问题的策略制定——例如，当汽车前方突然出现行人来不及刹车，转向避让又可能导致车辆失控，此时计算机应该采取怎样的判断？这类两难问题应该交由全社会讨论方案，得到较为一致的结果后就写入管理法规，要求所有车辆统一写入对应的代码。而此类两难问题实际发生并造成事故损失时，补偿受害方的责任将由统一的保险基金来承担。

有人驾驶车辆的乘客必须系好安全带，但无人驾驶车辆内部格局可能是革命性的，甚至可以是一个移动的小型房间。在这种新形态下，乘客需要遵循的安全守则也需要更新，立法者需要考虑在安全带之外的更多保险措施来保护乘客安全。

例如，如果乘客在车内使用 VR 设备进行娱乐活动，是否需要对相关设备的形态进行规范？是否禁止乘客在车内的某些活动形式？这些都是需要在实践中研究、探讨的话题。

在完全无人驾驶的汽车普及前，很长一段时期产业将处于有人到无人的过渡阶段，此时计算机将主要作为司机的驾驶辅助，并在一定的路段条件下接管驾驶任务。

立法者需要针对这一时期订立相应的法规，明确使用辅助设备驾驶车辆的司机的责任范畴。例如当车辆计算机完全接管司机工作时，司机是否需要保持对路况的监视，随时准备接回控制权？

在不同的技术发展阶段，最佳的法规策略也可能有很大区别。而最终完全无人驾驶技术成熟后，未来社会可能需要在大部分场景中完全禁止有人驾驶车辆上路，以最大限度提升交通运输效率、降低事故概率。

总体而言，无人驾驶时代对监管法规提出了更高的要求，法律法规需要与技术深度结合，并根据实际情况的变化迅速更新。执法者不仅要深谙法律含义，还要有能力辨识技术难题，这些情况对交管部门、立法部门是全新的挑战。

未来的立法部门需要更多的技术人员帮助，并进一步提高法规的更新效率。而当技术、法规都趋于成熟、大量无人驾驶车辆上路行驶、智能交通管理网络普及运行时，困扰社会多年的诸多交通问题就会大为减轻甚至烟消云散。

3. 经济支持

技术、法规之外，经济方面的国家支持也是中国快速发展无人驾驶技术的重要前提和保障。尤其考虑到我国面对的主要竞争对手主要是发达国家的跨国企业巨头，后者普遍资金充裕、研发投入水平较高，与之对抗就不能被资金束缚了手脚。

宏观上来看，国家对产业提供经济支持主要有两种可选政策：一种是直接提供资金援助，另一种是为产业贷款、融资等行为提供便利。无人驾驶产业意义重大、影响深远、耗资不菲、回报周期漫长，国家在提供支持时可能需要两边出手，直接补助和融资优惠双管齐下。

具体来说，国有研发机构、学校等非盈利或非企业性质的单位更需要国家的直接资金补助，以顺利进行长期的基础技术突破工作；而产业链上直接面对市场研发、销售最终产品的企业则较为依赖融资优惠条件。

为了提高资金使用效率、减少浪费和可能的不当使用，无论是直接补助还是融资优惠条件都应该制定足够的门槛，同时还要保持竞争活力，最终以经济手段引导数家实力出众企业、单位成为国产无人驾驶技术的领头羊、领军人。

随着无人驾驶技术的逐渐成熟，在全国范围建设配套的基础设施也将是投入巨大的基建工作。与无人驾驶车辆配合最好的平台就是公路边大量部署的，可以实时为车辆和交管中心提供路面路况信息的传感器网络。此外，基于 5G 通信网络的汽车互联网和城市智能交通管理平台也是未来必要的基础设施。为这些基建行动安排充足资金的任务预计也会主要由国家来完成。

最后，新技术新产业的发展不可避免地会对一些传统产业和从业者带来冲击，同时劳动者在适应新技术的过程中也需要帮助。国家可以为受到影响的劳动者提供补助、培训等措施，将新技术推广的负面影响降至最低。

总体来看，无人驾驶产业前景广阔、影响深远、意义重大，将是我国未来二十年主攻的核心领域之一。在国家、企业、广大国民的合作努力下，可以预期我国在未来全球无人驾驶技术的竞争中能够取得领先地位，并借此加速中国经济的产业升级，实现劳动密集经济向技术密集经济跨越的宏伟蓝图。

在这一过程中，国家和民间力量需要各自明确自己的职责和长处，在合作中优势互补，互相帮助和学习。相关单位也需要清醒地意识到发展道路上面临的诸多困难并做好充足的思想准备，保持信心。

克服一系列难关和阻碍后，最终国产无人驾驶汽车和相关技术将不仅在国内广泛普及，还会在全球市场大放异彩，成为全球流行的产品。届时，中国制造也将摘掉低端、仿造的帽子，成为高科技高品质产品的代名词。

撰文：王强

04

脉冲星与"中国天眼"

导语： 2017 年 10 月 10 日，中国科学院国家天文台宣布，500 米口径球面射电望远镜（FAST）经过一年紧张调试，已实现指向、跟踪、漂移扫描等多种观测模式的顺利运行，并确认多颗新发现脉冲星。

"天眼"工程副总工程师李菂介绍，"天眼"调试进展超过预期，目前已探测到数十个优质脉冲星候选体，其中 6 颗通过国际认证。

这其实是一件大事！其意义不仅限于实现了我国在脉冲星探测领域"零的突破"，更重要的是，为将来更重要的探索开了一个好头，好戏还在后头。

那么，脉冲星到底是什么？中国发现这样的"星星"究竟有何意义？

诡异之星

先来说说被发现的脉冲星是什么？

宇宙万物都要经历死亡，时刻散发光和热的恒星也免不了。有一些恒星死亡之后会爆炸，变成超新星。超新星爆炸以后剩下的渣滓，有一部分就是中子星，如果这个中子星碰巧有磁场，那么它旋转起来就会形成脉冲星，也就是说，脉冲星其实是特殊的中子星。

对人类来说，单纯的中子星就很诡异：中子星的个头只有一座小型城市那么大，但质量却比太阳还要重。这么说吧，假设有一个天平，一端盛上一茶匙的中子星物质，另一端则需要一座高达 3000 米的山峰才能相抵。

对于想造访中子星的人类来说，在中子星上着陆是永不可能的。中子星表面强大的引力会瞬间把飞船以及里面的一切都压成糊状的亚原子粒子。

而作为特殊中子星的脉冲星，除了具备中子星的普遍特性之外，最大的特点就是它的辐射束会周期性快速扫过地球，使地球人看到一个个周期脉冲。

这和我们在海里航行时看到过的灯塔有点像。设想一座灯塔总是亮着而且不停地有规则地运动，灯塔每转一圈，由它窗口射出的灯光就射到我们的船上一次。灯塔不断旋转，在我们看来，它的光就连续地一明一灭。

脉冲星也是一样，它每自转一周，我们就接收到一次它辐射的电磁波，于是就形成一断一续的脉冲，这种现象也叫"灯塔效应"。

这样看来，脉冲星这样极端的天体是世人难以想象的存在。

1967 年，英国女科学家约瑟琳·贝尔意外发现了脉冲星。当时，接收到的脉冲星信号为无线电波，就像以前的电报信号一样，嗒嗒，嗒嗒嗒……她以为接收到的是外星人的信号，所以给这颗星取名"小绿人一号"。

后来，贝尔又发现几颗脉冲星，而且信号来自四面八方。银河系各界的外星人，怎么会凑巧在同一时间给地球发信号？这显然是不太可能的，这样就暂时排除了信号是来自外星人的可能性。

经过仔细分析，贝尔在 Nature 上发表了这种未知的天体，因这种星体不断地发出电磁波脉冲信号，就把它命名为"脉冲星"。

这里有一点需要注意，我们在地球上接收到的信号，其实是很早前发出的。就拿"天眼"发现新脉冲星举例，这两颗分别距离地球 1.56 万光年和 4100 光年，信号发射之后，需要 1.56 万年和 4100 年才能到达地球。

搜寻竞赛

20 世纪 60 年代，是射电天文学方兴未艾的时代，也是国际射电天文学界群雄逐鹿的年代。人类第一次大规模地透过光学以外的电磁波窗口向宇宙好奇地瞭望，所见的一切都是新鲜的。

贝尔发现脉冲星的消息一经发出，顿时轰动全球，被誉为 20 世纪天文学的四大发现之一（另外三个是类星体、星际有机分子和微波背景辐射），为天文学和天体物理研究开辟了新的领域，也为各国的国际竞赛开辟了新的跑道。

得益于"二战"中为防御德国空军而成长起来的雷达技术，美国、英国及其前殖民地澳大利亚的射电天文技术发展暂时领先。

到发现脉冲星的 10 周年（1977 年），各国共发现脉冲星 149 颗。

1978 年，澳大利亚的莫朗格洛望远镜在"科学的春天"发力领跑，一鼓作气将已知脉冲星数量翻了一倍多，达到了 320 颗。

不过，在接下来的 20 年中，新脉冲星发现的步伐只能说不紧不慢：在美属波多黎各、当时世界最大的、口径达到 305 米的望远镜阿雷西博，美国绿岸天文台 91 米望远镜，英国乔德雷尔·班克天文台 76 米望远镜，以及澳大利亚帕克斯天文台 64 米望远镜的共同努力下，到脉冲星发现的 30 周年（1997 年），各国脉冲星搜寻的累计战果仅扩大到了 705 颗。

由此可以看出，在搜寻的前 30 年，脉冲星的发现增长几乎是线性，而非指数的。这也是由射电望远镜的特性所决定的：一般一次只能观测一个方向，也就是说，射电望远镜是一个只能一个点一个点连续拍照的"单像素"相机。

"天眼"发力

由于历史和设备原因，我国其他射电望远镜探测到过多颗已知脉冲星，但没发现过新脉冲星。这次可以发现新的脉冲星，要归功于具有极高灵敏度的500米口径球面射电望远镜（FAST）。

FAST位于贵州省平塘县名为大窝凼的喀斯特洼地之中，它突破了射电望远镜工程极限，是目前世界上最大的单口径射电望远镜，接收面积相当于30个足球场大小，被誉为"中国天眼"。

那么这个"中国天眼"，到底有多牛？

* 它是我国自主知识产权的"大国重器"。

* 它是世界上最大、最灵敏的单口径射电望远镜，比德国波恩100米望远镜的灵敏度高10倍，比美国阿雷西博350米望远镜的综合性高10倍。

* 它一开机，就能收到1351光年外的电磁信号，未来可用于捕捉外星生命信号！

2016年9月25日，FAST在贵州平塘的喀斯特洼坑中落成启用。

目前，FAST已实现指向、跟踪、漂移扫描等多种观测模式的顺利运行，调试进展超过预期及大型同类设备的国际惯例；而且，已经开始系统的科学产出。

这其中就包括对外发布的"新脉冲星的发现"——从2017年8月FAST开展扫描试观测以来，不到2个月内就发现了6颗脉冲星。

那么，FAST怎么找到遥远的脉冲星呢？

形象地来说，如果FAST是一位男生，脉冲星是银河系范围里的女生。FAST不是"只盯着一个姑娘看"，它的策略是选定一个大方向——赤道以南的天空区域，等着，对川流不息的人群进行连续"拍照"，然后再从这些照片中寻找"意中人"。

未来，FAST在脉冲星搜寻领域更是大有可为。

若说过去50年，脉冲星家族新成员的发现是西方发达国家说了算的话，那未来20年可能要更多地指望中国了。FAST有望发现更多奇妙、新型的脉冲星系统，探索爱因斯坦提出的地球上无法验证的各种假说。

中国为何有此底气？

因为在FAST之前，地球上所有望远镜都只能看见银河系里的脉冲星。

而随着 FAST 加入射电望远镜家族，科学家预测人类发现的脉冲星家族有望扩员一倍，而且会看见河外星系的脉冲星，甚至是围绕黑洞的脉冲星。银河系约有 6 万颗可观测的脉冲星，目前只探测到了约 4.5%，FAST 具有高灵敏度和分辨率，使得很多暗弱的脉冲星均在其视野里，预计可测 4000 颗以上脉冲星。

可以说，"中国天眼" FAST 在 20 年内都有望保持世界一流望远镜的地位。

触摸未来

探索脉冲星对我们来说究竟有何意义呢？

其实，一个基础科研成果，短期内是看不到惠及人类的效果的。但是从长远来看，探索脉冲星为我们打开了新世界的大门。

首先，脉冲星是一种理想的天体物理实验室。

很早以前，物理学就陷入了"实验物理远远落后于理论物理"的挣扎中。

也就是说，理论物理学家已经提出了一大堆合理假说，但是实验却难以验证，这一点，在天体物理方面表现得尤为明显。

而脉冲星就是一种理想的天体物理实验室，它高度致密，又有强引力场，具有在地面实验室无法实现的极端物理性质。没有这个实验室，很多天体物理方面的假说就只能是假说。而对其进行研究，就有希望得到许多重大物理学问题的答案。

其次，脉冲星可用来探测引力波。

引力波是宇宙中难以捉摸的涟漪，理论预言其产生于大尺度宇宙事件，例如在宇宙早期，两个星系合并后其中心产生大质量双黑洞系统，以及大爆炸早期瞬间产生的宇宙膨胀遗迹。

虽然在没有雾霾和城市光污染的夜晚里，我们能看到璀璨的星河，但是要知道真正的宇宙中，大部分地方（90% 以上）都是无尽的黑暗。而且这种黑暗是真正的、永恒的黑暗——因为它们是黑洞和暗物质，不管造多强多好的望远镜，对这些黑暗我们都束手无策。

有了引力波探测之后，我们终于有能力去探测宇宙的黑暗里到底有什么。虽然暗物质无形无色，但是它有着巨大的质量，利用引力波我们终于能捕捉到它的蛛丝马迹。

当引力波传来时，它会使得"时空"发生扰动。这时如果利用大型射电望远镜观测多颗不同方向的脉冲星，会发现有的脉冲星信号到达时间提前，有的脉冲星信号到达时间滞后，从而提出干扰影响，直接探测到引力波的存在。

这可了不得！要知道，2017年诺贝尔物理学奖就花落引力波探测，引力波是爱因斯坦广义相对论中的重要推论。对引力波的探测不仅可以进一步验证广义相对论的正确性，而且将为人类展现出一幅全新的物质世界图景：茫茫宇宙，只要有物质，就有引力辐射。

最后，脉冲星可用于宇宙导航。

如果将来人类飞到太阳系以外，世界各国的多种自主导航方法，无论是惯性导航、卫星导航，还是天文导航和地磁导航等都会失效。

那茫茫宇宙我们靠什么来导航呢？

脉冲星的信号！脉冲星导航具有定位精度高、抗干扰能力强、无须地面系统支持等特点，尤其在深空、战争等极端条件下对航天器自主导航具有不可替代的优势，是各航天强国争相发展的尖端技术。

探索未知、追寻真理、掌握命运、敬畏自然是我们人类的天性。利用脉冲星，迈出"开眼看宇宙"的坚实一步，就像我们在茫茫大海中有了地图，去扬帆探索"新大陆"。

告慰南老

说到FAST首秀带来的成就，就一定要提一位天文学家——南仁东。

2017年9月16日，中国科学院国家天文台发布讣告，中国著名天文学家、500米口径球面射电望远镜（FAST）工程首席科学家兼总工程师南仁东病逝，享年 72 岁。

古有十年磨一剑，今有二十年塑天眼。在怀念南仁东时，他的同事和学生们说，"南老师 20 多年只做了这一件事"。

南仁东和 FAST 的缘分，要从 1993 年说起。

那一年，日本东京召开国际无线电科学联盟大会，人们希望在全球电波环境恶化到不可收拾之前，建造新一代射电"大望远镜"。

时任中国科学院北京天文台副台长的南仁东，一把推开代表中国参会的吴盛殷的门，直率地说："咱们也建一个吧。"

那时的南仁东才回国三年，此前他在日本国立天文台当客座教授，一天的薪水相当于国内一年。可当北京天文台需要他时，他立刻就回来了。

从此，他参与到 FAST 设计的每一个环节当中。

为了在贵州选到最适合建造 500 米口径球面射电望远镜的位置，南仁东白天黑夜不停地走访。以当时的道路条件，每天最多走 1～2 个窝凼。他晚上回到县城，白天再跋涉过来。

直到有一天，踏上大窝凼，这是一大片漏斗天坑群，像天然的巨碗。四周的青山抱着一片洼地，山上郁郁葱葱，几排灰瓦的木屋陈列其中，鸡犬之声不绝于耳。

南仁东站在窝凼中间，兴奋地说："这里好圆。"

初期勘探结束后，其他人大多回到了原先的工作岗位，只有南仁东满中国跑。为了寻求技术合作，他坐火车从哈工大到同济，再从同济到西安电子科技大学。

他还设法多参加国家会议，逢人就推销项目。"我开始拍全世界的马屁，让全世界来支持我们。"经历了艰辛的 10 多年，FAST 项目总算渐渐有了名气。

2006 年，中国科学院召开各院长会议，听取各个"十一五"大科学工程的立项申请汇报，南仁东在会上为 FAST 申请立项得到通过。在最后的国际评审中，他用英文发言，由于提前把整篇稿子背了下来，评审最后，国际专家开玩笑说："英文不好不坏，别的没说清楚，但要什么，他说得特别明白。"

2007年，国家批复FAST立项。2011年3月，村民搬迁完毕，FAST工程正式动工建设。开工那天，南仁东在洼地上，默默看着工人们砍树平地，他对身旁的工作人员说："造不好，怎么对得起人家？"

关键技术无先例可循、关键材料急需攻关、核心技术遭遇封锁……从选址到建成的22年时间里，南仁东带领老中青三代科技工作者克服了不可想象的困难，实现了由跟踪模仿到集成创新的跨越。

南仁东曾这样描述自己为什么为FAST这么拼命：

"我谈不上有高尚的追求，没有特别多的理想，大部分时间是不得不做……人总得有个面子吧，你往办公室一摊，什么也不做，那不是个事。"

"我特别怕亏欠别人，国家投了那么多钱，国际上又有人说你在吹牛皮，我就得负点责任。"

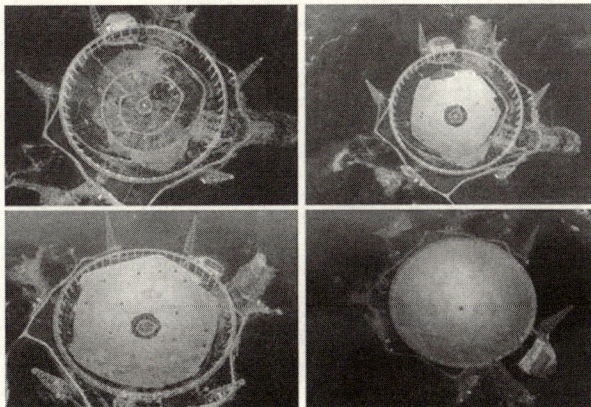

这是FAST项目从安装第一块反射面板到即将完成的过程（拼版照片）
左上为：FAST安装第一块反射面板（2015年8月2日摄）
右上为：FAST反射面板安装近半（2015年12月16日摄）
左下为：FAST反射面板安装近八成（2016年3月9日摄）
右下为：FAST反射面板安装完成（2016年7月3日摄）

2016年9月，已罹患肺癌并在手术中伤及声带的南仁东，不顾舟车劳顿，从北京飞赴贵州，在远处默默目睹经历了漫长成长岁月的"中国天眼"正式启用。

在他的注视下，这项雄伟的工程从此凝望太空、永恒坚守。或许某天，中国人就能代表人类接收到外星文明发出的讯号……

如今，FAST硕果累累，南老也可瞑目。

"20多年的研究，我终于看见了你，而你却再看不见我。"

（本文综合自《科技导报》、央视新闻、果壳科学人、中国日报网等）

撰文：李浩然

05

库叔六问核电专家：核电治霾是否可行？

导语： 2017 年，国家核电相关负责人在接受采访时表示，我国在未来 10 年内将新建 60 台核电机组，引发舆论关注和讨论。同时，由于冬日全国多地雾霾严重，社会挺核人士也发出了通过建设核电解决雾霾问题的倡议。

然而，关于核电的多方面质疑也随之渐起，已过去将近六年的福岛核事故再次被提起。那么，我国核电发展现状如何，核电技术是否先进？发展核电是否安全，核电是否是我国能源规划的必由之路？在目前增长乏力的前提下，大规模新建核电是否超过需求？针对这些问题，国内某核电基地工程师何方（化名），为我们一一解读。

相较于其他能源，核电有哪些优势？

作为一种清洁、稳定、高效的能源，核电有其独特的优势。

第一，核电环保效益突出。随着我国经济快速发展，我国面临越来越大的减排压力。据国际原子能机构相关资料显示，一座 100 万千瓦的核电站，每年可以减少 675 万吨二氧化碳、5 万吨氮氧化物和 32 万吨含重金属的灰尘的排放，对减排和环保意义巨大。我国北方冬季大量的燃煤热电厂运行，是导致我国冬季雾霾严重的重要因素。若未来能够实现由小型模块化核电站供热，将会大大缓解北方冬季的雾霾情况。

第二，核电能源安全效益显著。相比于火电需要每天补充大量燃煤，水电受季节性影响明显，核电运行稳定，自持能力强。尤其面对极端气候，核电在保证电能稳定供给方面具有巨大的优势。

2008 年我国南方大部分地方出现极端严寒气候，大量火电厂由于无法及时补充燃煤而被迫停运，电气化铁路网因断电而无法运行，导致春运期间大量旅客滞留。相比之下，一座百万千瓦的核电站，每年只需数个集装箱运送燃料，就可以保证全年的发电需求。2008 年雨雪灾害对湖南省的影响尤为突出，这也是后来湖南省政府多次上书中央，请愿要求尽早开建桃花江内陆核电的重要原因。

第三，核电有独特的社会经济效益。在我国，与核电和谐发展最典型的例子就是秦山核电基地所在地：浙江省海盐县。海盐县原本是一个落后的滨海小镇，基础设施落后。自从我国首座核电站在海盐秦山落户后，依靠核电企业上缴的地税，海盐县财政收入大增，利用这些资金，海盐县很快升级了自己的基础设施，为招商引资创造了条件。同时，秦山核电为海盐县人民提供了数万个的就业岗位，使得核电的优势惠及大部分海盐人民。目前，依托秦山核电基地，海盐县政府建立核电产业园，发展核电旅游，成为浙江著名的核电小城。核电业成了海盐的名片。

我国核电发展状况如何？核电技术现在处于什么水平？

目前，我国在运行的核电机组已经超过了 30 座，在建的机组也超过了 20 台，在建机组规模世界第一。与此同时，我国核电技术发展突飞猛进，自主研发的第三代核电机组"华龙一号"示范项目在福清核电站顺利开工，在引进西屋公司 AP1000 核电技术基础上开发的 CAP1400 技术也基本完成论证，第四代示范快堆已经投入运行，高温气冷堆也已开工建设。

所以，我国核电虽然起步晚，但经过二十多年的努力，核电规模已经跃居世界前列，核电技术也已经赶上甚至超过世界上主要核电国家，成为世界上核电发展的一支重要力量。

我国核电经历了一个怎样的发展历程？

相比世界上主要核电国家，我国核电起步实在是太晚。我国核电可谓后发先至，经历了从追赶到超越的过程。

20世纪70年代，在世界核电发展的顶峰时期，我国才开始规划发展核电。而直到党的十一届三中全会后，我国才正式批准了秦山核电站和大亚湾核电站的建设。1991年，秦山一期核电站投产发电，结束了中国大陆没有核电的历史。但此时，美国已经拥有了各类核电机组100多座，英国也已经建成41座核电机组，法国核电已经占到全国总电量的60%以上，就连近邻韩国此时也已经拥有了完全自主知识产权的核电技术，开始准备核电出口。当时，我国核电发展远远落后于世界。

然而核电发展没有终点，虽然起步晚，但我国核电发展的脚步并不慢。在20世纪90年代，我国新建了包括大亚湾核电、岭澳二期、秦山二期、秦山三期、田湾核电站在内的多座核电站，使得我国的核电初具规模。在这些核电站的建造和运营过程中，我国核电的两大业主，中核集团和中广核集团，立足长远，注重技术的引进吸收和设备的国产化，很快掌握了大型商用核电站的设计和运行经验，为我国核电的快速发展奠定了技术基础。

进入21世纪以来，尤其是加入WTO以来，我国GDP连续多年保持超过10%的高速增长，经济的发展使得社会总用电量大增，这一时期，虽然我国电网和电站建设速度很快，但是电荒的新闻依然经常见诸媒体。为了解决经济发展中的用电需求问题，2007年，我国制定《中国核电中长期规划》中，计划在2020年使我国的核电装机容量达到4000万千瓦，此后，沿海多个核电项目开工，数个内陆核电项目的前期工作也如火如荼地展开，我国核电发展出现欣欣向荣之势。

国外核电发展态势如何？对于我国核电发展有何借鉴？

国外核电技术虽然起步较早，但在世界三大核事故（美国三哩岛、苏联切尔诺贝利、日本福岛）影响和反核政治势力崛起的影响下，部分国家的核电发展一度陷入停滞甚至倒退，但是进入 21 世纪后，这些国家大多表现出了重启核电的意愿。

1979 年美国三哩岛核事故后，美国便不再新建核电站，直到奥巴马总统上台后，批准了四台 AP1000 机组的开工许可，美国核电业才算破冰。但是项目由于资金和技术方面的原因，迟迟不能开工。美国的核电提供商日子一直过得十分艰难，比如著名的西屋公司，由于多年业务量低下，公司陷入危机，被英国核燃料公司收购，后来又被转手卖给日本东芝。美国现在虽想复兴核电，但绝非易事。

英国是核电发展起步最早的国家之一，在核电发展初期，英国核电技术独特而雄厚。英国核电在一开始就确立了气冷堆的发展路线。从 20 世纪 50 年代至 90 年代的近 40 年间，英国共计建造了 40 台气冷堆和一座压水堆。但是，就在形势一片大好的时候，英国对核电行业进行了极其错误的私有化，导致英国的核电技术和核电资产流失殆尽。而到了 21 世纪，英国才发觉当初的错误。但此时的英国已经丧失了独立重启核电的一切条件，不得不寻求中国和法国的帮助重新发展核电。

法国一直将发展核电作为国家的基本能源政策，从一开始，法国就从国家顶层设计上为核电发展做出了细致的规划。法国核电的建设采取的是统一运作、统一技术、国产化等方针，集合全国之力发展核电。法国的这些措施使得本国核电发展大获成功。目前，法国共拥有核电机组 59 台，总装机容量 6300 多万千瓦，核电占到了全国总发电量的 80% 以上。核电的发展为法国的能源安全和环境保护做出了巨大的贡献，在世界发达国家中，法国属于低人均二氧化碳排放国家行列，相比邻国英国的人均排放量 2.4 吨，德国的 2.8 吨，美国的 5.36 吨，法国人员二氧化碳排放量仅仅为 1.68 吨。作为一个高度工业化的国家，正是高占比的核电，让法国保持了蓝天白云。

韩国是所有新兴经济体中核电发展最令人瞩目的国家，在狭小的国土上，韩国分布了 20 多座核电站，核电装机容量占全国总装机量近 30%，核电占全国发电总量更是在 40% 以上。韩国不仅核电站数量多，运行经验也极其丰富，在重水堆运营技术上，甚至重水堆的老东家加拿大在某些领域也得向韩国取经。同时，韩国极其注重核电技术的研发，在 20 世纪 90 年代便拥有了完全自主知识产权的核电技术，前几年在沙特的核电项目竞标中，韩国一举战胜美国和日本的老牌核电企业，夺得沙特项目，让全世界震惊。在世界核电发展上，韩国是一支不容忽视的重要力量。

从目前世界各国的核电发展历程来看，在核电发展上有过反复的国家，最终都难以舍弃核电，不得不重回发展核电的道路，即使像德国这种已将全面弃核用法律形式固定下来的国家，在目前减排和能源安全的压力之下，也多次对弃核产生动摇；而凡是坚定发展核电的国家，都能够让核电在国家的环保和能源安全方面发挥重要作用，同时通过不断研发更安全的核电技术占领国外市场，成为支撑国家经济的重要力量。

从国外核电发展的经验可以看出，坚定不移地发展核电，把我国核电事业做优做大做强，让核电成为我国节能环保、保障能源安全、助力经济发展的推动力，是我国的核电事业的正确发展方向。

安全性一直是衡量核电的重要指标，我国核电在安全性方面表现如何？

我国核电发展一直秉承"核安全第一"的原则，核电运营管理水平一直处于世界前列。在 WANO（世界核电运营者协会，World Association of Nuclear Operators）的各点机组性能指标排名中，我国各个核电机组的各项性能指标均名列前茅，更有数台机组的 WANO 性能指标常年排名第一。

首先，我国在运行和在建的所有核电站，均属于压水堆，相比于结构简单的沸水堆，压水堆有着优异的安全性能。

压水堆拥有坚固的安全壳。安全壳是以超过一米厚的预应力混凝土厂房为主体，包括喷淋、消氢、空气过滤等多个系统的保护系统。安全壳十分坚固，能够经受住波音 747 这样的大飞机的直接撞击。而且，安全壳有隔离效果，能够保证在发生最严重的堆芯熔毁情况时，也能包容放射性物质，使其不释放到环境中去。

相比沸水堆，压水堆都是双回路设计。反应堆的冷却剂回路与供给汽轮机发电的蒸气的二回路实体隔离，这样保证即使反应堆内出现泄漏，也绝不会释放到环境中去。

压水堆的可靠性已经在世界运行核电站内得到了广泛的证实。1979 年美国三哩岛核电站二号机组，反应堆在不到一个小时后堆芯熔毁近 50%，正是安全壳的存在，使得放射性物质有效屏蔽，避免了对环境的影响。而相比之下，苏联切尔诺贝利核事故和福岛核事故，都因为缺少安全壳，而导致放射物大量泄漏，严重影响了环境。

其次，我国在核电站选址上极其严格，要求反应地的地层为坚硬的岩层，同时还对核电站附近的人口密度有严格要求。在多重严格要求的限制下，核电厂址甚至成为稀缺资源，这也从源头上为核安全上了一道保险。

最后，我国对核电站监管也十分严格，国家相关机构在各核电站均派驻了工作人员，保证核电站严格遵守国家的核安全政策运行。在放射性物质监测上，以核电站为中心，放射性物质监测站依次布置，只要环境放射性剂量发生变化，马上就可以监测并进行处理。

相比之下，福岛核事故的发生正是因为以上三个方面都出了问题。我们来做一番对比。

日本的核电机组大多数建造于 20 世纪 70 年代，技术陈旧，且多为沸水堆。而我国最早的核电机组建造于 20 世纪 90 年代，大部分机组都是在 2000 年以后投产发电的，且全部是压水堆，不仅机组年轻，设备状态更好，而且采用了更先进和更安全的技术。

日本是一个处于地震带上的国家，核电机组无法远离地震带，这也为日本核电发展引入了天然的不确定风险。而我国由于幅员辽阔，选址严格，核电机组全部建在沿海地质稳定的地方，固有安全性也比日本要高出许多倍。

此外，日本的核电运营和管理也分散于10家私营电力公司中，这些电力公司由于利润等方面的考量，往往会做出威胁核电机组安全的决策。福岛核事故后，日本媒体更是多次爆出东京电力公司在福岛核事故中的不作为甚至作假，导致事故不断恶化的内幕。而我国目前在运行的核电站全部集中在两家国企之下，考核最核心的指标就是核安全，国家相关部门对核电站的监管十分严格。

当然，无论是何种情形，我们都应该不断加强核安全意识。

未来我国核电有哪些主要的发展方向？

第一，发展大型化核电站。目前，我国是第三代核电技术研究和应用最积极的国家。三门核电站的AP1000核电机组，已经攻克了屏蔽泵等最核心的技术问题，2017年即可以实现首次装料。我国完全自主研发的第三代核电技术"华龙一号"，示范堆工程也在福清核电站开工建设，国家核电技术公司基于AP1000技术开发的CAP1400第三代核电堆型，也基本完成技术审查。以上这些，使得我国不仅成为世界上拥有第三代核电技术最多的国家，而且成为第三代核电站建设和运营最早、经验最丰富的国家。

未来，利用这些技术和经验，我国不仅能够建造一批更安全可靠的大型核电站，作为电网的基荷电站，成为我国节能减排和改善大气环境的重要手段，同时，还可以在雄厚的技术和资金的支持下，将我国核电产业推向海外，成为促进我国经济发展的重要手段。

第二，发展随要随到的"及时雨式"的小型模块化核电站。目前，我国在南海的岛礁改造工作举世瞩目，这些工作大大提高了守岛官兵和当地群众的生活质量，但是能源供给仍是制约我国南海岛礁建设的重要因素，虽然目前有太阳能等能源形势，但是在为海水淡化和其他设备运行提供能源上依然存在困难。若未来能够通过海上浮动核电站为这些岛礁供电，那将一举解决南海岛礁建设的能源瓶颈问题，为维护我国的南海利益提供强大的能源保障。

第三，发展多种第四代核反应堆技术，解决长远能源问题。与油气资源一样，目前探明的铀资源，在现有技术条件下，也只能供人类使用百年。在可控核聚变技术被人类完全掌控之前，人类一样有陷入能源危机的可能。目前，快堆、高温气冷堆等第四代核电技术的发展，将大大提高铀资源的利用效率。因此，不断研究新的核电堆型，是保障我国长期能源安全的重要手段。

第四，发展乏燃料处理技术。核电发展过程中面临的最大的问题是乏燃料处理问题。乏燃料内含有大量的长周期放射性物质，目前，世界上（包括我国）乏燃料处理主要是临时存放方式：在乏燃料卸除反应堆后，先在乏燃料水池暂存数年，待短周期放射性元素衰变后，在进行干式贮存。但不论湿式还是干式，都只是临时存放手段。

对于乏燃料彻底处理，目前最好的方法是建立地质深埋设施，这种方法要求在岩质合适的地层内，建造深入地下数百米的地下工程，然后将乏燃料永久贮存在此。因为技术、资金、选址等原因，这将是一项浩大的工程。尽管如此，技术总能给人新的思路，从20世纪90年代起，一项全新的乏燃料处理技术——加速器驱动次临界反应堆（ADS）系统，让人们看到了乏燃料轻松处理的曙光。这种技术实质上是乏燃料焚烧炉，它可以让乏燃料中的高放射性物质裂变为低放射性甚至无放射物质，而且还类似垃圾发电站有发电能力。

我国是最早研究这项技术的国家之一，也是 ADS 技术发展最快的国家。2016 年 12 月，我国 ADS 次临界反应堆首次启动成功，标志着我国利用 ADS 技术处理乏燃料已经进入实际验证环节，未来该技术成熟后，将彻底解决我国核电发展的后顾之忧。

撰文：何方

06

新能源发电骗局真相大白，原来……

导语： 新能源发电设备被闲置，百亿财政补贴打水漂。新能源发电真的就是捞取补贴的骗局吗？

2017 年，一则题为《新能源发电或已成为集体骗局，百亿财政补贴打水漂》的互联网文章将新能源发电行业推上风口浪尖。该文称，新能源发电正演变为获取财政补贴和投资人资金的骗局。

2016 年，新能源汽车骗补事件发生对依靠补贴发展的整个新能源产业带来严重负面影响。新能源发电在遭遇"弃风、弃光"部分设备停摆的同时，是否与新能源汽车一样在骗取国家补贴受到社会关注。

与新能源汽车类似，由于风电、光伏等新能源发电成本高于火电、水电等传统能源。为推动整个产业发展，国家在其发展初期都给予一定的补贴支持。

与新能源汽车不同的是，光伏、风电等新能源发电早已是按照发电量进行补贴，曾经因补贴发电设备造成的骗补早已成为历史。当前的新能源发电补贴模式并未造成"百亿财政补贴打水漂"。

随着新能源发电成本的迅速下降，"十三五"期间光伏、风电等新能源发电补贴将逐步减少，未来 3—5 年，中国风电和光伏都有望彻底脱离补贴。

补贴意义重大，对新能源发展已起到巨大作用

相比其他传统能源，光伏、风电取之不尽，用之不竭，发电过程几乎不产生污染物，是未来最佳的能源形式。大规模发展风电、光伏等新能源发电已经成为全球各国的共同选择。

大气污染防治大背景下，中国对能源的清洁化提出了更高的要求，倒逼能源走更清洁化的发展道路，发展风电、光伏是必然的路径。

风电、光伏等新能源发电成本高于传统能源，在其发展初期，进行一定补贴，也非中国特有。

德国是全球第一个对光伏发电提供补贴的国家。通过产业政策支撑，德国在自然光照资源有限的情况下，光伏产业快速发展，装机容量超过 40 吉瓦。在技术进步及市场竞争的推动下，德国光伏电价已迅速下降，实现平价上网。美国、日本、印度乃至非洲国家同样纷纷为光伏、风电制定各种支持政策，以争取早日实现平价上网。

在中国，根据 2006 年实施的《可再生能源法》，国家鼓励和支持可再生能源并网发电，将可再生能源的开发利用列为能源发展的优先领域，并设立可再生能源发展基金用以支付补贴。

依据《可再生能源法》和《价格法》，2006 年 1 月，国家发改委印发《可再生能源发电价格和费用分摊管理试行办法》，提出可再生能源发电价格实行政府定价和政府指导价两种形式。

此后，国家发改委在 2009 年和 2013 年分别出台《关于完善风力发电上网电价政策的通知》《关于发挥价格杠杆作用促进光伏产业健康发展的通知》对风电和光伏补贴政策进行明确。

在补贴政策的推动下，中国风电和光伏产业实现快速发展。截至 2016 年底，中国风电和光伏装机量分别达到 1.49 亿千瓦和 7742 万千瓦，累计装机容量双双位列全球第一。风电、光伏已成为中国能源结构调整的重要力量。

中国光伏、风电装备制造领域，凭借技术引进、创新驱动，已经实现中国引领，成为可以同步参与国际竞争并保持领先水平的实体产业。在 2016 年，晶科能源控股有限公司、新疆金风科技股份有限公司（下称"金风科技"）已经分别成为全球最大的光伏和风电制造企业。

值得一提的是，在补贴推动下，风电、光伏产业迅速发展的同时，成本快速下降。以光伏发电主要装备光伏组件为例，当前每瓦 3 元左右，仅为 10 年前的十分之一。风电装机成本同样比 2010 年下降了约 30%。

在光伏、风电装机成本下降的同时，国家已经适时对上网电价进行了下调。

光伏上网电价已经由 2013 年的最低 0.9 元 / 千瓦时降低至目前的 0.65 元 / 千瓦时，低于工商业用户电价。风电上网电价依据成本变化情况，实现了同步下调，目前最低仅 0.47 元 / 千瓦时，接近全国居民用户电价。

中国光伏行业协会预测称，到 2020 年，光伏发电价格可在 2016 年基础上再下降 50%。而在 2018 年，风电最低上网电价将降低至 0.4 元 / 千瓦时，接近火电成本。

根据 2016 年底发布的《能源发展"十三五"规划》，到 2020 年，风电与煤电上网电价基本相当；光伏发电力争实现用户侧平价上网。换句话说，到 2020 年风电将不再需要补贴，而光伏对补贴的依赖程度也将大幅下降，预计到 2022 年，光伏也将彻底不再需要补贴。

政策早已调整，新能源发电骗补难再发生

在新能源发电领域骗补确实曾有发生。2009 年 7 月，财政部、科技部、国家能源局联合发布《关于实施金太阳示范工程的通知》，决定采取财政补助、科技支持和市场拉动方式，加快国内光伏发电的产业化和规模化发展，并计划在 2—3 年内，采取财政补助方式支持不低于 500 兆瓦的光伏发电示范项目。

按照规定，由财政部、科技部、国家能源局根据技术先进程度、市场发展状况等确定各类示范项目的单位投资补助上限。并网光伏发电项目按光伏发电

系统及其配套输配电工程总投资的 50% 给予补助，偏远无电地区独立光伏发电系统按总投资的 70% 给予补助。

"金太阳示范工程"项目采用了被业界所熟知的"事前补贴"方式，即项目投资方拿到项目批复，建设项目即可拿到补贴，而不考虑具体的应用发电效果。最终出现项目建设为了获得补贴，事实上并未真正投入发电或者以次充好等骗补行为。

"金太阳示范工程"经过近四年的发展，一系列问题被监管部门重视，2013 年 3 月财政部决定不再对"金太阳示范工程"进行新增申请审批。

当年 8 月，国家发改委出台《关于发挥价格杠杆作用促进光伏产业健康发展的通知》明确根据各地太阳能资源条件和建设成本，将全国分为三类太阳能资源区，制定相应光伏电站标杆上网电价。光伏电站标杆上网电价高出当地脱硫燃煤机组标杆上网电价的部分，通过可再生能源发展基金予以补贴。

这一政策出台，将过去补贴光伏发电项目建设费用改为补贴发电量。发多少电，能拿到多少补贴，而发电量由电网企业核定，骗补问题被彻底避免。

对于风电，从特许权招标到标杆上网电价，电价政策在变化，但一直以实际发电量作为补贴发放的依据，并未发生骗补行为。时至今日，国家对于风电和光伏的扶持政策不断调整完善，但补贴一直按照发电量进行，新能源发电骗补早已经成为历史。

存在"弃风弃光"但在预见范围内

近年来，中国光伏、风电等新能源发电装机容量迅速增加，在西北、华北、东北等新能源资源密集区，出现了较为严重的"弃风、弃光"现象。造成这一现象的主要原因包括几个方面。

首先，造成弃光、弃风有一定客观因素。我国能源供应和能源需求呈逆向分布，西北部风、光资源充足，近年来发展了大量的风电、光伏，而电力需求却在东南沿海城市。新能源快速发展与当地电力需求增长不能匹配，同时跨省远距离输电通道建设严重滞后。

其次，弃风、弃光与风电、光伏自身运行特性有关。众所周知，风具有间歇性，而光的照射强度也随着时间和天气状况变化，这些因素都决定着风电、光伏发电不能保持恒定。但是对于电力系统而言，时刻需要保持供需平衡，在当前电网调峰能力有限的情况下，出现阶段性弃风、弃光难以避免。

此外，在部分地区，由于吸引投资、补贴刺激、圈占资源等多种原因，近年来风电、光伏发展缺乏规划，盲目发展，也是造成弃风、弃光严重的重要原因。

解决弃风、弃光问题，首先要解决布局问题。在弃风、弃光严重地区，应该立刻停止上马新的风电、光伏等新能源项目；引导风电、光伏向南发展，靠近需求端。《可再生能源发展"十三五"规划》已经明确提出，鼓励发展分布式光伏并支持在中东部地区建设微风风电和海上风电项目。这些举措一方面能够保持中国新能源产业稳定发展，另一方面化解消纳难题。

对于西北、华北、东北等"三北"当前严重弃风、弃光的地区，在停止新建项目的同时，应当加快新能源电力外送通道和抽水蓄能等配套调峰能力建设，同时引导部分能耗较高的产业配套布局，促进新能源本地消纳。

必须强调的是，风电、光伏一经建设，后续投入较小，边际成本很小。弃风、弃光一定程度影响了部分项目的收益，但均在投资者预见范围内。

新能源并非投资者的噩梦

新能源发电没有成为投资者的噩梦，反而让投资者收益颇丰。

可以佐证的事例是，2016 年度业绩预报显示，27 家 A 股上市光伏企业，90% 以上实现盈利，其中西安隆基硅材料股份有限公司（下称"隆基股份"）、东方日升新能源股份有限公司等龙头企业净利润同比增长率超过 100%。仅隆基股份一家企业在 2016 年就实现净利润超过 14 亿元。

风电同样不例外，龙头企业金风科技 2016 年业绩预报显示，预计在 2016年归属上市公司股东的净利润超过 28 亿元。而天顺风能（苏州）股份有限公司、上海泰胜风能装备股份有限公司等风电装备企业同样实现净利润增长。其中，天顺风能实现净利润超过 4 亿元；泰胜风能净利润超过 2 亿元。

除装备企业之外，新能源发电企业同样效益可观。中国风电装机量最大的企业龙源电力集团股份有限公司虽受弃风限电困扰，但其 2016 年上半年的净利润为 23.64 亿元人民币，同比增长 7.2%。以投资光伏电站为主业的江山控股有限公司，2016 年上半年电力销售收入 2.1 亿元，同比增长 352.1%。

对于在西部地区出现的阶段性"弃风限电、弃光限电"问题。国家能源局已经明确在"十三五"期间实施可再生能源发电全额保障性收购制度，保证风电、光伏发电最低年利用小时数，减少弃光、弃风。据业内测算，以目前的建设成本和上网电价，投资风电、光伏 10 年左右即可收回成本，而发电设备设计寿命整体超过 20 年，投资收益率远超火电。

2016 年年底，国家发改委发布《可再生能源发展"十三五"规划》，提出到 2020 年全国风电装机将达到 2.1 亿千瓦以上，光伏发电装机达到 1.1 亿千瓦以上。可以预见，"十三五"期间风电、光伏等新能源产业仍将快速发展。

撰文：刘俊卿

07

中国人为什么喜欢种菜？

导语： 在世界人民看来，种菜简直就成了中国的一项独特技能，堪比俄罗斯是"战斗民族"，印度小伙们自带歌舞属性，犹太人天生会做生意，非洲兄弟在 RAP 和体育方面自带外挂……这些特有的标签。

但种菜怎么就成了中国人的民族天赋？

种菜竟成了中国人的特殊技能

在中国，无论农村还是城市，勤劳的中国人都在努力种菜。有条件，自然要种；没条件，创造条件也要种。院子里当然不用说。没有院子的，阳台上也可以，院子和阳台都没有的，就充分利用身边的简易材料，分分钟就能种上菜。

就算在茫茫南海深处的岛礁上，中国人也种了菜，不管美日怎么来搅局，岛上始终"蔬果飘香，鸡鸭鹅欢叫，鸽群更在海天间翱翔"。若有谁阻碍我们种菜、威胁我们的菜园，咱们也不缺航母潜艇来保护我们的菜地、鱼塘和猪圈。网友们都说，不知道为什么，一看到大片平地，就有想种点什么菜的冲动。

更厉害的是，中国人的菜，已经种到国外了。管你什么气候土壤，只要想种，就一定种得成。跑出去维和，维和部队种菜。出门搞援助，工程队"种菜"也是把好手。陪孩子出国上学，也不忘种菜。美国网友们就此评价，爱吃菜是个好习惯，还是中国人饮食习惯健康。白俄罗斯、苏丹、伊拉克、埃塞俄比亚……种南瓜、种黄瓜、种苦瓜、种冬瓜……地球的任何一个角落仿佛都有中国人种的菜，连南极也不例外。种完南极，你以为结束了？我们的征途在星辰大海！我们连太空都种了菜。

如此看来，对于中国人来说，没有什么难题是种菜解决不了的，如果种菜解决不了，那就再养点猪。

中国人种菜的先天优势很足

那么，中国人为什么如此热衷于种菜？容易想到的是，中国拥有适合种菜的自然条件。

中国人口稠密的东部地区是世界上最大的温带、亚热带季风区，与其他国家相比，四季更加分明；中国拥有平原、丘陵、山地、高原、盆地五种地形，可以从事多种形式的农业活动。

在这样复杂而多样的自然环境下，即使在同一纬度，沿海低地与内陆高原的差异也是巨大的。不同的野生动植物生长在这些截然不同的环境里，被不同地区的早期农民驯化和利用，最终让中国成为北半球生物多样性最多的国家。这里面当然也有多样性的蔬菜。

中国本土就有很多独特的品种，再加上外来引进的品种，目前栽培的蔬菜已经多达100多种，普遍种植的就有近50种。同一种类中，又有很多在中国发生新的变异，衍生出诸多变种。最典型的例子就是原产于中国的大白菜，至少有近1000个地方品种，东西南北的大白菜各不一样。

引进来的蔬菜，也被中国人种出了新花样，比如西方最重要的蔬菜——生菜，从地中海传进来，就产生了茎用的莴笋和油麦菜两个变种。

可以说，基本上世界的多数蔬菜都能在中国找到合适的生长环境，然后野蛮生长。

中国人种菜技能的养成

不过，摊开地图我们就会发现，在种菜的自然条件方面，比中国更优越的国家和地区还是不少的。所以，中国人爱种菜显然还有其他因素。

比如种植历史。最初，地球上所有人类都是以狩猎采集为主的。那时候缺乏捕猎工具，很多肉都是"二手肉"——等大型猛兽吃饱喝足扬长而去，人类才捡点骨头回去生啃，啃完准拉肚子，染上各种不治之症。后来，人类学会了钻木取火，并能对野生食物进行再加工，这使得人口死亡率降下来了。随之而来的是人口数量开始上升，单靠产出少、风险极高的打猎已经无法供养整个族群。

怎么办？这时候，中国、美洲东部、中美洲、安第斯山脉等几个地区的族群率先找到了方法——驯化以谷类＋豆类为主的植物。谷类作物生长快，碳水化合物含量高，但蛋白质含量很低，这一缺陷正好被豆类弥补（豆类的蛋白质通常高达 25%）。

于是，这两类食物缺一不可，共同填饱了这些地区人们的肚子，强健了他们的身体，较之前的狩猎采集，能从每亩土地上获得更多的卡路里，这些族群也顺势进入"农业种植时代"。此后，这些会种植的族群就像打开了新世界的大门，迅速把其他族群甩在身后。他们开始一门心思种田，选择了定居的生活，日出而作、日落而息，生育间隔期也渐渐缩短，族群不断繁衍壮大。

谷类和豆类总会吃腻，他们便希望得到一些特别的食物来改善一下生活，于是不断有新的植物被驯化，渐渐有了品类更加丰富的水果和蔬菜。这个过程可不简单，在 20 万种野生植物中，只有几千种可供人类食用，只有几百种能被驯化。这个过程需要无数"吃货"前仆后继，勇于品尝，不幸品尝到有毒的食物就只能献出自己的一条命了。

其实古代人类也是通过不断品尝来辨识各种植物的。不会种植的族群又在干吗呢？要么在拼命地追赶和捕杀猎物，为了更多的卡路里而奋力挣扎；要么跟附近懂得栽种植物的族群学习；要么是周围能吃又易于获取的资源太多，不用为了卡路里拼死拼活，懒得种粮食、蔬菜。比如西欧，拥有北大西洋暖流和北极寒流交汇处的天然地理优势，渔民可以获得包括鱼类、虾类、贝类等在内的丰厚食材；要么饿死了……

言归正传，中国从一开始就是世界仅有的几个植物驯化中心之一，在蔬菜种植历史方面不是一般的悠久。再比如传播速度。在世界最初形成几大植物驯化中心的过程中，跟中国几乎处于同一纬度的新月沃地帮了不少忙。因为从理论上来说，位于同一纬度的东西两地，白天的长度和季节变化几乎相同，在一定程度上，它们在雨量、植物疾病、植被类型等方面也极为相似，这对于作物的传播极为有利。

历史经验也恰恰证明了这一点，种植技术以每年 0.7 英里的速度从新月沃地向西传入欧洲和埃及，向东传入印度河河谷。而相比之下，在纬度差异较大的美洲，传播速度就慢很多了，玉米和豆类仅仅以每年 0.3 英里的速度向墨西哥北传播。这就使得来自新月沃地的蔬菜品种，能够跟中国本地的自然条件无缝衔接，也正是认识到这一点，中国的古人们毫无顾忌地引进了大量来自新月沃地的植物。比如汉代出使西域的张骞，引进了一大堆蔬菜瓜果，带来的种子，包括但不限于芹菜、香菜、蚕豆、黄瓜，还有大蒜，几乎够打一局《植物大战僵尸》。

可见，无论是蔬菜培育还是引进，中国都占尽了机会！

中国人不得不种菜

中国人种菜技能的养成，也伴随着无数的无奈和叹息。在漫长的封建历史进程中，随着人口的不断增加，人均耕地占有量也不断减少。在农业生产力提高极为缓慢的前提下，中国人能填饱肚子已经很不错了，更遑论吃肉。

单从技术层面来说就不可行，因为吃肉付出的代价简直太大：每次某种动物在吃某种植物或者另一种植物时，食物生物量转化为取食者生物量的效率仅为 10% 左右，这也就是说，要花费 1 万斤左右的饲料才能喂养成一头 1000 斤重的牛（数据出自《枪炮、病菌与钢铁》）。

事实也正是如此，在中国古代，能吃上肉的，也仅仅是极少数人而已。不光限购，更是要特供。如《礼记》规定，天子才能吃牛肉，诸侯平常吃羊肉，每月初一才能吃一次牛肉，大夫平常吃猪肉和狗肉，老百姓也就是能吃点鱼肉，"鱼肉百姓"据传由此而来。对于百姓吃肉，孟子支过招，号召大家"养鸡豚狗彘之畜"，并且要做到"无失其时"，这样的话，七十岁的人就可以吃上肉了。对吃不上肉的人来说，吃肉的人是可耻的，天天吃肉的人是可恨的。商纣王"酒池肉林"自然是招人厌恶。

国难当头，曹刿准备给君王出谋划策，老乡们也一肚子意见："肉食者谋之，又何间焉？"意思就是人家吃肉的人商量事，你这个吃素菜的掺和什么？真是咸吃萝卜淡操心。遇到战乱和灾荒，甚至连粮食和蔬菜都吃不到，《尔雅·释天》有言，"谷不熟为饥，蔬不熟为馑"，"饥馑"一词由此而来。也就是说，无论是粮食招灾，还是蔬菜匮乏，都让人很难受。

19世纪游历中国，并对中国国情有深入研究的英国人乔治·斯当东，就灾荒问题做过一个精辟评论："在中国一个省份内发生饥荒次数超过一个欧洲国家。"在刘震云的《温故一九四二》中，"我"和姥娘有这样一段对话："姥娘，五十年前，大旱，饿死许多人！""饿死人的年头多得很，到底指哪一年？"姥娘生于1900年，她对"1942"这个年份的忘却，不是因为这一年的大饥荒不触目惊心，而是在她老人家经历的日子里，饿死人的事确实发生得太频繁了。

有专家统计过，从周朝到1937年，中国总计发生过5258次饥荒，而欧洲在这一历史时期发生的饥荒次数为864次。对于灾荒和饥饿的记忆，使得"手中有粮，心中不慌"成了中国人的基本诉求。于是，中国人总是不遗余力地开发每一寸土地，栽种上能填饱肚子的粮食和蔬菜。

相对于一年只能熟1～2次，最多3次的粮食而言，蔬菜的生长周期很短，在同一个时间段内，可以收获得更多。而且，种蔬菜更具有灵活性，可以随意选择适合这个季节栽种的蔬菜，比如大白菜在4月—10月都可栽种，南瓜2月—10月都可栽种，萝卜3月—10月都可栽种……这些蔬菜对于生长地要求也不高，区域不大的房前屋后就足够。

自 20 世纪 70 年代末改革开放后，农业生产持续发展、粮食生产逐年攀高，饥饿开始逐渐远离中国人的生活。在历经 40 年的稳定、快速发展后，新一代中国人几乎没有太深刻的饥饿记忆。但一些上了年纪的长辈仍然会存有长期饥饿形成的忧患意识——"在我们家，绝对不能对外婆说因为不饿就不吃饭了这样的话，这对她来说简直是大逆不道。而且每次饭后，她总会吃光我们剩下的饭菜。""外婆经常说，人只有吃饱了才踏实，才会有安全感。""守着粮食，种上菜，心里才踏实。"

当然，在漫长的被迫种菜的历史中，中国人也渐渐形成了吃"草"的文化，把素菜做得有滋有味就成了一种本能。《西游记》第一百回就列出了一个素菜单："烂煮蔓菁，糖浇香芋。蘑菇甜美，海菜清奇。几次添来姜辣笋，数番办上蜜调葵。面筋椿树叶，木耳豆腐皮。石花仙菜，蕨粉干薇。花椒煮莱菔，芥末拌瓜丝。"这些纷繁食材的错综变化，是令中国素菜出神入化的根基，也是中国饮食文化的重要部分。

种菜包含着中国人的精神诉求

在中国，种菜从来不是"下等人"的事，皇亲贵族和知识分子也都很喜欢种菜。古代天子每年都会"亲耕"。这项具有强烈仪式感的传统起源于汉文帝，之后，很多皇帝都会在每年正月下地劳动一番，以示对"三农"的重视和尊重，给全天下的农人们加油打气，同时也许下愿望，祈祷一年的好收成。

后来，"亲耕"也逐渐有了一套繁杂的礼仪，表演的成分更加浓烈，套路化痕迹更明显。到了明清两代，祭农活动达到顶峰时期，祭祀亲耕制度周密详备，整个仪式隆重有序。从保存的清雍正帝先农坛亲祭图、亲耕图和有关典籍上，可窥一二。皇帝竟然也种田，这让外国人大为惊诧，享誉世界的文学家列夫·托尔斯泰就曾在《论孔子的学说》一文中写道："中国人是世界上最古老的民族……他们不想占有别人的东西，他们也不好战。中国人是庄稼汉。他们的皇帝自己也种田。"

知识分子和贵族也种菜，他们崇尚田园。中国古代知识分子，认为"耕"与"读"相结合是一种合理的生活方式。很多人还把"耕读传家"当作自己的座右铭。耕田可以事稼穑，丰五谷，养家糊口，以立性命。读书可以知诗书，达礼义，修身养性，以立高德。勤奋"耕读"的农家子弟通过科举考试，可以"朝为田舍郎，暮登天子堂"，实现从农人到官僚的切换，走上人生巅峰。

同样，经历宦海沉浮，对官场心灰意懒的官僚也把田园当成自己最后的栖身之所，完成从官僚到农人的切换。《三国演义》中，刘备甚至通过种菜来掩蔽自己的锋芒和英雄本色，减轻曹操对自己的怀疑，"就下处后园种菜，亲自浇灌，以为韬晦之计"。即便是世袭罔替的贵族子弟，有时也把种菜当成一种乐趣。

《红楼梦》中的大观园是贾府为元妃省亲而建，典型的豪门院落。为了不让偌大的院子空着，元妃便让家里的姐妹及宝玉入住大观园。

没想到，这样富丽奢华的院子里竟被这些贵族子弟种满了菜！"……转过山怀中，隐隐露出一带黄泥筑就矮墙，墙头皆用稻茎掩护。有几百株杏花，如喷火蒸霞一般。里面数楹茅屋。外面却是桑、榆、槿、柘，各色树稚新条，随其曲折，编就两溜青篱。篱外山坡之下，有一土井，旁有桔槔辘轳之属。下面分畦列亩，佳蔬菜花，漫然无际。贾政笑道：'倒是此处有些道理。固然系人力穿凿，此时一见，未免勾引起我归农之意……'"

贾政作为工部员外郎是有官职的，见到大观园里的菜地，都生发了归农种田的想法。当然，贾政毕竟是中年之人，上了岁数，所以想到种田也算是正常的。但是，作为大观园里的贵族子弟们，却也能在闲散之余种种菜，足以说明中国人对种菜就没有什么抵触心理，也不会认为种菜是一种低贱的活动。军队也种菜，自给自足。

中国军事自古以屯田闻名。屯田就是让士兵耕种田地，说白了就是军队从事农业生产，种粮食种蔬菜，进而自给自足，无须国家财政支持。这与西方军事远征大有区别。今天贵州屯堡文化就是明朝军垦屯兵遗迹。李牧雁门关屯田，诸葛亮屯田汉中，中华人民共和国成立后有屯垦戍边的新疆生产建设兵团、黑龙江生产建设兵团等，这是重农经济的军事特点。

如此看来，在中国，种菜不但不会被歧视，有时候反而是一种情操的陶冶、精神的追求，甚至是一种低调的表现，这在把种田之人看作农奴的古代西方世界看来，是难以理解的。在自然环境、历史文化、生活习惯等一系列复杂因素的共同糅合下，种菜成了中国人特有的一项属性。荣格在《心理学与文学》中说，每个原始意象中都有着人类精神和人类命运的一块碎片，都有着在我们祖先的历史中重复了无数次的欢乐和悲哀的一点残余。

　　中国人的种菜情结，对土地和自然热爱的突出意象，便是这样一种深烙在骨子里的集体无意识，甚至影响着中国人的处世哲学。一位美国人评论道："在我家附近新搬来一家中国人，我第一次看到他们的时候他们在院子里掘土，之后每天我都看到他们在地里忙活，我每次都很震惊，是什么让他们如此坚持，看他们院子里停放的汽车也并不是没有钱买不起菜的人，但是我看到他们坚守了几个月院子里硕果累累，附近的居民每天都能收到他们家摘下来的蔬菜，当时小镇所有人对他们的观念都改变了，不再是破坏环境的始作俑者，反而是接近大自然，接近生活的现实，我们现在都很喜欢他们一家人。"这让我想起《阿甘正传》，有些人不需要选择太多，只要坚守一份努力就能成功，而那些不断选择又放弃的人到头来，就如珍妮（《阿甘正传》女主角）一样，回到原点……

　　（本文资料来源：贾雷德·戴蒙德《枪炮、病菌与钢铁》；富兰克林·H.金《四千年农夫》；新民晚报《吃素的中国人》；桂慕文《中国古代自然灾害史概说》等。）

撰文：李浩然　李蓉

那些逆天的技术

01

"基因驱动"，潘多拉魔盒

导语： 澳大利亚广播公司网站曾发表题为《基因驱动器：野蛮科学还是野蛮解决方案？》的报道称，由美国军方资助的一种新型基因技术拥有消灭野生老鼠和疟疾的潜力。但是，科学家们正如履薄冰，并警告说这项技术可能带来意想不到的后果。

基因驱动器是否会成为生物恐怖主义新的疆界仍然有待观察。一场针对野生老鼠的基因组战争，看来必将在不远的未来打响。

近年来，"基因驱动"技术发展迅速，"基因编辑"很可能成为解决当今世界面临的一些重大生物挑战的有力工具。它不仅有助于消灭传播疾病、危及生态平衡的生物，同时，也使更多人类疾病的治愈成为可能。"基因驱动"技术由此成为当今生物学界的热门研究领域。美国军方似乎也不甘落后，开始大力投入该项技术的研究。美国国防高级研究计划局（DARPA，美国国防部下属机构，负责研发用于军事用途的高新科技）已经成为世界上"基因驱动"研究的最大投资者。

这不禁让外界产生疑虑：作为全世界最大、最强的生物武器研制国家，美军这是要研发生物武器吗？

"基因驱动"技术的奥秘

对"基因驱动"这个概念，存在多种描述，科学界比较认同的是：特定基因有偏向性地遗传给下一代的一种自然现象。研究人员利用一种"基因编辑"技术（CRISPR-Cas9）极大地促进了"基因驱动"，它使科学家比以往更加容易和准确地对基因进行修改、删除，并将其插入生物体中。简单地说，科学家通过人工操作，剪辑许多生物（包括人类的）基因片段，"编辑"出具有遗传活性的新基因，这种方法就叫作"基因驱动"技术。通过"基因剪刀"对某一物种的基因进行改造之后，可在这一物种种群中有偏向性地遗传特定基因。

在此基础上，麻省理工学院的先锋生物学家凯文·埃斯韦尔特，首次提出了有关可自我繁殖的"基因驱动器"的概念。"基因驱动器"是一种遗传机制，它可以增加某个特定基因被遗传给后面世代的概率，从而使它能够优先在整个物种内得到传播。

通过"基因编辑"的方式，可以快速得到人类想要得到的特性物种基因，并且这种人工制造基因具有超强的遗传性，因此又被称为"超动力基因"。这种"超动力基因"可以通过生物的繁衍稳定地遗传下去，从而创造出大量新的物种。目前，"基因驱动"技术可以让两只昆虫交配时产生基因突变，并可将由此形成的"超动力基因"遗传给下一代。

无论是否有害，这种经修改的基因都将遗传给后代，因此，研究人员将"基因驱动"技术比喻成"无法停止的核链式反应"。举个例子，对蚊子的部分基因进行修改，使其只产生雄性后代，这样，蚊子就失去繁衍能力，最终导致该物种的消亡。另外，科学家通过果蝇实验发现，仅仅经过几代遗传，这种修改后的"超动力基因"就可以传播至整个繁殖种群中的几乎每一只果蝇！

DARPA 项目下阿克巴里（Akbari）的团队，利用 CRISPR 基因编辑技术中的基因删减手段，仅需在蚊子胚胎中注入一点引导核糖核酸（RNA），就会自动将目标基因"删除"。当他们"剪掉"一点色素基因后，蚊子就从黑色变成了黄色。那么，"剪掉"翅膀生长基因会怎么样？令人惊奇的"无翅蚊子"就此诞生了。

由此推想，如果删除蚊子带病毒的基因，就可以消灭疟疾、登革热以及寨卡等由蚊子传染的疾病，人类再也不用怕被蚊子叮咬了。

美军成为世界上该项研究的最大投资者

由于"基因驱动"技术具有不可估量的潜在价值，引起科学界的高度重视也是必然，按理应该由生物科学研究部门进行系统研究和试验。问题在于，在此类"基因驱动"技术所引发的复杂的生态危险尚未阐释明白之前，美国军方介入并投入大量资金支持研发，就不能不引起人们的疑虑。美军已经成为世界上"基因驱动"研究的最大投资者。

2017 年 7 月 19 日，DARPA 宣布拨款 6500 万美元，支持科学家研究"基因编辑"技术，其中大部分经费将被投入"基因驱动"研究中。此外，一个与DARPA 同等级别的美国情报机构计划也提供经费，支持旨在检测包含"基因驱动"及其他修饰的有机体的研究。据"第三世界网络组织"援引信息自由法令申请获取的文本称，DARPA 向各类"基因驱动器"项目提供了多达 1 亿美元的资助。

在 DARPA 项目下，有 7 个团队拿到了 4 年期合同。尽管 DARPA 官网声称，"安全基因"计划意在：保护战士和国土免遭有意或意外误用基因组编辑技术的危害；防止 / 逆转特定生物系统中的基因变化；促进使用基因编辑器的安全、精确和有效的医学治疗手段的开发。

但是，众所周知，美国是世界上最大，也是最强的生物武器研制国家。尽管从 1969 年起，美国取消了生物武器计划、销毁进攻性生物武器，然而实际上，美军的"防御性生物学研究和发展方案"直到今天都没有停止过，而 DARPA是专门负责研发用于军事用途的高新科技的军方机构。

因此，美国军方的介入无法掩盖其背后的军事目的——其一，将"基因驱动"技术应用于军事领域。毫无疑问,美国军方资助研究"基因驱动"技术绝不是为了消灭蚊子和老鼠,也不仅仅是为了治疗疾病和开发新的医疗手段。人们担心,在美国军方背景资助下的"基因驱动"技术研究最终将会用于军事目的,或者直接用来制造生物武器。

这主要在于"基因驱动"有利于生成基因武器,在军事上具有巨大潜在价值。相对于传统武器、核武器、化学武器等,基因武器的成本较低;基因武器具有比其他武器更好的保密性,因为只有研制者才知道遗传基因密码,敌方难以防控;战略威慑能力强且杀伤力大,而且难以侦察、预警和破解。其二,超前布局、占尽先机,保持"基因驱动"技术的领先地位,并在战略上争得生物技术领域的主动权。

DARPA 发言人认为,基因编辑技术成本急剧下降让敌对势力更有机会尝试这项技术。他说:"DARPA 有责任为此做准备,开发可防止意外和蓄意滥用的技术。""基因驱动"技术距离实际应用还有很长的路要走,美军方已开始加大投入、扩展研究、促进开发,并为未来应用创造条件铺平道路。

科学家的忧虑

生物学家凯文·埃斯维尔(Kevin Esvelt)提出应用新发明的 CRISPR"基因编辑"技术的初衷,主要是为了避免物种灭绝。但是,从上文可知,"基因驱动"技术是把双刃剑。研究人员可以把动、植物的某种遗传特性的遗传基因,通过"基因驱动"技术进行"剪辑"和"编辑"修改,从而形成预期性状的新品种和新物种。这项技术也能把有害病毒、细菌和蛋白侵染因子等生物体进行基因"改造",从而生成基因武器。

并且,美国国防部涉入"基因驱动"技术研究,加重了学界对该技术应用于生物武器的忧虑。更可怕的是,随着技术突破及研究成本降低,这种低成本的基因技术也将会是恐怖分子觊觎的目标。如果管控不严,造成技术扩散,一旦被恐怖分子恶意利用(如生产出传播致命疾病的"基因修正"昆虫),将引发不可估计的灾难。

2015 年，27 位著名遗传学家在《科学》杂志上发表文章呼吁，科学界应向普通民众澄清"基因驱动"技术的利与弊，向人们解释该技术可能会带来灾难。科学家们表示，"它们的隐患极大，可能给人类健康、农业生产以及环境保护带来全球性灾难"。为此，DARPA 项目明确表示，要避免"基因驱动"生物的外泄，要求合同签约者遵守严格的生物安全条件，并且，向公众公开他们的实验计划。

不过，埃斯维尔称，"任何一项强大的技术都关乎国家安全"。他已获得 DARPA 的经费来研究如何限制"基因驱动"的扩散，他同时提出了对"基因驱动"控制的担忧：潜在的生物恐怖分子会将"基因驱动"技术变成武器；科研人员的疏忽可能导致含"基因驱动"生物的外泄——这种"研究失误"才是最令人担心的。更让人头疼的是，目前，还不存在针对"基因驱动"技术的相关国际公约和法规。针对来自上述问题的担忧，联合国生物多样性公约（Convention on Biological Diversity，CBD）相关机构正在辩论是否应该暂停基因研究。

一些科学家则主张采取严密的安全措施，以防止"基因驱动"技术应用于军事目的。以色列特拉维夫大学遗传学家大卫·古尔维兹主张，"基因驱动"技术的具体使用方法应该严格保密，应该和核武器技术一样。另一部分科学家则认为，完全公开和透明是防止"基因驱动"技术被用来制造生物武器的最佳方法。

更多的科学家呼吁，应制定一系列安全规程，避免被基因修正的物种逃散至野生种群当中。总体来看，尽管各界对发展"基因驱动"技术存有争议，但是却无法叫停该项技术的研究，未来将出现何种态势，现在尚难以预料。但愿这个"潘多拉盒子"永远不会被打开！

撰文：徐秉君

02

一场持续了近百年，让中美欧等国花费数百亿美元的大搜索到底在找什么？

导语：对于天文学家来说，暗物质与恒星、行星一样，都是真实存在的物质。天文学家可以绘制暗物质分布图，把一个个星系视为由"发光"的普通物质点缀着的暗物质云团。借用暗物质，科学家还成功地解释了宇宙结构是如何形成和演化的。

然而，经过多年的搜索，人们至今仍然没能直接探测到暗物质。人们被笼罩在暗物质的云团中，却不知宇宙的暗面究竟为何物。诺贝尔物理学奖获得者、美籍华人物理学家丁肇中在山东大学演讲时，再次为暗物质线索的发现给出了一个时间节点——2024 年。他认为，届时关于暗物质的来源，"应该能有个决定性的结果出来"。

2024 年也是国际空间站可能的退役时间，正在国际空间站上寻找暗物质和反物质的，是阿尔法磁谱仪。它也是首个安置在太空中的最强大、最灵敏的精密粒子探测装置。阿尔法磁谱仪项目由丁肇中主持，背后是个国际合作团队。实际上，加拿大、意大利、中国、日本、德国、美国等寻找暗物质的团队有很多，有的在天上，有的在地下，众里寻暗物质千百度，还不知它是否在灯火阑珊处。

那么，多国的科学精英都在竭尽全力寻找的这个暗物质到底是什么？最终能找到吗？

宇宙中看不见、摸不着的最神秘力量

我们所知道的物质——原子、恒星、星系、行星、树木、石头、我们自己等等，其实只占了已知宇宙的 5% 还要少，其余约 25% 是暗物质，剩余的 70% 是暗能量，后两者都是看不见的，而且不能发射或吸收电磁辐射，故而称其"暗"。这意味着我们所感受到的一切，都只是真实存在的一小部分。从人类开始研究暗物质至今已有近百年时间，人类为何如此执着于探索这些看不见的东西呢？因为暗物质涉及宇宙产生和演化的一些最基本问题，它被科学家比作"笼罩在 21 世纪物理学天空中的乌云"，是目前国际科研的最前沿领域之一。

与百年之前相对论和量子力学即将诞生时类似，现在人类对物质世界的认识又一次处在了十字路口。毫不夸张地说，找到并研究暗物质，将是继哥白尼日心说、牛顿万有引力定律、爱因斯坦相对论以及量子力学之后，人们认识宇宙的又一次重大飞跃。有人可能认为，既然暗物质隐藏得这么深，我们又怎么确定它存在呢？

尽管暗物质不发射或吸收电磁辐射因而无法被天文设备直接观测到，但是它的引力效应却影响了其周围可见物质的运动轨迹，因而能够被间接探测到。以暗物质对太阳运行轨迹的影响为例，可以清楚了解暗物质是如何被探测到的。

太阳到银河系中心的距离是 2.8 万光年，绕银河系中心旋转一周的时间是 2.3 亿年。物质的引力所产生的向心力可以把太阳固定在这样的轨道上，通过简单的计算就可以知道，这需要在太阳轨道内包含大约 1011 MSun（太阳质量）的物质。然而，可以观测到的恒星和气体的质量低了两个数量级。显然，还有更多不可见的物质贡献了更强的引力，如果不存在暗物质，那么向心吸引力就要弱很多，太阳的旋转速度也要相应小很多。

太阳是银河系中的一颗普通恒星，观测更多恒星的运行轨道就可以进一步推断星系中暗物质的分布信息。比如，下图所示是一个称作 M33 的涡旋星系中，恒星绕星系中心旋转的速度与其到星系中心距离的函数关系示意图。上边的曲线是天文学家观测的结果，而下边的虚线是根据观测的可见物质预计的恒星运行的速度分布。

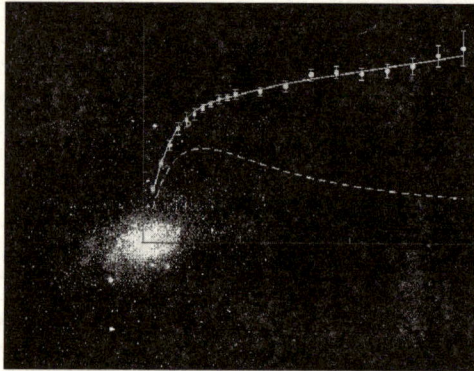

M33 星系的旋转曲线

我们看到，两者有着明显的差别，实际测量的运行速度要远大于计算结果，这表明星系中还分布着大量的暗物质来增大引力，这些观测结果就是天文学家推测暗物质存在的直接观测证据。而根据不同距离处恒星旋转速度的大小可以推算暗物质在星系中如何分布，我们可以得到如下图所示的银河系中的物质分布图。从图可见，我们银河系的恒星大部分分布在一个很小的盘状结构中，这就是我们熟悉的银盘。在银盘外边包围着巨大的暗物质构成的球状结构，称作暗物质"晕"。

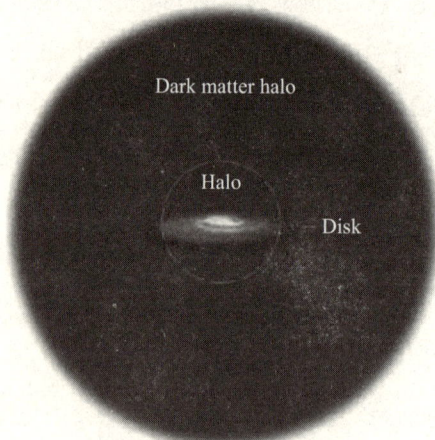

Milky Way model

银河系的物质分布：普通恒星分布在盘状结构上（disk），
而暗物质则形成一个巨大的几乎球对称的晕状结构，叫作暗物质晕（Dark matter halo）

银河系的物质分布：普通恒星分布在盘状结构上（Disk），而暗物质则形成一个巨大的几乎球对称的晕状结构，叫作暗物质晕（Dark Matter Halo）。除此之外，其他还有许许多多天文观测，均证实了宇宙中暗物质的存在。比如星系团中热气体的分布、星系团所造成的引力透镜效应、宇宙中微波背景的观测等等均在更大的尺度上证实了暗物质的存在。

今天，天文学家建立了一个"标准宇宙学模型"，这个模型中宇宙由 68% 的暗能量、27% 的暗物质和 5% 的普通物质组成，可以成功解释几乎到目前为止所有的宇宙学观测现象，是当前人类对宇宙的最新认识成果。

暗物质究竟是一种什么样的物质？

在研究暗物质的历史中，天文学家也提出了许多的设想，比如认为暗物质是不发光的小天体如黑洞，或者是中微子等等，但均已被后来的观测所排除。目前一般认为暗物质应该是由一种全新的粒子构成，它不同于我们已经了解的任何一种组成我们周围物质的粒子。我们只知道这种粒子应该是稳定的、不带电的且运动速度很慢的粒子，而其具体是什么粒子，以及其质量、其相互作用的性质如何等都无法确定。

物理学家提出了许多的暗物质粒子模型，但由于没有直接观测数据的限制，不同的暗物质模型中暗物质粒子的性质相差非常大。在这许许多多的暗物质模型中，有一种被称为"弱作用重粒子"的暗物质模型是目前研究最多的。这类模型的出发点是解释"暗物质在宇宙中如何产生"这个问题，而这一模型认为暗物质应该和普通物质一样是在宇宙的极早期从高温高密的物质状态中产生出来的，这和普通物质的产生是同一个过程。

在这一前提下，研究发现当暗物质质量和相互作用强度和弱作用类似，那么其在宇宙中所产生的密度就和今天我们观测到的密度相一致。由于这类模型能够非常自然地解释我们观测到的暗物质在宇宙中的丰度，因而受到了极大的关注。我们目前大部分暗物质探测实验所要寻找的对象就是这种"弱作用重粒子"的暗物质。

花费超过数百亿美元，暗物质却迟迟不现身

当前探测暗物质主要包括三类实验方案，即对撞机探测、直接探测和间接探测。

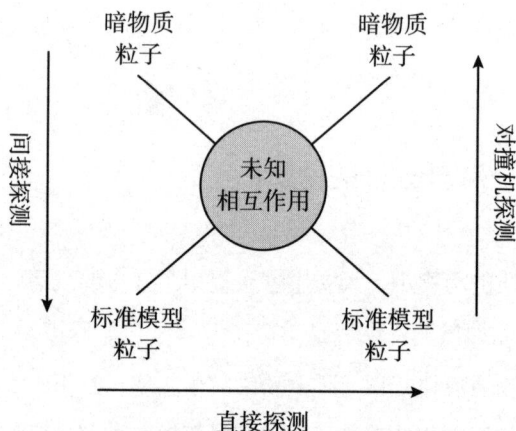

暗物质的三种探测方式

从上图可以看出，暗物质粒子和普通物质的相互作用可以体现在三个方向上：从下向上，就是通过把普通粒子加速到很高的能量对撞产生出暗物质粒子，这就是暗物质粒子的对撞机探测，比如在欧洲核子中心的大型强子对撞机（LHC）上进行的暗物质寻找就是这种探测方式；横向方向表示一个暗物质粒子和普通粒子发生弹性散射，通过探测这种散射产生的信号寻找暗物质，这被称为暗物质的直接探测；而从上向下的方向代表着两个暗物质粒子碰撞并湮灭而产生一对普通粒子，通过寻找这样的湮灭产物寻找暗物质粒子，这被称为暗物质的间接探测。

丁肇中教授领导的阿尔法磁谱仪 2 号（AMS-02）实验和我国的暗物质粒子卫星"悟空"号探测暗物质就是根据间接探测的方法，探测暗物质粒子湮灭或者衰变后所产生的高能宇宙线粒子。

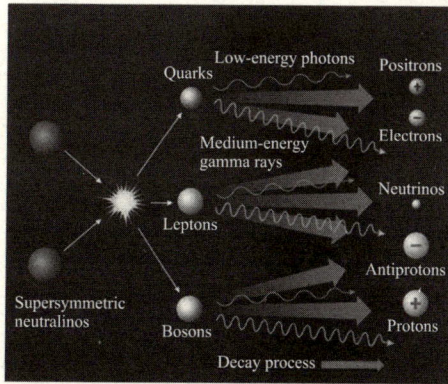

暗物质间接探测示意图

暗物质间接探测的原理如上图所示，即两个暗物质粒子碰撞后会发生"湮灭"而变成我们熟悉的夸克、轻子等粒子，这些不稳定的粒子会迅速衰变而成为稳定粒子，如正负电子、正反质子、中微子、光子等。

间接探测即寻找宇宙线中的这些信号来寻找暗物质的信号，间接探测实验也通常选择在地面和空间进行，地面的实验适合探测暗物质湮灭所产生的伽马射线信号和中微子信号，但带电粒子会和大气很快发生反应，所以地面实验不是特别适合探测带电粒子信号。

通常，为了得到更加干净的暗物质湮灭信号，需要在空间开展实验，包括卫星实验和在空间站开展的实验。目前正在进行的实验有如下几个：Fermi 卫星是美国发射的伽马射线探测卫星，用来寻找暗物质湮灭所产生的伽马射线信号，Fermi 2008 年发射，至今已经运行了近 10 年，取得了大量的科研成果。然而，它却没有发现暗物质湮灭的信号，因而，给暗物质性质设置了非常严格的限制。

另外两个实验是"PAMELA 卫星实验"和阿尔法磁谱仪 2 号（AMS-02）国际空间站实验，都带有磁场，因而能够测量带电粒子的电荷，它们主要是测量宇宙线中的反粒子，如正电子、反质子等，以寻找暗物质信号。

最后一个是我国在 2015 年发射的暗物质粒子探测卫星"悟空"，它主要是通过探测暗物质湮灭所产生的电子来寻找暗物质信号。上文提到，有科学团队通过对撞机探测方法，寻找高能粒子对撞产生的无法被探测器探测的暗物质粒子引发的能量、动量"丢失"过程。然而，仅仅对撞机一项，就花费数百亿美元，暗物质却仍迟迟不"现身"。

或许，我们已接近发现暗物质的边缘

近年来在暗物质探测方面一个重要的进展就是，发现了宇宙线中存在大量的正电子超出。PAMELA 卫星在 2008 年发现宇宙线中正电子比通常宇宙线物理所预期的流量高出了许多，这多出来的正电子让科学家非常兴奋，认为有可能就是人们长期梦寐以求的暗物质信号。研究表明，暗物质湮灭的确可以完美解释这些多出来的正电子。

但不幸的是，暗物质却不是唯一的解释。天文学家认为，银河系中存在一种称为脉冲星的天体，它是高速旋转的中子星。这种天体可以加速产生高能量的正负电子对并辐射到银河系空间，这类信号如果传播到地球上，也可以解释实验所观测到的多余正电子信号。而阿尔法磁谱仪 2 号（AMS-02）是安装在国际空间站上的大型实验装置，更加精确地测量宇宙线中正负电子的能谱，不但证实了 PAMELA 的观测，还在更大的能量范围和更高的精度上扩展了这一结论。

但是，即使是 AMS-02 的结果也无法确认正电子的来源到底是暗物质还是脉冲星。最近 AMS-02 实验组在一个会议上公布了其最新的测量结果，由于累计了更多的观测事例，最新的结果显示多出的正电子的能谱存在某种"结构"，如果这个结构得到精确的测量，就有可能据此判断正电子的来源。

然而，深入的研究表明，来自脉冲星的正电子和来自暗物质湮灭的正电子的能谱形式很有可能无法完全区分。这是因为，这些正电子从源上产生出来以后还要再经历非常复杂的传播过程，这个传播过程会改变能谱的形式，从而使得不同来源的能谱更加难以区分。

暗物质这么难寻找，这也正是它的魅力所在，我们也不要灰心，还是有其他办法可能区分暗物质来源的正电子和脉冲星来源的正电子。暗物质弥漫地分布在银河系中，而脉冲星则是某个位置上的一个星体。因而，脉冲星产生的正电子会有方向性，从而在正电子流强分布上导致一个"各向异性"，但暗物质产生的正电子基本会是"各向同性"的。

  各向异性的检验非常困难，需要积累大量的电子和正电子数据，这就要求非常大的探测器才行。而我国空间站的未来宇宙线实验 HERD 具有这样的优势，将可能在这方面取得重要的突破，为暗物质寻找提供更多的线索。总而言之，暗物质问题大大激发了人们对未知世界的想象，也正在激励着各国科学家不断地深入研究这个问题，并在不同的研究方向上取得进步，为最终揭开暗物质谜团贡献自己的力量。

（文内示意图均由作者提供）

撰文：毕效军　中国科学院高能物理所研究员

03

这是整个航天领域的一场"大地震"，
人类离星际穿越不远了！

导语： 北京时间 2017 年 3 月 31 日清晨 6 点 27 分，美国太空探索技术公司（SpaceX）的一枚"猎鹰"9 号火箭，将一枚商业通信卫星（卢森堡 SES SA 公司的 SES-10）成功送入太空轨道。

之后，该火箭的第一级顺利降落在大西洋的海上回收平台上。

这次发射给整个航天领域带来一场"大地震"：在人类航天史上，首次使用回收火箭成功发射卫星，并且再次成功回收一级箭体！

笔者认为，其意义不亚于加加林于 1961 年 4 月 12 日完成的世界首次载人宇宙飞行——从此，火箭不再是一次性产品，而成了可以重复使用的运载工具。人类朝星际旅行的梦想又迈进了一大步！

正在发射的"猎鹰"9 号火箭
（图片来源：SpaceX 官网）

星际穿越：巨富的烧钱游戏！

太空探索技术公司（又称 SpaceX）是美国一家商业航天制造商，为全球客户提供飞行器研制和太空运输服务。

2002 年，美国科技狂人埃隆·马斯克（PayPal 的合伙创始人、特斯拉汽车公司的首席执行官）创办了这家公司，总部位于美国加利福尼亚州，颇具硅谷风格。

在创办伊始，马斯克就发出了在当时看来几乎不可能完成的豪言壮语——研制能够大幅降低太空运输成本的飞行器，最终使人类向火星殖民成为可能。

"猎鹰"9 号火箭就是该公司的成名之作，堪称航天技术发展史上新里程碑。

"猎鹰"9 号是中型两级入轨系列运载火箭。"9"来自火箭第一级并联的 9 台发动机。

最新版本的"猎鹰"9 号火箭，发射质量为 549.05 吨，近地轨道运载能力为 22.8 吨，运载能力与欧洲阿丽亚娜—5 运载火箭大体相当。

正在试车的梅林发动机（图片来源：SpaceX 官网）

注："猎鹰"9 号的一级火箭并联使用了 9 台这种发动机，使一级火箭拥有了强大的 7607kN 的海平面推力

正在起飞的"猎鹰"9 号火箭尾部特写（图片来源：SpaceX 官网）

马斯克为啥非要坚持发展火箭重复使用技术？

很简单，因为钱！

航天历来是有钱人的烧钱游戏。

——按照 20 世纪六七十年代的货币价值计算，美国载人登月使用的土星 5 号火箭，其总拨款高达 65 亿美元；

——整个阿波罗计划总耗资达到了天价——240 亿美元。

随着航天商业化的发展，对于如今的发射任务而言，美苏"冷战"时期追求技术展示的目标早已淡化，商业效益和社会效益才是重中之重——以往不计成本的技术竞赛已经转型为关注风险与收益的商业行为。

大多数商业卫星通过国际招投标形式选择太空运输服务商，所以，在国际商业航天市场，成本已经成为决定服务商能否占据优势地位的重要因素之一。

如何使星际旅行更便宜？

现代运载火箭，无论是执行近地轨道运载任务还是地球同步转移轨道运载任务，其发射技术都已经相当成熟。

经过几十年的工程实践，各航天大国都已经摸索出适合自己国情的途径，在优化研制和发射流程、有效利用资源、优化时间 / 人力 / 物资管理等方面，已经难有潜力可挖。

而降低成本是各国航天领域都在关注的重点。发展可重复使用的运载器是降低成本的关键：

当火箭能够重复使用时，每次发射任务所消耗就只是火箭燃料了。而燃料成本在火箭发射总成本中的占比微乎其微。

在重量上，火箭燃料占到整个火箭的 90%，而成本不到火箭发射总成本的 1%，SpaceX 甚至给出了 0.4% 的占比。

打个比方，去超市买苹果花了 100 元，然后在收银台买了一个 4 角钱的塑料袋。火箭燃料成本占发射成本的比例就相当于这个塑料袋与整袋苹果的比例。

因此，从理论上讲，火箭重复利用能够带来航天成本的大幅度减少。

当然，现实往往不会如我们期望的那般完美。

回顾人类航天历史，我们会发现，运载工具重复使用并不是 SpaceX 的首创。航天飞机是其中一个典例。

1981 年 4 月 12 日，美国的航天飞机首飞。

很多人曾经相信：它的到来将大大降低昂贵的天地往返运输成本。

然而，它一次又一次地用高昂的发射报价打破了人们的美梦。

航天飞机虽然可以重复使用，但是，每次使用后的检测和维护既费时，又费钱。并且，即便花费了高额的维护和检测代价，也没能避免 2 次机毁人亡的灾难性事故发生。

正在发射的美国"哥伦比亚"号航天飞机，该机于 2003 年 2 月 1 日在返回中由于隔热层脱落而失事，7 名宇航员全部遇难。

如果从 1972 年开始计算，美国花在航天飞机研制、制造、发射和维修上的费用高达 1960 亿美元。

美国航天飞机机队共执行了 135 次任务，一次发射成本约为 14.5 亿美元。

这个价格远远高于任何一款"一次性"火箭的报价：

"大力神" 4 号运载火箭创造了一次性使用火箭的最高报价纪录——1999 年，其单次发射报价为 4.32 亿美元！

航天飞机的单次发射成本是"大力神" 4 号报价的 3.4 倍！

据相关统计，航天飞机的研发和运营费用，相当于开凿巴拿马运河、制造原子弹的"曼哈顿"计划和载人登月的"阿波罗"计划的耗资总和！

2011 年 6 月 1 日，"奋进"号执行完最后一次任务后返回地面，7 月 21 日，美国所有航天飞机正式退役。

航天飞机的时代终结了——系统方案复杂性和对分系统可靠性极度依赖，使其与成本"暗礁"发生碰撞，最终黯然退出历史舞台。

如今，SpaceX 公司的"猎鹰"9 号，再次将可重复使用运载器带到世人面前。

"猎鹰" 9 号多省钱? 我们来算笔账

SpaceX 公司至今未给出火箭可重复使用后的报价方案。但是，我们可以依据其以往的报价和工程技术经验，对其成本和今后的发射报价作出估算。

大体上，一枚商业火箭一次发射服务的总报价可以分成三部分：火箭本身成本、发射测控保障成本和利润。

火箭成本按照构造可划分成两部分：第一级和第二级。由于 SpaceX 已经实现了对一级火箭的回收再利用，对回收火箭进行检测维修的费用，实际上就是火箭再利用时一级火箭的成本。

请拿好算账用的小本本，笔者要开始烧脑了。

目前，SpaceX 对"猎鹰" 9 号火箭发射的报价在 6200 万美元左右。

按照笔者的工程经验和历史数据计算，火箭本身的成本约占发射总报价的 70%；发射场、发射空域协调、测控服务、安全保障等费用约占 20%；另外 10% 是 SpaceX 的利润（保守估计），第一级和第二级的成本比例约为 4.35∶1。

按照其多次发射报价的平均值反推，"猎鹰" 9 号火箭（计入保险相关费用）第一级成本约为 3534.2 万美元，第二级成本约 812.4 万美元。

按现代航天发射和卡纳维拉尔角场地租用费用推算，单次发射的指挥、测控等成本共计为 1242 万美元。

第一级火箭成功回收后，其检测维修费用约为 295 万美元。

第二次发射复用第一次发射的第一级火箭，可平摊成本约 1767.1 万美元。

在其他成本和利润率保持不变的前提下，发射报价可以降到 4573.9 万美元，比起按现有技术条件下的一次性发射的方式要低 26.7%。

也就是说，如果对"二手"火箭的检测维修成本控制在 295 万美元，第二次发射的发射报价就可以打八折了。

按照这样的算法，我们会发现：如果第一级重复使用 8 次，其报价就可以降到一次性使用火箭的一半了。

由上可知，发展可重复使用火箭能够显著降低单次发射成本，使商业航天公司能够向用户开出一个极具吸引力的报价。

那么，当年航天飞机没做到的事情，"猎鹰" 9 号为何能做到呢？

航天飞机的系统过于复杂，成本和技术均无法被控制在一个可得到广泛接受的水平。

而"猎鹰" 9 号采用了传统火箭和飞船的设计，结构比较简单，相较航天飞机，可靠性强、成本容易控制。并且，它采取了循序渐进的解决方案——先掌握第一级火箭的重复使用技术，然后回收整流罩，最后再尝试回收第二级火箭——并没有在一开始就强调整体重复利用，因此降低了风险。

另外，SpaceX 公司接到了 NASA（美国宇航局）的货运大订单，这个计划在商业上也是行得通的。

当然，火箭是不可能永远重复使用下去的。

如果按照上述方式继续计算下去，我们会发现，在第 14 次重复使用的火箭发射中，检测维护成本已经非常接近第一级火箭的残余价值。更何况，随着一级火箭使用次数的增加，其可靠性会逐渐下降，当突破某个临界值的时候，维修就失去了意义，只得报废。

按照目前的技术状态，综合考虑检测维修费用和可靠性，笔者认为，在大修前的使用次数尽量不要超过 10 次。

正在厂房中组装的"猎鹰"9 号火箭（图片来源：SpaceX 官网）

技术进步将实现人类太空旅行梦想

当今，我们生活中所必需的通信、导航和气象等服务，都离不开在太空高速飞行的卫星，离不开一次次成功的火箭发射。火箭的回收与可重复使用技术是今后载人火星探索的必经之路。

目前，"猎鹰"9 号火箭已经实现了对第一级的重复使用和对整流罩的回收（在 2017 年 3 月 31 日一并完成）。今后，"猎鹰"9 号冲刺的下一个技术关键是对第二级火箭的回收与复用。

对于我国而言，SpaceX 取得的这一重大突破，一方面在技术上对我国有一定的启发意义；另一方面在商业角度，SpaceX 利用新技术降低发射成本，会对我国的国际商业发射市场造成一定的冲击。

技术上而言，SpaceX 的成功验证了发展可重复使用火箭技术的可行性。实际上，发展可重复使用火箭并非只是美国少数几家公司所追求的目标，作为拥有成熟发射体系和高可靠性火箭系列的航天大国，中国也在进行相关努力和尝试。

——中国对火箭助推器的伞降回收和伞翼滑翔回收的研究，可追溯到SpaceX 公司成立之前。

——中国对带有滑翔翼伞的可定点回收助推器的研制已进入样机验证阶段，对另外一种降落伞和气囊相结合的回收方案，已做过试验。

——对于类似"猎鹰"9 号火箭第一级的回收技术，也将进行相关设计和试验。

商业上而言，SpaceX 的成功可以大幅降低发射成本。其低廉的报价足以对国际商业发射市场带来冲击。

使用"猎鹰"9 号成功发射卫星的卢森堡 SES 公司曾直言不讳："我们给SpaceX 公司支付的发射费用为 6000 万美元。这个报价比欧洲的阿丽亚娜火箭的报价低了不少。"通常来说，在国际商业发射市场上，欧洲和美国发射一颗卫星的平均报价在 1 亿美元左右。中国的长征系列火箭一直以来拥有在可靠性和报价方面的优势。完成同样的发射任务，中国在国际商业发射市场上的报价一般要比欧美报价低 15% 到 30%。但是，如果"猎鹰"9 号火箭能够实现持续可靠的可重复使用的话，其报价会进一步向 6000 万美元、5000 万美元下探，这无疑会对包括中国、欧洲等国家的商业发射队伍形成强有力的价格竞争力。

当然，SpaceX 的成功会促使火箭技术向更好的方向发展。从长远的角度来看还是利大于弊的。

未来，在可重复使用的航天运载器技术发展的推动下，人类将能够以较低的成本实现星际穿越之梦，从而开启真正的太空时代。

撰文：邢强

04

"量子霸权"之战

导语: 因为量子,国际 IT 巨头一直很"躁动"。

继 2017 年底 IBM 抢先发布"50 比特量子计算机样机"、英特尔于 2018 年初发布"49 比特量子芯片"后,仍在研制的谷歌和微软也已迫不及待"放风卡位",称将公布"里程碑式"重大成果。

这是一场关乎未来的信息生产力之战。IT 巨头们急于抢占的是第一制高点:量子霸权。

在量子理论诞生 118 年之后,"第二次量子革命"的竞争进入关键阶段。目前,以企业和科研机构为先导,世界主要科技国家均已"参战"。

量子理论发轫于 1900 年,当时的中国只能做远远的看客;在 20 世纪下半叶"第一次量子革命"催生、兴起至今的信息科技浪潮中,中国成为"后发快跑"的追赶者;在第二次量子革命的临界点、加速段、窗口期,"中国量子军团"能有怎样的表现?

这篇关于"量子霸权"的烧脑文,读完各位读者一定会有全新的认知。

"秒杀"一切经典计算机的量子计算机

"量子霸权"是量子计算机发展阶段的一个重要标志。说起"量子霸权"，谈到量子计算机，就要先说说"量子"。

所谓量子，是构成物质的各种物理量的最基本单元，不可分割。人们所熟知的分子、原子、电子、光子等微观粒子，都是量子的一种表现形态。

早在 20 世纪 50 年代到 70 年代间，物理学家们就通过量子力学研究电子和光子的性质以及在材料中的运动规律，陆续发明了半导体晶体管、激光器、集成电路、磁盘、光纤等技术。以此为基础，20 世纪 80 年代以来陆续诞生了个人电脑、手机、互联网等伟大发明，实现了第三次科技革命（又称为信息革命），将人类文明彻底带入了信息时代。

传统计算机的诞生，给人类带来了更多的发展机会。然而，有些任务太复杂，运算时间简直太长，可能研究者都垂暮甚至死去了，一个研究却还没算出来，人类显然需要一种全新的高性能计算技术，应该怎么办？

20 世纪 80 年代，诺贝尔奖获得者理查德·菲利普·费曼（Richard Phillips Feynman）等人有了一个构想，基于两个奇特的量子特性——量子叠加和量子纠缠——构建"量子计算"。

理查德·菲利普·费曼

接下来，在1994年，贝尔实验室的专家彼得·肖尔（Peter Shor）展示了如何使用量子计算机来破解加密。

目前世界范围内，各类国防军事机构、各类政务机构、各类银行金融机构等国家重要部门，还有众多需要个人远程登录的网站、邮箱等广泛使用的公钥加密体系，都是类似于RSA的加密结构。它的安全性是由计算复杂度来保证的。例如，按照现在最快的电脑——神威·太湖之光超级计算机，破解一个1024比特的RSA密钥（目前比较常见的长度）也需要5457560年，大概就是500万年的样子，因此一般认为RSA密钥是安全的。

但肖尔提出的量子算法从根本上改变了这种情况，理论上可以在短时间内破译RSA密钥。例如，对于1024比特的RSA密钥，大概只需要1.4×107秒，大概就是160天。也就是说，只用半年左右的时间就能破译目前世界上最常用的密钥系统，这就是肖尔算法的强大之处。如果公钥加密的密码被破解，所有运行在公共网络上的数据都将变得透明，必将对整个互联网的安全造成重大影响。

肖尔让世界看到了量子计算机的巨大威力！

人们也渐渐明白，量子计算机是通过对微观粒子进行精确的量子操控，突破现有经典计算机限制的新一代计算机，谁掌握了量子计算机，谁就会引领下一次信息革命，而谁先开发出量子计算机，其他国家就有可能经历一场国家安全噩梦。

比"神威·太湖之光"还快1500亿倍！

肖尔算法提出一年后，1996年，同在贝尔实验室的格罗弗提出了格罗弗算法，量子计算的格罗弗搜索算法远超出了经典计算机的数据搜索速度（耗费的时间是经典搜索的平方根关系），很轻松地"秒杀"传统经典计算机。打个比方，如果现在传统计算机的速度是自行车，量子计算机的速度就好比飞机。

贝尔实验室的格罗弗（Lov.Grover）

量子计算机为何能这么快？

传统计算机在二进制算法中只能"非此即彼"：要么是0，要么是1。但量子计算机却拥有了一种超强悍的能力——"同时存在"的能力，即"量子叠加"。

这种特性决定着它超快的计算能力，这是量子世界与经典世界的根本区别。我们就拿著名的"薛定谔猫"来举例，在经典世界里，猫要不然是活的，要不然是死的，然而一只量子的猫却可以处在"死"和"活"的叠加状态上。

如果还不明白，那我们再来画个图。

一个量子比特（可以同时处于0和1的量子状态）可以用图中的布洛赫球（在量子力学中，布洛赫球面是二能级量子力学系统纯态空间的一种几何表示方法）来表示。相比于经典比特（信息量的最小度量单位）只有0和1两个点，量子比特的取值则分布在整个球面上，即球面上任意一点都可以是某个量子比特的值。这样我们就不难理解量子计算机为什么这么快了。

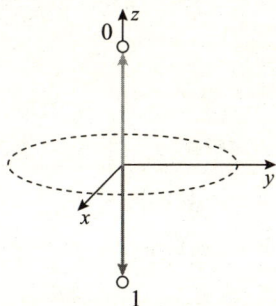

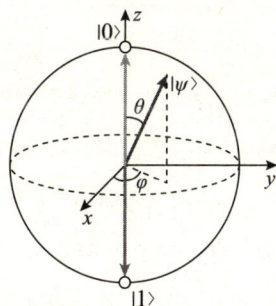

比特（bit）　　　　　量子比特（qubit）

目前我们常用的经典计算机，在提取某个需要解决的问题时，需要把所有可能性列举并验证一遍，才能"找到"正确的信息，这相当于一个拥有双手的人，一个时间段只能做一件事情。

而量子并行计算能够直接计算并提取出相应信息，相当于一个"千手观音"，可以同时做 2 的 N 次方双手可以做的事情。

如果未来一台 64 位量子计算机的单次运算速度达到目前普通计算机 CPU 的级别（1GHz），那么这台量子计算机的数据处理速度理论上将是目前世界上最快的"太湖之光"超级计算机（每秒 9.3 亿亿次）的 1500 亿倍。

IT 产业巨头的未来都由量子计算机决定

速度决定了高度，量子计算机也有望在人类社会的大规模计算难题上大展拳脚：

一是在公共安全领域，量子计算可以瞬间处理监控数据库中 60 亿人次的脸部图片，并实时辨别出一个人的身份。

二是在公共交通领域，量子计算能够迅速对复杂的交通状况进行分析预判，从而调度综合交通系统，最大限度地避免道路拥堵。

三是在人工智能领域，近几年量子计算机在人工智能方面的应用受到越来越多的关注，经典机器学习的算法受制于数据量和空间维度所决定的多项式时间，而量子计算机则能够更快地操控高维向量进行大数据分类，较经典计算机在机器学习速度上有显著的优势。

如今，汽车自动驾驶、自然语言处理、搜索引擎、线上广告、推荐系统等都是机器学习的热门领域，因此量子计算机决定了包括特斯拉、Google、微软、Amazon、Facebook、腾讯、阿里巴巴、百度等 IT 产业巨头公司在未来的发展方向和趋势。

四是在量子化学计算领域，量子计算机也有独特的优势。分子的模拟涉及求解数目众多的电子和原子的量子行为，在经典计算机上对其进行模拟非常困难，量子计算机可以大大加速模拟过程。

由此 D-Wave 公司的 CTO 乔迪·洛斯（Geordie Rose）认为："量子计算机最具颠覆性和吸引力的就是在分子维度上模拟自然，它在制药、化工还有生物科技等领域都有着广阔的应用，因此，量子计算可以撬动涵盖上述 3 个总价值 3.1 万亿美元的市场。"

在生物制药方面，一款可上市产品必然会经历一个漫长的实验各种分子结合过程，而这些实验绝大多数又以失败告终。通过量子计算机来节省大量的时间和成本，不仅有利于这些公司的商业产出，反过来也能极大地降低抗癌药等高价药的成本，最终帮助到普通病患。

这些都还只是量子计算机应用的冰山一角。不过，这些目前都还只是科学家的"理想"前景，现实中的量子计算机还远没有达到这个应用水平。

量子计算机目前发展如何？

那现实中的量子计算机发展情况如何呢？

先来说决定量子计算机成败的两个指标：一个是量子退相干时间，另一个是可扩展性。

"退相干"指的是量子相干态（指量子力学中量子谐振子能够达到的一种特殊的量子状态）与环境作用演化到经典状态的时间。量子计算必须在量子叠加态上进行，因此量子计算机的退相干时间越长越好。

"可扩展性"指的是系统上可以增加更多的量子比特，从而才能走向实用化量子计算机。和经典计算机的简单增加比特不同，量子计算机需要把量子比特都纠缠起来，因此难度是指数的，每增加一个比特难度都要翻番。

不同物理系统做量子计算参数比较

物理系统	离子阱	光量子	核磁共振	超导电路	金刚石	超冷原子
退相干时间	10 秒	长	100 秒	10 微秒	10 毫秒	1 秒
可扩展性	差	较差	无	好	差	差

从这两个指标出发，世界各地相关领域的科学家从不同的方向朝着同一目标努力，探索着各自的"量子世界"。将来哪条路线能实现通用量子计算机，鹿死谁手还未可知。

离子阱方案

这是量子计算机提出最早的方案，技术上较为成熟，但可扩展性有限，限制了它向实用化量子计算机的发展。

这个方向上奥地利因斯布鲁克大学和美国科罗拉多大学世界领先。

光量子方案

利用的是单光子做量子比特，通过复杂光路系统来计算。如果光子不被吸收和散射，它的相干性就一直能保持，因此它的退相干时间可以用现有的光学元件做到很长。它的可扩展性受到光子线宽和集成光路等技术的限制。

在这个方向上中国科学技术大学的潘建伟团队一直世界领先。（"中国量子军团"在这儿！）

核磁共振方案

它有着出色的退相干时间，但是单个分子的大小完全限制了可扩展性。

在这个方向上探索量子计算机的努力已经基本陷入停滞。

超导电路方案

这种方案虽然退相干时间短，但是在可扩展性上一枝独秀。

IBM、Google 等信息巨头们大力投资这个方向。Google 投资了加州大学圣芭芭拉分校（UCSB）的 Martinis 团队，成立了 Google-UCSB 联合实验室；

阿里巴巴集团投资了潘建伟院士团队，在中国科学技术大学上海研究院成立了中科院—阿里巴巴量子计算联合实验室，把超导方案作为重心来支持。（"中国量子军团"也在这儿！）

金刚石方案

利用金刚石中的色心缺陷做量子比特，在退相干时间和可扩展性上受到了样品本身的限制。

这个方向上中国科学技术大学的杜江峰院士团队世界领先。("中国量子军团"这儿也有！)

超冷原子方案

与离子阱方案比较相似，可扩展性有限，目前更多的是用来做凝聚态系统的量子模拟。

这个领域世界领先的是德国马普学会量子光学所（MPQ），美国 JILA 实验室，哈佛一麻省理工联合冷原子中心等。

除此之外，还有其他一些物理系统，比如"拓扑量子计算"等。但它们在可扩展性方面无法超导电路相比。因此，物理学家和 IT 巨头们大多都把未来通用量子计算机的期望主要寄托在了超导电路系统上。

显然，对量子计算机的研究是个"道阻且长"的过程，而为了更早地让量子计算机展现出它的优势，物理学家们想到了针对一些特殊的问题，可以用专用型量子计算机来解决。这些专用型量子计算机可以不需要逻辑门（操作一个小数量量子位元的量子线路），只靠自身系统的特点来通过模拟的方式来针对性地解决问题。

专用型量子计算机在解决一些问题上已经凸显了优势，比如加拿大的 D-Wave 公司研制的就是用绝热量子算法的来寻找基态（极小值）的专用型量子计算机；中国科学技术大学（中科院一阿里巴巴实验室）的光量子计算机用 5 个光量子模拟了玻色子采样问题，在这个问题上它的计算速度已经超越了早期的经典计算机（如历史上第一台电子管计算机 ENIAC 和第一台晶体管计算机 TRADIC）。

"量子霸权"竞争激烈，多国投入"战局"

介绍了前面那些之后，我们该来认真地聊聊"量子霸权"了。

有人说，谁先夺取"量子霸权"，谁就掌握了技术制高点、标准制定权和舆论主导权，在产业竞争中占据有利地位。

那究竟什么是"量子霸权"？

根据前面专用型和通用型量子计算机的区分，可以将量子计算机的研制目标分为三个阶段：

第一个阶段就是"量子霸权"阶段。

专用型量子计算机针对特定问题的计算能力超越经典超级计算机，学术界将这一成就称为"量子霸权"。一般实现量子霸权需要大约 50 个量子比特的相干操纵，这在 2011 年由美国物理学家提出，意指当量子计算机发展到 50 个比特时，计算能力将超越全球最快的传统计算机，实现"称霸"。

第二个阶段是实用化量子模拟机阶段。

实现数百个量子比特相干操纵的专用型量子计算系统，应用于具有实用价值的组合优化、量子化学、机器学习等方面，指导新材料设计、药物开发等。

第三个阶段是通用可编程的量子计算机阶段。

能够相干操纵数亿量子比特，实现可容错的量子计算机，能在经典密码破解、大数据搜索、人工智能等方面发挥巨大作用。

也就是说，"量子霸权"只是量子计算机研制的第一个阶段，第一个阶段就已经有如此威力了。如果完成三个阶段，意味着人类实现了量子计算机的梦想，这将是人类实现第二次信息革命，全面进入量子信息时代的标志。

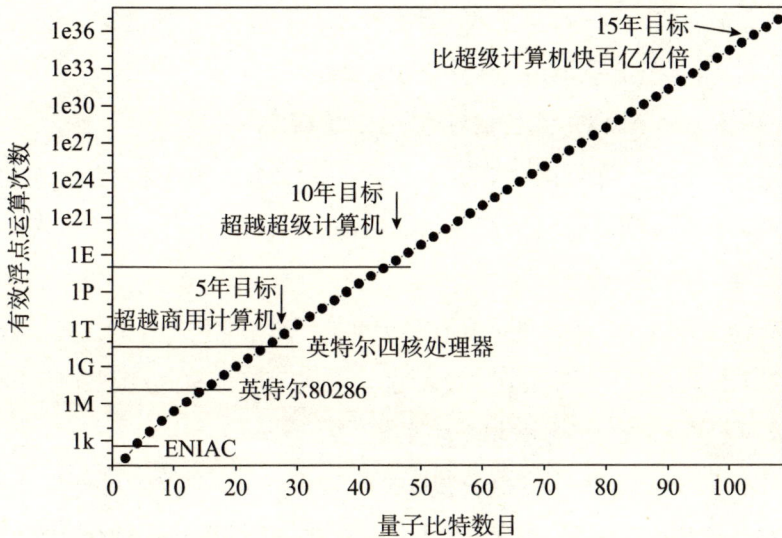

量子计算技术的发展路线

目前世界上有国家或企业实现"量子霸权"吗?

并没有。

2017 年 11 月和 2018 年 3 月,IBM 和 Google 分别宣称实现了 50 个和 72 个量子位的原型机。然而 IBM 和 Google 都没有宣布实现"量子霸权",也没有公开相关测试结果,这意味着在技术上离"量子霸权"还有一定的距离。这是因为量子芯片通过半导体工艺加工出来,量子位数目可以任意增加,但是仅有量子比特数目的增加是远远不够的。在技术上更加困难的是对多量子比特的相干控制能力。如果一个芯片对多量子比特的相干控制能力没有获得好的测试结果,那么这个芯片就没有科学或实用价值。

与严谨的学术论文不同,IBM 和 Google 发布这类新闻不需要经过任何测试和同行评议,很大程度上是出于商业目的。而目前经过严格同行评议并正式在国际学术期刊公开发表的最高质量测试结果是 Google 的 9 量子位超导芯片和我国的 10 量子位超导芯片。

尽管还未实现"量子称霸",但主流观点认为,"量子霸权"时代必然会到来,这是一场谁都输不起的竞争。

在信息时代，量子计算技术一旦突破，掌握这种能力的国家，会在经济、军事、科研、安全等领域迅速建立全方位优势。

近年来，多个国家投入巨资启动量子计算研发。

2017年10月，美国国会举办听证会，讨论如何确保"美国在量子技术领域的领先地位"。IBM投入30亿美元研发量子计算等下一代芯片，微软公司也与多所大学共建量子实验室。

欧盟从2018年开始，投入10亿欧元实施"量子旗舰"计划。英国在牛津大学等高校建立量子研究中心，投入约2.5亿美元培养人才。荷兰向代尔夫特理工大学投资1.4亿美元研究量子计算。

日本计划10年内在量子计算领域投资3.6亿美元。加拿大已投入2.1亿美元资助滑铁卢大学的量子研究。澳大利亚政府、银行等出资8300万澳元在新南威尔士大学成立量子计算公司。

我国也积极投入这场关乎未来的科技竞赛中，并且在光量子计算方面一直都处于世界领先地位，同时大力发展超导量子计算。在超导量子计算方面，中科院量子信息和量子科技创新研究院和Google量子人工智能实验室、IBM公司以是国际上最强的三家机构。目前Google处于最领先地位，但是我国差距并不大。

不过发达国家拥有长期形成的强大半导体工业基础、人才资源储备、精密仪器设备制造能力和高效的科技成果转化链条，国际巨头企业的介入也提供了强大的研发资金保障。而我国在量子计算研究相关的公共技术积累比较少，特别是超导微纳加工工艺方面，需要积蓄一段时间才能实现超越式发展。

按照国家对量子信息科技在"十三五"期间的统筹安排和整体部署，科技创新2030"量子通信与量子计算机"重大项目的必要性和可行性都已得到充分论证。中科院量子信息与量子科技创新研究院也初步统筹了全国高校、科研院所和企业的创新要素和优势资源，为量子信息科学国家实验室的建立奠定了坚实的基础。

我国预计在2020年左右实现"量子霸权"的科学目标，追赶上美国的领先优势。

撰文：张文卓　中科院量子信息与量子科技创新研究院副研究员

05

柯洁对战阿尔法狗：掌握了这三项必杀，人类终胜！

导语： 2017 年 5 月 23 日，"人机终极对决"在中国乌镇打响。目前，第一局比赛结束，世界排名第一的中国围棋选手柯洁，暂时以 0:1 落后于 Google 旗下的人工智能程序 AlphaGo。第二局和第三局将分别在 5 月 25 日和 5 月 27 日举行。

在"中国乌镇围棋峰会"上，曾经三局连胜李世石的 AlphaGo 再度与人类棋手进行对弈。

这次登台挑战的是中国围棋职业九段棋手柯洁。

人工智能（AI）的发展如日中天，每个人都不可小觑。

大赛之前，柯洁发微博感叹：如今的人工智能已经足够强大，并且也肯定是未来的主宰，但它始终都是冷冰冰的机器，与人类相比，我感觉不到它对围棋的热情和热爱。

柯洁表示："我会用所有的热情去与它做最后的对决，不管面对再强大的对手——我也绝不会后退！至少这……最后一次……且看且珍惜。"

似乎在预示着什么？

悬念

这或许是一场没有太多悬念的比赛。

柯洁何许人也？不要小瞧这位 1997 年的年轻人。作为中国围棋的新生力量，柯洁自 2007 年开始，一路赢得全国少儿围棋锦标赛冠军、世界青少年围棋少年组冠军，成为世界上最年轻的围棋三冠王，也成为中国首位蝉联同一项世界大赛冠军的围棋选手，围棋等级分排名世界第一。

而 AlphaGo 的威力，不少人都已见识过了。这是一款围棋人工智能程序，2016 年 3 月它与围棋世界冠军、职业九段选手李世石进行人机大战，并以 4∶1 的总比分获胜；

之后，又在中国棋类网站上与中日韩数十位围棋高手进行快棋对决，连续 60 局无一败绩。

不少职业围棋手认为，AlphaGo 的棋力已经达到甚至超过围棋职业九段水平。甚至在世界职业围棋排名中，其等级分曾经超过本次决战计算机、排名人类第一的棋手柯洁。

智慧

能够战胜人类棋手，AlphaGo 主要靠的是"深度学习"这个工作原理。其包含了多层的人工神经网络，是对人脑的仿效。它是一个由许多个资料中心作为效仿人类神经元的节点相连，每个节点内有着多台超级电脑的神经网路系统。

"学习"这个词很容易让人觉得人工智能可以像小动物甚至小孩儿一样，看见什么就学什么。其实人工智能的"学习"，准确说应该叫"训练"。例如，如果你拿一大堆北京的城市风景图片输入给一个程序，并且把对比度低于某个值的图片标记为"雾霾"，经过比较大量（可能几十张图片）的训练之后，这个程序就能比较准确地判断今天是不是又一个雾霾天。

AlphaGo 当然比这个"雾霾人工智能"复杂得多,但根本的原理是相似的。能训练哪个领域、能看什么历史数据、期望达成什么结果,这都是程序员编程指定的。对 AlphaGo 进行的是算法训练,就是用数据来给机器训练。

所以说,人工智能 AlphaGo 并没有智慧。它其实就是一种基于历史数据进行模式匹配,从而预测未来的技术。

取代

虽然没有智慧,对于"人工智能取代人类劳动"的焦虑,已不止一次在人们心里翻滚。因为人工智能正在扭转人类从摇篮到坟墓每一个习惯,人工智能似乎变得越来越"无所不能":

会写诗

2017 年 5 月 16 日下午,微软短暂上线了人工智能诗人"少女诗人小冰"。通过"深度学习",小冰"阅读"了 1920 年代以来 519 位诗人的现代诗,被训练了超过 10000 次。

小冰写诗的风格其实是过去那些诗人的共性,它用算法综合了诗人们的"经验",是一种基于模仿的创作。人工智能试图用算法来解构诗歌这种艺术形式"标准化"的地方,最终让机器具备创造性。

连写诗这样富有创造性的工作都可以人工智能,更多的简单重复劳动似乎更不在话下了。

会看病

在医疗方面,人工智能和机器学习在医疗健康领域有巨大的潜力,除了我们较熟悉的提升癌症治疗与诊断水平以外,人工智能还可以应用于众多的医疗场景:如胎儿监护、败血症早期发现、组合药物风险识别以及再住院的预测等。

"医学和生物学都是非常复杂的，我们想要达到一定的专业水平往往需要经过长期的学习和反复的练习。"斯坦福大学生物医学信息学负责人 Russ Altman 博士说，"在学习和发现知识的能力上，计算机能够比人类更快达到成熟水平，这是非常令人激动的。"

会做工

在职场方面，一个新的竞争时代正在到来。除了替代各种人类功能的人工智能用品，在就业与工作场所领域，人工智能的发展也将使人类面临边缘化的境地。近年来，在中国制造业重镇和传统用工为主的东莞，随着"机器代人"大举推开，东莞制造业企业对普通工人的需求明显减少，而对"机器人技工"的需求开始旺盛。

也就是说，人工智能一方面正在威胁着传统的就业机会，另一方面也带来劳动者内部之间的竞争：部分掌握技术的人将从人工智能的普及中获益，而低端制造业劳工将因此面临失业或更加缺乏保障的就业处境。

会带孩

亲子教育也可以人工智能，2016 年世界机器人大会中，早教机器人引起关注。北京某公司一次性发布了三款早教机器人产品，一时轰动。

"早教需要了解不同年龄段孩子的生理、心理特点，需要家长付出相当的耐心、细心以及足够的时间。但是往往经济条件越好的家庭，越忙于事业，越少去了解孩子，如果有科学'外挂'，帮助他们了解、分析孩子的个性特点，从而促进亲子之间的互动和沟通，也许就可以达到早期教育的最佳效果。"该项技术的推广者介绍。

中国父母公务日益繁忙造成的儿童成长陪伴缺失被视为人工智能的重要市场，各类儿童早教机器正陆续进入消费者视野。

人工智能越来越接近于无所不能，这一方面是伟大的科技进步，另一方面也给人类带来了焦虑——

在越来越多的领域，人工智能可以表现得比人类还要好，那么会不会取代人类的工作？

这个诞生于人类智慧的科技产品，难道最终会异化，反作用并且制约着人类的发展进步？

必杀

高能的人工智能确实有很多方面做得比人类还出色，但也不能忘了，人工智能本身来自人类智慧的积累与集合，同时人类也掌握着许多人工智能无法取代的致命必杀。

人工智能的开发靠的是人工的巨大投入

人工智能发展了近 60 年，一路却坎坎坷坷，人工智能对人类智慧和劳动本身有着很大的依赖，要大量的人工支撑是主要原因。三方面的依赖不可小觑。

一是高技术人才的依赖。全国人工智能研究方向的一流高校实验室总共也就二三十个，平均每个实验室每年能产出 1.5 名博士生，4 名硕士生，总人数不足 200 人。一个博士生、硕士生的培养，是学校和导师近十年的教育成果，一个人工智能系统背后更是数十上百个这样的高端技术人才。人工智能的智力成本可见一斑。

二是管理人才的依赖。如今世界顶尖学府的 MBA 课堂已经开始引入人工智能的学习。纽约大学斯特恩商学院和数据科学中心的教授 Vasant Dhar 说："管理者需要不同的职业技能，既要处理和解释所有数据，还要管理人和机器组成的团队。"对人工和人工智能的双重管理，对 HR 来说是巨大挑战，需要投入大量人力资源，这一点也是人工智能无法取代的。

三是基础人工的依赖。例如，为了配合"深度学习"系统，数据标注成为了重要行业。它需要为图片中的物体打框、标注类别和前后关系。如果涉及刻画建筑物边缘等复杂细节，一天标注 10 张已是极限。但为了让人工智能的准确度更高，常常需要处理的数据往往以"万"为单位——6 万张图片标注，需要214个人共同工作7天。而标注图片的数据集ImageNet内就有1500万张图片，需要多大量的廉价劳动力资源简单计算就能得出。

要制造出超越人类的人工智能，需要投入巨大人力成本来建立它的智商、情商和常识，吊诡的是，建立的过程无不依赖于人类智慧。人类智慧对人工智能有着指引作用，这是人工智能无论怎样也无法改变的现实，也是人类最宝贵的财富。

人工智能能套路，但不能创意

2016年2月，第一部由算法创作的音乐剧《Beyond the Fence》在伦敦上演，但获得的评价不是很高。这点牛津大学专家们早已看清！一份职业数字化的研究曾指出，最不可能被人工智能替代的工作，是那些对社交和创意智能需求最高的工作。

前面说到，人工智能的"深度学习"机制，本质上是一种培训和仿效，是以人类生活的大量经验堆砌为蓝本进行数据上的总结提炼。人类将继续在创意领域占据上风。

"需要大量创意的工作可能在相当长的一段时间内仍然是安全的。有一些人尝试用计算机写剧本和电视剧，到现在为止，它们写的作品都很糟糕。"《只有人类才需要申请：智能机器时代赢家和失败者》一书写道。

人类情感与情商是无法学习与仿效的

正如早教机器人或许能在教育方法上比没有经验的父母做得更好，但却无法替代孩子成长时期父母的陪伴一样，人工智能虽然聪明，却终究难与人类有情感上的共鸣。

现在情感类的机器人处于试验阶段，但能否成功，大家纷纷质疑。毕竟"爱"是双方的，是需要有互动、有精神交流的。或许人工智能能够对人类有所回应，却无法通过"学习"的方式培训情感，无法有思念、关切、忧心、开心这些复杂的人类感情，而这些情感或许会在下棋过程中影响参赛者心情，却是人类本身的宝贵财富。

同时我们也需对情感类人工智能的依赖有所警惕。德蒙特福德大学凯瑟琳·理查德森博士曾表示，情感机器人将使人类习惯于将情感对象物化，它的普及可能使人类对自己的同类也失去共情的能力。

监管

然而，这三样必杀并不会阻止人工智能一日千里的发展，相反，这三项必杀同时也是促进人工智能飞速发展的致命武器。

人类的智慧和劳动飞速促进着人工智能的发展，同时这也是人工智能最终无法战胜人类的屏障。如此，人类智慧与人工智能的关系，达到了真正的对立统一，而对立统一的最高点，正是常被人们讨论的"奇点"。

美国作家卢克·多梅尔在《人工智能》一书中提出"奇点"的概念，奇点指的是机器在智能方面超过人类的那个点。多次的不相上下的人机大战和越来越普及的人工智能产品，使得人工智能在技术和产业两个方面临近"奇点时刻"。

在"奇点"到来之前，人类可以以自身能力战胜人工智能；而"奇点"到来之后，政策监管和引导将成为人工智能更好地辅助人类、人类更好地利用人工智能的有效手段。

在不少小说作品中，都有对"奇点"到来的恐惧。但《人工智能》一书的作者多梅尔认为，不在于人类是否能设计出比自身好的东西，而在于政策是什么以及人们决定要用技术去做什么。

人工智能本身是人类制造的，在个体比较上，它可能比很多单个的人类个体厉害，但对抗整个人类群体，人工智能在灵活性、创新性以及情感力上都不可能取胜。如何防止失控的人工智能对人类有所伤害，靠的还是人类自身的监管。

而这正是国际社会普遍关心的话题。2016年9月，英国标准化协会发布了《机器人和机器系统的伦理设计和应用指南》，希望以机器人伦理指南为突破口，探索规避这类风险。目前各国政府、企业也越来越重视这一问题。美国前总统奥巴马认为，在人工智能的早期发展阶段，监管框架应当百花齐放。政府要尽量少干预，更多地投资科研，确保基础研究和应用研究之间的转化。随着技术的开发和成熟，如何将其纳入现有监管框架中，这是更难的问题，需要各国政府更多地参与探索。

人工智能是把双刃剑，一方面推进了科技和产业的发展，也让我们的工作和生活更为便利，其快速发展一定能大大提高生产力；另一方面，也会对一些创新性弱的行业有所挑战，可以取代一部分人的劳动。

但终究，人类的整体劳动和智慧还是推进科技和时代发展的第一生产力。既然人工智能的列车必将前行，人类终究要依靠自己的精神与智慧，保证列车在铺设好的轨道里冲向下一个奇迹。

撰文：吴文清

06

房子都要机器人盖了，建筑工人的饭碗还能保住吗？

导语：你能想象将来有一天可以从机器人"缝"起来的房子里走出来，漫步在 3D 打印的桥上吗？

2017 年 7 月，同济大学建筑与城市规划学院举办的"上海数字未来"系列活动展示了数字科技的未来。在展会中，人们见到了世界上第一座使用改性塑料的 3D 打印步行桥，还有使用建筑机器人将 3 毫米木材"缝起来"的房子，想象中的一切都在这里实现了。

早前世界经济论坛就曾发布报告称，未来几年将有 510 万工作岗位被机器人"抢走"。那么，随着建筑机器人的研发与投入使用，建筑行业的饭碗是否也已经保不住了？智库采访了同济大学建筑城规学院教授、博士生导师袁烽教授，为我们专业解读建筑机器人。

建筑机器人有多牛？

第一，建筑机器人可以不厌其烦地、二十四小时不休息地工作，而人是做不到这一点的。尤其在恶劣环境下，如果气温达到 40 摄氏度以上，正常的工人是不可能在工地上施工的。而建筑机器人，它是可以在各种条件下工作的，不受外界环境的影响。

第二，建筑机器人可以比人做得更精准。人是难免要犯错的，但是机器人是根据程序先预设好的模型，所以它不会犯错，除非你的程序错了。如果程序验证是没问题的，它永远不会犯错。

第三，建筑机器人可以完成人做不了的事情，如某些特定情况。假设砌砖，比如我要砌一行砖墙，每个砖之间只有 0.5 毫米的差距，累积起来可以实现一种渐变，像流水一样的效果。对于其他柔性材料是可以实现的，但是对砖，用人的手是砌不准的，而机器人则可以实现非常精准的定位。并且机器人的效率很高，可以完成一些人无法完成的精度，到达人工无法完成的部位，比如，由于人的身高、臂长的限制而达不到的位置，机器人都可以很轻松地达到。

建筑机器人究竟是什么？

现在我们所说的机器人分为两类：一类被称为人形机器人，一类则是工业机器人。我们现在用的主要是工业机器人，它的外表并非人形，但其实提供了一种智能化的建造方式。所以它可以作为建筑产业化实践平台的一个载体。

建筑机器人实际上是通过机械臂来实现空间的精准定位的。这就相当于人的一只手臂。两个机器人就可以相当于人的两个手臂，通过腕关节、肘关节还有肩关节，以及编程的方式来控制一个自动化的生产过程。所以建筑机器人，实际上是未来建筑产业发展的载体和平台。

建筑机器人是怎么造出来的？

我们通常的研发主要包括三个部分：

第一部分，是建筑机器人前端——工具端。这个工具端是用来砌砖，还是 3D 打印，还是用来做机器弯折，是可以通过我们的工具研发来单独实现的。

至于机器人本体部分，由于世界格局的划分已经相对确定，现在最好的机器来自一些国际上的品牌。我们现在主要是用德国的库卡（KUKA）来做技术平台，核心的技术研发主要是在它的工具端，以及软件编程对它的一个控制。

第二个部分，最终怎样把机器人这种共性的本体——就是库卡（KUKA）的这个部分——应用到建筑领域，是我们的核心研究内容。所以我们主要做的是建筑机器人。它可以用来造车，还可以用来造船，还有一些其他领域……总之，我们主要是专注在建筑学领域的一个研究。所以它的工作原理，其实是用计算机来控制一个机械臂，特别是机械臂的端部使用。这是一个工具手，我们称之为一个工具端的研发，这是我们的核心技术。

第三个部分，我们的研究内容实际上是通过产业群系统集成解决方案，研究这里面包含的集成装备。首先，它是在车上走，还是在梁上面工作，总归就是要把机器人安装于特定的工作环境下，这个工作环境的设定是由我们来做的。然后，我们要把不同的建筑工艺，按照例如建筑学里面混凝土、砖、木等不同的材料划分出不同工艺。以前的传统是叫不同工种：水电工、混凝土工等。但是我们现在把机器人通过工艺来进行了划分，按照不同工艺与一套设备、软件来实现成套的产业开发。建筑机器人的原理和我们的研发内容基本是这样的。

建筑机器人何时能取代建筑工人？

现阶段，劳动力成本每年都是以超过 10% 的速度在递增。最早在改革开放初期，造一座房子的成本当中，人工费只占其中的 10% 左右。而到现在，像上海地区造一座房子，人工费在里面占到 35%。在早期人力成本比较低的情况下，其实还是人工比较划算。根据日本的研究，其实 35% 是个临界点，超过 35% 以上，用机器替代人就越来越划算。如何用机器换人，就是我们研究的一个起点。现在在日本，人工费占 50%，香港占到 55%，新加坡差不多也是 50% 到 55% 之间，所以发达国家对于这种数字建造和预计建造是非常有积极性的，包括产业化程度也是非常高的。

我们国内的情况是才刚刚起步，刚刚达到 35% 这个临界点。所以在未来的 5 年、10 年甚至更长的时间里面，用机器人替代建筑工人会成为一个大的趋势。因为用机器人可以实现更高的劳动效率，更强的精准度，以及对更先进工艺的推动。

建筑机器人造的房子有多好？

我们现在已经开发了十几种建筑机器人的建造工艺。就工艺来说，主要是针对手艺人的独特技能。比如像香山帮（苏州香山地区的木匠，人称"香山帮匠人"）这样的匠人，能做出很精细的木雕；竹编的艺人，可以做精细的竹编；还有做砖很好的工人，或者电焊很好的电焊工。现在我们正试图用所有的机器人来替代这些工艺。像焊接，机器人的焊接可以在全天候情况下完成非常精准的金属焊接工作。像编织，用机器人来实现塑料的编织、碳纤维的编织，甚至也可以实现竹子的编织。只要它能够用一种逻辑、算法、程序来概括，那么机器都可以实现。

现在有很多种工艺已经实现了一种升级。升级主要体现在几个方面：第一个是砖构，我们在上海"池社"已经有现场机器人砌筑的这个项目，这是一个位于徐汇滨江的已建成项目。第二个是木构，也很成熟了，我们在苏州太湖边上做了"苏州园博会"的一个展馆，实现了 45 米跨度的空间双曲面网壳木构。机器人加工木构件，在成都的"竹里"项目中得到实现。这个项目 52 天完成了所有建筑结构以及景观，是一个高速推进的项目。

木材作为历史最悠久的建筑材料之一，展现出了极大的建筑需求可能性。凭借计算设计的创新，数字建造已经在材料科技上迅速提升了木头作为应用材料的范围，通过数字化的预制技术以及机械臂的精准组装来探索复杂的几何木结构形式。无论是曲面还是杆件，支撑整个结构的永远是杆件的骨架本身，两种表现方式均结合 Millipede（"千足虫"软件）对线性杆件的快速分析和优化功能对结构骨架进行了优化。

现在，我们正在探索的是 3D 改性塑料打印桥项目。

2017 年　苏州园博会现代木结构主题馆

2017 年　四川竹里

3D 打印步行桥的建造有什么特点?

像塑料这种材料，是非常有潜力的。因为这种复合材料有很好的可塑性、可打印性，以及抗拉抗弯性能。这在我们其他的化工领域、日用品生产里已经有很先进的产业体系了。但在建筑领域还没有被大范围地使用，这主要是受限于生产方式以及它的可塑性。有了 3D 打印，我们就可以打印各种大尺度的构件。这次我们完成的是 14 米、净跨达到 11 米的桥的打印。对于这种塑料的大跨度打印，我们是第一个进行探索的。对此，我们在美国国家基金委做了论文宣讲，取得了非常好的反响。

目前，这个桥还在实验阶段，我们正在对它"改性材料"的性能做进一步的优化。2017 年 9 月下旬，我们会在上海打印一座大房子，这座房子全部用塑料打印来做。从桥到一个小型的建筑，我们正在实现的是建造难度的一个拓展和探索。

2017 年　同济大学建筑与城规学院上海数字未来工作营　3D 打印步行桥

未来会有完全由机器人建造的建筑吗?

机器人对于建筑产业的替代是一个过程。我们现在强调的并不是绝对意义上的去建造一座完整的房子,而是部分工艺和房子的某些部位,比如从结构构件到外围护构件的一些替代。这将是一个渐进式的替换过程——机器生产、机器安装或者是大尺度的整体标准层。这种工艺的一个台模式做法,其实都是新机器人的生产工艺。它在建筑领域的使用会随着工艺和机器人的研发逐步地往前推进。但是现在,我们正在寻找转化的时机,要被整个产业接受还是需要时间的。

延伸阅读:

建筑机器人建造产业:创造建筑数字未来

导语:随着机器人建造引领的数字化设计与建造技术的发展,全生命周期的管理理念、基于 BIM 平台的设计支持工具、以机器人为主的数字化加工设备,都大大促进了建筑产业向模块化、性能化、定制化的方向转变。建筑师得以站在一个更长远与持续的角度来看待设计问题,以机器人为主力的数字建造充分发挥了精确、高效、高性能的特点，实现了集约化生产建造，降低了能源和材料消耗。

建筑机器人产业化发展模式

从数字设计到建筑机器人建造的行业整合。在数字技术的辅助下，性能化建构强调建筑原真性以及客观性，关注建筑单元对人体感受、环境条件以及结构有效性的性能参数信息。在性能化建构中，性能优化结果所呈现的空间复杂性和表皮渐变特征，对于以手工建造为主的传统建造技术来说是一个巨大的难题，而机器人工作平台基于参数信息的操作模式，为性能化建构提供了物质可能性。建筑师通过对结构、环境以及行为性能进行特征分析，通过模拟、运算和优化，构建空间形态与性能参数间的设计逻辑。基于机器人建造技术的结构、环境以及行为性能化建构，建筑师和工程师之间建立了一种创新合作方式。

从机器人工艺到大批量定制化生产。随着建筑数字技术的成熟，以机器人为主的数控设备不断为设计与建造提供技术支持，大大促进建筑产业向定制化和智能化的方向转变。借助机器人，设计与建造的界限逐渐模糊，这将从本质上影响未来建筑的生产方式以及评价标准。在未来，建筑不再是标准化构件的现场装配，取而代之的是非标准化构件的机器人定制化生产和智能化建造装备下的机器人现场建造。以机器人为核心的数字建造将充分发挥其精确、高效、高性能的特点，实现高质量的个性化集约生产。

建筑机器人自动化系统。机器人在某些情况下，因为自身臂展和负重的限制，无法胜任某些大型或复杂建筑的建造工作。这便需要通过对数字化建造工具和机器人技术的整合设计，打造智慧建造施工装备，发挥机器人稳定、快速、高效的建造优势，将机器人建造技术与传统建筑设计平台对接，完成建筑构件的几何数据与机器人运动轨迹的衔接，实现一体化的机器人建造流程。

建筑机器人建造工艺

数字建造对砖、石的产业升级基于单元砖体均匀分布的材料特性。通过改变砖体间的连接方式和空间发展方向，突破了长久以来的空间结构极限。采用砖体的形式语法进行生形并对墙体的结构性能进行优化，通过遗传算法对产生结果进行迭代筛选，使得砖这种古老材料在本质意象和传统做法中寻找结构性能上的更多可能性。机械臂的空间精准定位使得这种预设走向实际建造，在多段墙体连接后能够形成一段稳定、连续且具有强烈视觉冲击力的砖墙序列。另外，机械臂工作站的综合性流水线模式，大大提高了现场施工的效率和准确度，保证了数字砖墙结构性能的完整度。

3D混凝土打印。3D打印混凝土技术是将3D打印技术与商品混凝土领域的技术相结合而产生的新型应用技术，其主要原理是将混凝土构件利用计算机进行3D建模和分割生产三维信息，然后将配制好的混凝土拌合物通过挤出装置，按照设定好的程序，通过机械控制，由喷嘴挤出进行打印，最后得到混凝土构件。3D打印混凝土技术在实际施工打印过程中，由于其具有较高的可塑性，在成型过程中的无须支撑，是一种新型的混凝土无模成型技术，既有自密实混凝土的无须振捣的优点，也有喷射混凝土便于制造繁杂构件的优点。

3D改性塑料打印。应用于建筑领域的大尺度三维打印主要有两方面的问题，一是打印设备与路径编程，二是打印材料。应用机器人平台进行大尺度改性塑料三维打印是一项针对建筑尺度构件的三维打印技术。集成多外部轴的机器人系统可以稳定高效地实现大尺度的打印路径，并且由于机器人的多维性，可以实现超越传统三轴系统的打印动作，从而完成一些特殊的打印形式。而基于传统三维打印材料的改性塑料着力与解决大尺度打印中的材料强度和形变等问题。该项技术已经实现了超过6米构件的整体打印，并且应该用该技术完成了两座步行桥的整体打印，验证了该改性塑料材料在可打印的同时也具有较好的力学性能，具有成为结构构件的潜力。该技术在未来将进一步提升材料性能和与三维打印工艺相配套的构造工艺，使之能真正应用于建筑构件的生产之中。

建筑机器人建造产业化实践

浪桥（Wave Bridge）项目包含两座跨度分别为4m与11m的步行桥，该桥使用改性塑料并利用先进的机器人打印技术制造而成。桥身设计主要分为找形与结构分析两大部分，并运用到多款参数化软件辅佐设计。桥身首先通过Kangaroo分别找出上下桥面的两条受压曲线作为基础形态，再根据基地限定条件在Millipede中对初始桥身横截面做结构拓扑优化以达到去除利用率较低材料的目的，最后根据结构软件 Karamba 得出的应力分析图确定大跨度桥身分块做法的切块位置以保障最大限度降低其对整体结构性的破坏。在通过有限元结构分析软件 Abaqus 对桥身结构进行计算后，其结果验证了即使在最不利情况下两座桥身均不会发生严重结构问题。最终根据桥身模型编写出合理的打印路径并导入机器人设备，在经过两周左右的加工时间，两座桥身实现预制化生产并在现场完成快速安装。

第九届江苏省园艺博览会现代木结构主题馆由上海创盟国际建筑设计有限公司与苏州昆仑绿建木结构科技股份有限公司合作设计建造完成。主题馆总建筑面积 1890 ㎡，室内空间完整简洁，最大化地保留空间的纯粹性，为展览和未来的使用提供了极大可能性。结构最大跨度达 45 米，采用木结构空间网壳结构体系，借助数字化结构性能找形和优化技术生成结构形式，创造了建筑形式与结构性能的高度统一。Fab-Union 团队为大批量木构件的定制化加工提供了机器人数字建造技术，有效地保证了主题馆木结构的精确加工。项目的设计、研发、加工、安装各环节极致演绎了传统木构技术与现代科技的融合。

竹里是 2017 年初创盟国际在四川乡村完成的一个与当地乡村生活结合、功能复合而又多样的乡村社区文化活动交流中心项目。该项目合理融入原有场地，与周围村落结合，试图探索城市与新乡村建设的功能互动，新建造技术与当地手工艺的紧密结合，以及传统营造方式与预制化木构架工业化预制建造管理等等不同层面的建筑行业问题，同时将施工周期控制在极短的时间之内。在乡郊田野上盘旋着的青瓦房，实际上是由 70% 轻型预制的钢木构架支撑起的一个内向重叠的环形青瓦屋面，而盘旋的屋面自然而然地形成了两个内向的院落，为室内提供了丰富的景观层次。内与外，竹与瓦，新与旧。材料的历史感与形式的现代性产生共鸣，而传统建造方法与现代产业技术都在此扭转的时空中得以融合；项目对传统建造范式的现代定义，以及对乡村和城市问题再思索都为思考建筑在当下的意义提供参照。而形式上融合与无限（∞）成为建筑对时间、对新传统建造的隐喻，是"竹里"的精神内涵与形式外延。

建筑机器人建造产业化研究现状

同济大学建成环境技术中心的"高密度人居环境生态与节能教育部重点

实验室"下设四个重点实验中心，其中"数字设计研究中心"（Digital Design Research Center，简称 DDRC）作为同济大学建筑与城市规划学院研究数字化建筑设计方法和建筑机器人建造产业的重要平台，是高密度人居环境生态与节能教育部重点实验室体系研究范畴的重要组成。研究中心下辖数字建造实验室（Digital Fabrication Lab）和生态数字表皮实验室（Eco-skin Lab）两个子实验室。已经拥有包括：云计算平台；5 轴联动数控中心；14 轴联动建筑机器人加工中心；激光 3D 打印中心；超高压水切割数控中心等硬件工作平台。在科研成果方面，DDRC 已经取得 12 项专利，并有 3 项专利正在申报过程中。

　　从 2011 年开始至今，同济大学建筑与城市规划学院袁烽教授基于对建筑机器人产业化发展前景的信心和热爱，与哈佛大学客座教授尼尔·里奇（Neil Leach）共同组织策划了 7 届上海"数字未来"（Digital FUTURE Shanghai）系列学术活动。活动坚持国际化与本土化的结合，以同济大学为平台，每年针对数字设计与数字化建造提出一个主题，并围绕主题进行国际会议探讨、数字研习班（Computation Workshop）、建造工作营（Fabrication Workshop）和国际成果展览四位一体的创新教学实践。参与活动的有来自知名先锋事务所的建筑大师、国际事务所、国内建筑大院的负责人、国内外知名建筑学府的教授，也有来自同济大学、美国南加州大学、华南理工大学和中国美术学院等著名高校的学生。上海"数字未来"系列活动自 2012 年来一直秉承着建构新知识系统开放性和平等性的理念，打造数字化建筑行业领先的研究学习平台。

撰文：袁烽

07

李四光曾说中国四大地震区域，三个应验了，下一个就是××？中国地震局专家告诉你真相！

导语： 2008 年 5 月 12 日，四川汶川的那场大地震，震惊了全国。

如今，十年前的灾区已经焕然一新。

地震发生后，中国政府保证灾区人民在两个冬天以后就能搬到新家，这样的决心和态度也受到大洋彼岸的美国学者盛赞。

承诺绝非虚言。到 2010 年 5 月，灾区所有城镇住宅的重建工作全部完成。这在世界地震工程界引起了巨大的轰动。

汶川地震的灾后重建工作堪称世界标杆。

2018 年是汶川大地震十周年，虽然曾经的灾区已变得更加安全，但关于地震依然还留有许多疑问和思考。

为此，中国地震局工程力学研究所研究员曲哲做客瞭望智库"库叔说"，为大家答疑解惑。

预测地震可能吗？

很久以来，网络上流传着这样一个传说：著名地质学家李四光曾经预测我国四大地震区域，其中京津唐（唐山）、四川和青藏高原（汶川、玉树）、台湾及福建沿海（台湾）都已经应验了，下一个就是××。然而这个"××"有各种不同的版本，让不少人觉得自己的家乡就是下一个灾区，引起相当广泛的恐慌。

事实上，这只是个以讹传讹的说法，李四光先生从来没有做过所谓"四大地震区域"这样的判断。

对"四大地震区域"的普遍关注，反映了人们内心的一个疑问——"地震到底能不能预测"。

首先我们必须明白，地震预测分为短期预测和中长期预测。

中长期预测的内容，是某地未来几十年甚至上百年发生大地震的概率，并不能明确告知具体日期和震级。像前面说到李四光先生虽然没有预测过"四大地震区域"，但作为地质学家，他确实预测了很多未来可能发生地震的地方，这就是中长期预测。

我国著名地质学家李四光先生

现在地震部门关于中长期预测的一项重要任务叫活断层探测，因为活断层的"活"与活火山的"活"类似，这是有可能发生错动而引发大地震的断层。火山在地表上，肉眼可查。但是断层位于地下几公里至几十公里深处，现在全球范围内人类的钻探深度极限是十几公里，活断层探测的难度可想而知，而且地震具体什么时候发生、在哪里发生都很难准确预测。

目前的中长期地震预测，在很大程度上要借助于历史上的地震记录。发生过大地震的地方肯定有断层。中华文明因历史悠久，地震记录是全世界时间最长的。在此基础上，再辅以大范围的活断层探测和地球物理场的监测，可以在一定程度上估计某地在未来可能发生的最大地震的概率。这样的地震预测是有科学依据的，中长期预测的结果也是对建筑物进行抗震设防的重要依据。

然而与中长期预测相比，普通民众更加关心的是地震的短期预测，即提前明确通知发生地震的大小、时间和地点。

例如，海城地震（1975 年 2 月）曾被成功预测，这是世界上唯一一例成功通过地震预报大量减少地震人员伤亡的案例。

但海城地震成功的短期预测，有着特殊背景，它主要是通过 500 多次前震判断出未来会发生大地震。然而全球 90% 的破坏性地震没有明显的前震。所以，海城地震成功预报是极其偶然的事情。

地震前兆是地震短期预报的一种常用方法。人们经常把动物行为突变、天气异常等现象视为地震前兆，但实际上它们跟地震之间并不一定有必然联系。

1995 年日本阪神地震之后，大阪市立大学教授弘原海清不知道从哪里搜集了 1519 例地震前兆，还出了一本书叫《前兆证言 1519》。

他认为，在大地震发生前，出于某种原因可能会影响到一些物质，引起动物焦虑、收音机信号不稳定等。但是人们没有把握住大自然发出的警告。

但是，他无法用科学证明地震和这些前兆之间有确切的因果联系。平时动物生气也会焦虑，水温异常或者受污染严重也会使鱼显得异常，很难判断这些现象跟地震是否有必然联系。

至于想通过已经发生地震的地点来预测尚未发生的地震，同样是天方夜谭。

2012 年，在一次地震工程的国际学术会议上，伯克利一位著名的地震工程教授在作大会报告时展示了一幅世界地图，把 2010—2011 年间发生在环太平洋地震带的地震都标了出来，包括海地地震（7.0 级）、智利地震（8.8 级）、新西兰地震（7.1 级、6.3 级）、东日本大地震（9.0 级），然后开玩笑说："下一个是不是该轮到加州了呢？"全场学者捧腹大笑。

地球已经存在了几十亿年，人类的出现也不过是两百万年前的事儿，而有历史记载的人类历史不过几千年。与地球的寿命相比，实在是微不足道。这样看来，人类想要预知地震，就像用一眨眼的瞬间去感受夜的漫长。

以现有的科学技术，人类仍无法准确预测地震。地震预测是全世界至今都无法攻克的一大难题。

跑还是躲？正确方法可以挽救生命

2008 年 5 月 24 日，新华网一篇《一个灾区农村中学校长的避险意识》引起人们关注。文中讲述四川安县桑枣中学校长叶志平，平时十分注意培养师生的防灾抗震意识，经常组织紧急疏散演习，因此在汶川大地震中，仅用时 1 分 36 秒，全校 2200 多名学生，上百名教师全部成功疏散到操场，无一伤亡。

在地震发生时，科学的逃生意识极为关键，是事关生死的大事，但很多人可能并不了解。

比如最基本的"跑还是躲"的问题。这问题一直有争议：

有的人跑了，被落物砸死了；有的人没跑，被房子压死了。

地震了"跑"还是"不跑"，关键在于所处的具体环境。可以分为以下两种情况探讨：

如果房子会倒：身处平房或一层能跑就赶紧跑；如果身处较高楼层，速度再快也跑不了。但无论怎样，都千万不要跳楼。

日本 2011 年 3.11 地震，离震中几百公里以外的东京新宿超高层建筑群中的大量白领就相当绝望，因为根本跑不了，只能看着楼剧烈晃动，寄希望于大楼不要倒塌，没有任何主动逃生的希望可言。

如果房子不倒："跑"反而危险，因为当房子晃动很厉害，你可能会摔倒、受伤；逃跑时也可能被坠落物砸中。

地震来临时，身处高层楼房中的人们的正确选择应该是"躲"而不是"跑"。

那应该怎么躲呢？

在房子不倒、房梁不掉的前提下，正确做法可以参考美国地震三步法：drop（趴下）、cover（把自己遮挡起来）、hold on（抓住，以防被甩来甩去）。

比如躲进桌子下面，用桌子遮挡，cover（遮挡）这一步可以帮你抵御晃倒的重物砸击。

正确地"躲"，最终还是要寄希望于房屋不要倒塌，才能成功求生。所以，建筑的抗震能力，才是保障人们在灾难中生命安全的根本。

什么样的建筑能抵御地震？

汶川地震后，有专家称，这次大地震已经把当地积聚的能量都释放了，500 年内四川地区不会再发生大地震。

然而就在 5 年后的 2013 年 4 月，雅安市芦山县又发生了 7.0 级的地震，导致近两百人死亡。

由此可见，一次强震并不能让受灾地区"免疫"，所谓"震过一次短期内不会再震"，只是美好的愿望。因为虽然地震确实会释放很多能量；但是谁也不知道一次地震后能量是不是释放完了。像汶川地震灾区这样的地区，因为地质构造复杂，危险性是长期存在的，并非发生了一次地震就会减少再次发生的概率。

所以，切实提高房屋建筑的抗震性能才是硬道理，对此不能心存侥幸。

灾后重建的汶川相比之前，更加安全，不是因为"震过一次"，而是因为当地房屋的抗震性能的确实现了跨越式提升。

那什么样的建筑才称得上"抗震性能好"呢？

根据各地的地震危险性不同，我国建筑抗震设计规范明确规定了城镇房屋应达到的抗震设防水平，比如北京市八度设防，上海市七度设防……简单地说，设防烈度决定了房屋的钢筋用量与柱子大小等。

我国建筑抗震设计规范的设防目标可以概括为：小震不坏、中震可修、大震不倒。

衡量房屋的抗震能力，大震不倒是重中之重。小震不坏、中震可修事关金钱，大震不倒却事关生命，所以这是最根本的抗震设计要求。

建筑通过什么手段达到这种要求呢？

其一是注重整体性，不能一经地震就碎成渣渣。

其二是注重承载力，使建筑物本身能承受更大的力的作用。

北京地铁 6 号线潞城站附近，北京市副中心的建设工地上可以看到，很多在建办公楼的建筑结构中布置了许多钢支撑。它们就是用来提高建筑对于地震作用的承载力的。

其三是注重延性。

什么是延性呢？比如说钢铁就是一种延性材料。比如电影中的绿巨人出拳打铁时，钢铁只会凹陷一块，并不会碎。这种在一定程度内发生塑性变形的能力即为延性，塑性变形可以耗散地震能量，从而达到减震的目的。

地震作用的本质，是地震引起的地面运动对建筑物的一种能量输入。如果房屋耗能可以与地震输入的能量相抵消，房屋便可以安然无恙；否则就可能倒塌。根据延性耗能的原理，可以在建筑物中设置专门的消能构件，从而形成减震建筑。

比如日本发明的屈曲约束支撑就是一种性能稳定的消能构件。这种屈曲约束支撑在国内应用也很广泛。

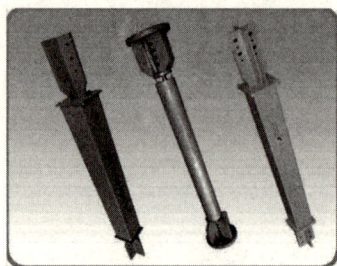

屈曲约束套管

目前常用的建筑抗震技术可以细分为三种：抗震、减震、隔震。听起来像一个意思，但都有所不同。

抗震，是利用建筑结构自身的承载力和延性来抵抗地震作用，目前我国建筑物多为抗震设计，像房子的柱、梁、斜撑等都属于抗震构件。

减震，是通过在建筑主体结构中设置专门的消能器来耗散地震输入能量的一种抗震技术。

隔震，是在建筑中，通常是底部，设置专门的隔震橡胶支座，在地震时隔离地表与上部房屋，隔震层中还会设置消能器，耗散地震输入能量。

例如，2008年汶川地震后由澳门援建的芦山县人民医院新门诊楼便采用了隔震技术。2013年，芦山发生7.0级地震，老门诊楼基本被毁，无法使用。但新门诊综合楼还可以正常发挥作用，成为当地重要的救援支点，被誉为"楼坚强"。

抗震、减震和隔震等三种方法中，隔震是目前最有效的保证房屋地震安全性的方法，同时成本也相对最高。目前在中国应用最广泛的仍然是抗震技术，只要按抗震规范设计的都属于抗震建筑。汶川地震后，减震和隔震技术的应用也进入了一个高速增长期。

目前中国已经是减震、隔震建筑物数量第二多的国家，仅次于日本。中国大约有几千栋减震、隔震建筑，但分散到广袤的国土如沧海一粟，因此很少被人注意到。

"黑科技"让这些建筑屹立不倒

很多著名建筑在抗震设计上十分精妙，有些多年历经地震屹立不倒。让我们看看其中的奥妙。

在日本常见一种叫作五重塔的佛塔。中国讲究七级浮屠，但他们少了两重。

日本宫岛五重塔

比如东大寺的五重塔，在地震频发的日本，它已经屹立了1000多年，到现在还完好无损，其中的奥秘之一是"心柱"黑科技。

五重塔像是一层一层扣在一起的 5 个"碗"，中间有一根贯穿全塔的柱子，像用筷子把 5 个碗穿起来，这便是心柱，起到主心骨的作用。

我国高层办公楼中常用的钢筋混凝土核心筒，也像"心柱"一样可以增强结构的整体性。

日本把隔震技术发挥到了极致，甚至可以对上百米高的超高层建筑进行隔震。

东京青山的 Prada 旗舰店就采用了隔震技术。它与鸟巢一样，是由著名建筑师 Herzog 和 De Meuron 设计的。建筑师利用隔震技术，成功地在东京地震带建成一座玻璃房，体现 Prada 的炫酷。可见，隔震技术可以还建筑设计师以设计自由。

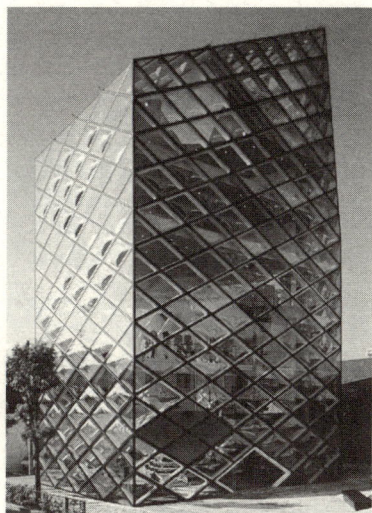

日本青山 prada 旗舰店

另一个代表性建筑物是北京电视台，它是国内较早在高层建筑结构中使用屈曲约束支撑的案例。

相比抗震技术，我们更缺乏的是防震意识

目前，我国在建筑抗震性能方面，整体上与美国、日本相比还存在显著差距。

从地震致灾程度可窥探一二：同样发生 6 级地震，在美国或日本的死亡人数远小于中国。

这一差距的原因是全方位的，主要体现在技术、经济和意识三个方面。

技术方面，我们现在的技术还在向美国、日本学习，属于跟跑阶段。不过，建筑抗震技术的应用性强，赶超速度很快，如果国家投入精力加大研发力度，可以在短期内取得巨大的进步。

经济方面，我国农村地区、西部地区的经济发展相对落后，这些地区的抗震能力也相对薄弱。经济发展的不均衡性也带来了抗震能力的不均衡发展。

防震减灾意识，可能是更为根本，也更难以改变的一个方面。

面对地震风险，人们有三种态度：

第一是保有风险。这有点儿像对赌：不做什么准备，如果地震来了，我认命；如果地震不来，我就赚了。

第二是控制风险。把房子盖结实就是地震控制风险的有效手段；地震来了，命保住了，就是赚到；不会坏的房子还可以持续使用，百利而无一害。

第三是转移风险。比如为房屋购买地震保险，一旦发生地震，保险公司会承担一部分损失，达到转移风险的目的。

技术和经济方面，都比较容易追赶。但是，最为重要的意识却最难追赶。

这里讲个小故事。芦山地震后，我们去现场考察。经历过汶川地震，当地居民确实有了防震意识，想把房子盖结实。

当地有一户男主人，汶川地震后好不容易筹钱盖了一座新房，5年后芦山地震又把房子震毁了。

我问他：你都经历汶川地震了，怎么不多用点钢筋，把房子盖结实？

他很冤枉地说：我知道，所以放了特别多钢筋啊。

我们这才发现，他的房子虽然墙裂得不成样子了，但是楼板坚固无比。原来，他把钢筋全加进楼板里了。

柱子里没放钢筋，楼板里却全是钢筋，这点很致命。一般地震中人们就是被楼板砸死的，他还要向楼板里"添砖加瓦"。要是压在这么厚的楼板下面，救援都不好下手。

这说明什么呢？防震意识的缺乏分两个层次：一是没有防震意识，二是不知道正确的防震方法。上面说到的这个男主人已经有了"加固"意识，但是方法不对。

目前，我国大部分居民的防震意识比较弱，这也与我国破坏性的大地震相对较少有关。多数人存在侥幸心理。地震少，能造成伤亡的地震更少，他们不相信有生之年会受大震灾。

相对而言，日本地震多，日本居民的防震意识也相应高得多。如果年年地震，几乎人人会采取防震措施；三五年地震一次，多数人会采取防震措施；如果三五十年才来一次，人们可能就不太在乎了。因为很多人会考虑回报比：房子盖得这么结实，几十年不来一次地震，相当于白花了很多钱。

目前，提高成年人的防震意识或许有些困难。但如果我们能在孩子心里及时、正确地播撒"防震减灾"的种子，待到几十年后种子发芽长大时，他们就会明白地震有何风险、如何应对风险，这可能会对提升我国防震减灾能力发挥不可估量的作用。

摆脱"人祸"，无须灾后重建的城市什么样？

社会上有种讨论：地震灾害到底属于"天灾"还是"人祸"？

20 世纪以前，人类还没有发展出地震工程学，对房屋建筑的抗震问题也没有形成什么理论，那时地震导致的灾害确实算天灾。

但是 19 世纪末以来，随着抗震技术的不断发展，人们对地震的了解也越来越深，现有的技术已经完全可以建造能够抗御大地震的房屋，这已融入现代化建筑的设计规范之中。

那么，在人类已经掌握抗震技术的前提下，还有大量因房屋坍塌导致伤亡的悲剧发生，这恐怕就是人祸。

这里的"人祸"不是指某一个或几个人，也不是为安全生产负责任的人，恐怕是整个社会——整个社会都没有重视房屋的抗震性。

像我们目前在大地震之后，总要面对震后城市重建的问题，但我作为工程师的梦想是：震后无须重建。如果我们的城市足够坚固，就不需要重建。

2017 年，我国启动了国家地震科技创新工程，其中很重要的一个方面叫作"韧性城乡"。韧性（resilience）本义指弹性、快速恢复的能力。"韧性城乡"意味着地震后的城市和乡村可以快速地自恢复，而不再需要中央支援，更不需要举国救援。

"韧性"，不是单纯的建筑结构不倒塌的问题，而是一个系统工程。地震中，通过增强建筑结构的抗震性能来减小伤亡只是基本要求，还要注意震后建筑物能否继续使用，城市基础设施能否继续运转。

中国城市的规模往往非常庞大。如果城市运转不灵，可能导致周边大范围地区运转出现混乱。

举个简单的例子，如果震后全城卫生间不能使用，人们还能在这个城市里待多久？如果是人口密集的城市出现这种状况，又有哪里可以一下容纳这么多"灾民"？

所以，强调城市的韧性并非好高骛远，而是大城市实实在在需要具备的能力，以便在最短的时间内恢复秩序。

建筑结构的抗震能力最多能保证房子不倒，而结构只占整个建筑不到20%的造价；剩下80%的成本都来源于非结构构件和建筑内的各种设备、物品，比如地毯、隔墙等，再比如供电、给排水、通信等各种系统。这些设备虽然可能与人员的生命安全直接关系不大，但往往对于建筑的正常使用至关重要。

从这个角度来看，韧性对我们的建筑提出了更高的要求：震后不但要能存活，还要能生活。

嘉宾：曲哲　中国地震局工程力学研究所研究员

人类的秘密

01

为什么人类是五个手指，而不是四个或者六个？
这是生死存亡的大事

导语： 与众不同的事物，往往给人神秘莫测的感觉。香港作家倪匡曾经创造过"六指琴魔"这个著名武侠形象。这个形象之所以令人印象深刻甚至心生恐惧，正是因为异于常人的"六指"特征。我们习惯于自己的五指，却很少思考为何如此。为什么人类恰好是五个手指而不是四个或者六个呢？

试想，假如我们每只手都有十根手指，弹起钢琴来该是何等行云流水。然而人类放着这种便利不要，非要"拘泥"于"五"。这个简单的数字背后，其实隐藏着神秘的进化逻辑密码，甚至事关这个物种的生存大事。

"五指"是陆生动物的"正统"

五指的人类并不孤独，这其实是一种普遍的生物现象。其他哺乳动物虽然没有分出手脚，但四肢末端大多同样是五个分支，称为五趾型附肢，只有部分动物例外。因此，简洁起见，不分手指和脚趾，统称"五趾现象"。五趾现象古已有之。化石证据证明，早在3亿多年前，刚刚诞生在地球上的青蛙和蜥蜴等两栖类动物，就出现了典型的五趾结构。

当然，同时存在的其他原始动物不都是五趾，比如棘龙有八根趾骨、鱼龙七根，只不过它们大都有尾鳍和腮等水生器官，主要在水中生活。这说明什么呢？五趾其实是脊椎动物从水生向陆生进化的重要节点。

从这些"始祖"两栖动物以后，这个世界就出现了大量的五趾动物，它们可能是两栖动物，也可能是爬行动物，或者是鸟类和哺乳动物。哺乳动物中的灵长类有一支最终进化成了人。所以，人类的"五趾"不是突如其来，我们只是"继承"了这种设计，直到如今（一般认为，哺乳动物由爬行动物进化而来，而爬行动物由两栖动物进化而来，因此在这条进化链中，两栖动物具有"始祖"意义）。

为什么动物从水中"登陆"就需要变成五个趾头呢？动物要想在陆地方便地活动，四肢的粗细要合适，既要足以支撑身体，又不失灵活。有了合适的四肢，还需要合适的趾骨。所有趾骨都必须长在四肢末端，就像树干分叉出枝杈一样，不能比主干还粗。趾骨的数量与粗细程度，必须符合实际需要，并受到四肢粗细的制约。

那么，几个趾骨才最合适呢？自然选择给出的答案是：五个。现在认为，五趾动物祖先之所以登陆成功，就是因为五趾在支撑身体与灵活程度之间达到了平衡。至于有些动物出现了趾骨增加，数量多于五个，比如熊猫；或者趾骨减少，少于五个，比如马，都不足以否定"五"的"正统"和权威性。因为这个少和多，都只是合并或者增生的结果，其趾骨的基础底数，依然是五。目前统治陆地的哺乳动物几乎都遵循这一原则，人类不过是其中的代表。

"例外"是如何发生的？

"五趾"是陆生动物进化的出发点，这恐怕还不足以解释人们的全部疑惑。因为，"例外"看起来实在是太多了。有些动物的趾骨呈现了明显的减少趋势。比如鸟类的趾骨出现了合并现象，一般是三趾向前，一趾向后，只剩下了四趾；而鸵鸟的合并更进一步，只剩下了两根脚趾；猪属于偶蹄类动物，只有两根脚趾；马则只保留了一根脚趾，所以称为奇蹄动物；改变最彻底的当属蛇，它们不但没有脚趾，索性连四肢也一并删除了，因为它们根本不需要支撑身体。如今自然界已经出现了从 0 到 8 趾甚至更多的脚趾。

有人据此认为，即便它们趾数的增减只是合并或增生的结果，这些外形上的"变异"似乎也在表明五趾结构并非必须，只是自然界发生的无数偶然事件中的一件而已。这些"变异"的发生，的确是各种动物不同的需求造成的。

动物能够在地面生活，趾骨就得有能力支撑起身体。而支撑能力与趾骨数量密切相关。数量越少，趾骨就越粗；数量越多，趾骨就越细。而另一方面，趾骨越粗，支撑能力就越强，而趾骨越细，灵活性就越高。所以在陆生哺乳动物中呈现这样一种趋势——体型越大，对支撑力需求越高，趾骨数量就越少。马的体型不如水牛与河马，但马的奔跑速度更快，对趾骨的冲击力更强，所以只保留了一根粗壮的趾骨——马蹄，其余全部退化。而水牛与河马虽然体型巨大，但是行动缓慢，河马甚至有很长时间都待在水里，大大减轻了对趾骨的压力，所以两根趾骨也足以支撑。

小动物们则是另一番情形，比如老鼠因为体重较轻，所以完整保存了五趾结构；更小的鼹鼠甚至出现"六趾"——多出一根假趾骨，因为鼹鼠毕生都需要不断地挖掘，六趾可以提高挖掘效率。而趾骨少而粗的动物如马从来都不会挖洞，因为它们的蹄子太强壮而失去了应有的灵活性（现存体型最大的陆生哺乳动物大象是个例外。以它的体量似乎应该跟马一样保留一蹄，但实际却为前四后三〔非洲象〕或前五后四〔亚洲象〕。这是因为它们既需要强大的支撑力，又需要足够灵活性来挖掘水源和草根。这才出现如此奇特的趾骨结构）。

再来看看人类，人类只用脚走路，因此得把手脚分开看待，情况更为复杂。人类直立行走的独特方式，体重全部由双腿承担，压力比四足动物增加一倍。按照这个逻辑，以成年男性平均体重 70 公斤为例，应该采用与体重 140 公斤的动物相同的趾骨结构才对，那大致相当于野猪的体重。也就是说，正常情况下，人类本来应该跟野猪一样只有两个脚趾。

除了"双倍体重"，人类还面临着长途奔跑的挑战。在所有哺乳动物中，人类的长跑能力可谓出类拔萃，甚至可以与马一较高下。趾骨支撑能力不足的话，奔跑产生的热量过多，甚至会引起中暑崩溃。人类已经通过脱去毛发解决了散热问题，但奔跑时产生的巨大冲击力对双腿仍然是严峻的考验。因此，人类的脚趾理应比野猪更加粗壮才行。难道人类应该和马一样只有一个脚趾？听起来匪夷所思，但事实正是如此。单从脚来说，人类也从五趾"正统"发生了"变异"，从本质上来看，人类就是奇蹄动物。

仔细想想，我们的双腿，其实并不依靠脚趾支撑。同时脚趾的灵活性也大幅降低，很少有人能用脚趾弹琴或做工。人类五个笨拙的脚趾实际上已经处于退化的边缘，小脚趾甚至都快要消失了。支撑体重与奔跑冲击力的重任，其实是落在了脚后跟和脚掌上。只要看看脚后跟的粗细，就会明白，那简直就相当于人类的"马蹄"。

然而，说了这么多"变异"特例，对于很多动物来说，似乎五趾并不适应它们的需求，但是为什么它们无法摆脱五趾结构的束缚呢？熊猫和鼹鼠的"六趾"帮助它们更好地生活，但其实它们都没有进化出真正的六趾，而只是用腕骨上的突出部分"冒充"六趾。人类也是一样，虽然五个脚趾已经变得弱小不堪，失去了实际作用，却还要"死皮赖脸"地保持"五"这个数字。这背后似乎有双无形之手，在"强行"维持着它们的五趾结构。

如果不是五趾会怎样？

数字本身，并没有什么魔力。有人认为，五趾结构可能确实是一种必然，但却非生物学必然，而是几何学必然，是分形几何的结果。就像树枝不断分叉一样，表面看起来没有什么秩序，却遵循分形几何原理，并最终呈现特定的图案。但是，这无法解释五趾的"变异"，难道一蹄的马就不需要遵循分形原理吗？

那保持五趾的必要性究竟在哪里？一般来说，一种生物结构能够长期占据主流，往往是日积月累，在漫长的进化时间内不断表现出生存优势，最后使得不符合这种结构的劣质性状遭到淘汰。那么，五趾结构到底是否带来了生存优势？要回答这个问题，不如逆向思维：如果不是五趾，动物会怎样？

以我们人类来说，双脚已经失去了灵活性，幸好我们的双手已经被解放了出来，是所有动物中最灵活的。那么人类为什么不多出一根手指让灵活性更佳呢？

其实人类真的有长出六根手指的能力。有一种叫作多趾症（polydactyly）的疾病，无论人、狗、猫还是老鼠，都可能出现这种突变。患者会无故多出一根趾骨，而且多出来的趾骨与附近的趾骨相似，比如大拇指旁边就会多出另一根大拇指，而不是其他手指。这种多趾症与熊猫的六趾完全不同，可以说是"真正"的六趾。

多趾症是基因突变的结果，是一种常见的隔代遗传疾病，轻易不会从群体消失。大约每 500 个新生婴儿中，就有一个六指畸形。试想一下，在一个两万人的大学内，至少应该出现 40 名六指（趾）的学生，可实际生活中我们很少看见这种情况。这是因为人们大多选择在多趾症婴儿出生时就直接剪掉多出的趾头，处理很方便。也就是说，我们拥有长出六指的能力，却并不想要。这暗示了一种可能，即多趾性状不但没有优势，反而可能还会造成生存障碍。

这是真的。研究人员已经在小鼠身上发现了多趾症制造的麻烦。在实验中，当负责脚趾基因的数量减少时，小鼠容易出现六趾。但多出一根脚趾，并没有提高它们的灵活性；相反，由于在有限的空间里出现了多余的趾骨，导致趾骨容易因挤压而变形弯曲，甚至无法平放在地面，连正常的行走功能也失去了。小鼠还有一种基因突变疾病，叫作双足突变（doublefoot），这会使它们每只脚都会长出十个脚趾。结果就是四只脚都完全失去了支撑功能和灵活性，只能靠脚踝行走，在自然状态下肯定无法生存。

所以，理论上的"脚趾越多越灵活"在突破"五"这个基数之后并不成立。多趾性状并非"多多益善"，而是受到严格控制。至于其中的奥妙，分子生物学已经给了我们答案。

原来十指真的"连心"

这个答案，要到动物的基因寻找。科学家发现，有一种重要的基因控制着身体的发育进程，那就是 Hox 基因，它决定了各种器官的定位和排序。Hox

基因中的 Hoxd 基因，主要控制手指和脚趾的发育，共有五个基因分别控制五个手指和脚趾，它们之间存在微小的差别，导致了五趾大小不同。

因为只有五个明确的 Hoxd 基因编码区域，所以只能产生五个趾骨。如果不小心多了一份基因拷贝，就会多一个趾骨，并且只是简单复制了附近的趾骨基因，多趾症就是这种状况的外在表现。更重要的是，Hoxd 基因控制的不仅是五趾，还控制着其他发育环节。我们平时常说"十指连心"，实际上 Hoxd 基因真的能产生"牵一指而动全身"的效应。就像外卖小哥的车篓里放了好几份外卖，一旦出现交通拥堵，就将导致好几个人饿肚子。

这种同一个基因控制不同效果的现象，叫作基因多重效应（pleiotropic effects）。万一 Hoxd 基因发生突变，当然可以产生新的趾骨结构，但同时也将对胚胎发育产生致命的影响。在胚胎发育过程中，从神经胚形成直到完成体节发育这一阶段至关重要，决定着该个体将长成什么样子，学界称之为系统发育阶段（phylotypic stage）。Hoxd 基因在这一时期相对活跃。在系统发育阶段，身体各部分之间存在强烈的互相诱导信号，某一器官的发育状态，将会影响其他器官的发育状态。

这种连锁诱导机制将胚胎连成了一个动态的整体，任何一个部分都不能出现错误，否则就会引发连锁错误，最后形成畸胎。就像在黑夜里行军的部队，没有手机，也不能说话，只能靠拍巴掌保持整体队形，一旦某个人的位置错误，就会连锁影响其他人的位置。错误不断放大，最终将导致整个队伍崩溃。

为了保证发育过程不出问题，最优秀的策略，就是按照此前正确的发育步骤来。五趾结构就是这个正确的发育步骤。一旦这个策略被改变，系统发育就会出现连锁反应。所以脚趾数量不仅仅是个数字，而是一个系统性问题。有一种疾病叫作手足生殖器综合征，即手足发育与生殖器发育连锁。一旦手足出现畸形，生殖器也同样出现畸形。既然与生殖器有关，当然不能轻易突变，否则将造成比阳痿还要严重的后果。而未知的连锁关系可能更加复杂，后果也更可怕。所以 Hoxd 基因不能随意突变。

基因多重效应是保护复杂机体正确发育的重要机制，一旦发育错误，就会导致严重后果乃至死亡，这是一种自我约束机制，除了推广正确的发育机制，同时还能确保这个世界不会出现我们无法理解的奇异动物。

这就是五趾结构一经形成，就一直保持到现在的根本原因，它受到了内在发育机制的支持。有些多趾动物只是假象，它们本质上仍然服从基本的五趾机制。以前人们相信，棘螈可能存在多达八根趾骨，但经过仔细分析，棘螈真正的趾骨仍然是五根，只不过每个趾骨都出现了分叉，似乎看起来是八根而已。其他比如熊猫、鼹鼠、狗等只能使用假的趾骨，因为它们不敢轻易改变五趾结构。因为这，事关生死（自然界中还存在例外，比如青蛙。现在的许多青蛙都有真正的六趾，而非用假趾骨冒充。那青蛙为什么不担心基因多重效应的影响呢？根本原因是，青蛙作为最古老的"登陆者"，却至今也没有完全成为陆生动物，仍是两栖动物。两栖动物拥有与哺乳动物不同的发育保障机制。它们的四肢发育相对独立，不与其他器官产生明显的互动，基因多重效应因此而大为减弱，科学家甚至可以让青蛙的头部长出腿来）。

人类的指头增减同样是件大事。多趾症的医疗建议虽然一般都是切除了之，但根据分子生物学研究结果，六指突变可能通过基因多重效应，在更长的时间内对身体造成慢性的损害。这种猜测已经在狗的身上得到了证明。患多趾症的狗，除了奔跑受到影响，心脏与免疫功能也产生不同程度的抑制作用。而相比于六指，人类的四指更为少见。医学调查发现，趾骨减少症发生率只有万分之六，远远低于多趾症比例。这是一个奇怪的现象，因为按照一般逻辑，丢失某种东西要比得到某种东西容易得多，就像丢失钱包容易，但找回钱包很难一样。

而趾骨基因却很难丢失，这从另一个侧面证明了控制趾骨发育的基因异常重要，丢失造成的损害更甚于增加的损害，那其实是基因多重效应的另一种表现形式。人类不是四指，也不是六指，而"坚持"五指，并非大自然偶然的发明，而是自然选择的必然结果。五趾结构是进化的产物，这确实是一个完美的数字，因为进化中自然蕴含着奇妙和美感。

撰文：史钧　安徽科技学院生物学副教授

02

尤瓦尔·赫拉利预测人类七大趋势：90岁退休，十几亿人将沦为无用阶层，一个愚人发动的战争或将毁灭一切！

导语：继《人类简史》和《未来简史》之后，在《今日简史》这本著作中，尤瓦尔·赫拉利把注意力从过去和未来，转移到当下——充满诸多问题和挑战的21世纪。今天的世界充满了各种不确定性，但科技的发展却以前所未有的速度日新月异。尤瓦尔·赫拉利认为，智人这种曾经凭借强大虚构能力统治了地球的生物，今天却面临窘境——一方面技术赋予人类重新设计生命的能力，升级为新物种指日可待，而另一方面，自由主义的故事已失去解释力，贸易保护主义和反全球化浪潮甚嚣尘上，全球正陷入分裂和虚无主义的情绪。

未来世界会是一番怎样的图景——会发生更多战争还是充满和平？人工智能会彻底替代人类吗？我们该教给孩子什么，以应对未来的挑战？如果数据掌控在少数人手里，如何保证全社会的公平与正义？……

针对这些问题，库叔专访了尤瓦尔·赫拉利，他从全球政治、科学技术和个体价值三个维度，跟库叔讨论了人类目前面临的重要议题，并且对未来大趋势做了七个方面的预测。

战争变得非常"不划算"

当今世界虽然存在着各种各样的矛盾甚至冲突，但我们现在却处于历史上最和平的年代。不要只看到中东地区（我所生活的地区）战火不断，其实绝大多数国家还是和平的，而且靠战争发财也并不划算。在远古时期的农业社会，人类因暴力致死的概率约为15%，而今天，世界范围内这个概率也只有1.5%。事实上，现在自杀的死亡率反而远高于人类暴力。也就是说，一个人自杀的概率要远大于他被敌军、恐怖分子或者罪犯杀害的概率。同样，肥胖等病症的致死率也高于暴力，所以糖分可能比枪炮更危险。

为什么我们这个年代变得更和平了呢？首先，因为核武器的存在，超级大国之间的战争就如同一场集体性自杀。所以他们要想完全颠覆国际秩序，最好使用非武力的方式。其次，经济变革使得知识成为主要财富。以前，财富主要是稻田、金矿、奴隶、牛群等这样的有形资产，而它们又非常容易引发战争，因为打仗是获取这种财富的最佳捷径。而如今，你却很难靠战争来获取知识型财富。比如，就算你入侵硅谷，也无法横扫这里的财富，因为硅谷没有硅矿，这里的财富源于工程师和技术人员脑中的知识。

所以，战争只会在类似中东这样的地区发生，因为这里的财富仍旧是物质型财富（以油田为主），不是现代意义上的知识型财富。这也是为什么在过去20年中，强调和平崛起的中国经济能飞速发展，而一些经常战争的国家，即便打了胜仗，经济也基本停滞。

引爆战争的可能是新兴科技

尽管发动战争对于一个现代国家来说可能并不"划算"，但谁也不能保证和平年代会一直存在。真刀真枪的火拼可能离我们越来越远，但随着互联网和大数据算法为代表的新兴科技出现，很多国家可能受这些科技的"蛊惑"而发动战争，从而实现他们的政治野心和经济目标。这些新兴科技很可能加剧全球紧张局势，打破大国间的核平衡，从而引发大范围的战争。

自 20 世纪 50 年代起，超级大国都尽量避免战争，因为他们知道战争意味着你死我活。但随着一批批新型攻击和防卫武器的研发，一个用科技武装自己的大国可以较为轻松地完胜敌方，而且不会受到任何惩罚和制裁。相反，一个正在衰落的大国可能会担心他们传统的核武器就要过时，最好还是趁核武器余威尚存的时候赶紧用掉。

传统意义上，核对峙如同一个非常理性的象棋比赛，但是现代科技让比赛变得变幻莫测。当棋手可以用网络袭击来夺取对手棋子控制权的时候，当匿名第三方棋手可以任意移动棋子而不被他人所知的时候，会发生什么呢？近十年来战争的减少并不是因为任何奇迹或者神仙显灵，这是人类明智的选择，如果人类又开始做不明智的决定，战争还会回来的，这会危及全人类。

但是，我们也不应该低估人类的愚蠢程度，毕竟这是世界上最强大的力量之一。有时候，人们花多年维系的和平，可能被一个愚人发动的战争在顷刻间毁于一旦。

人工智能导致一些人永久性失业

没有人知道 2050 年的就业市场将是怎样的，但是一定会和今天的迥然不同。人工智能和机器人将引起几乎每一种职业的变革。制衣、开车、疾病检测、售卖保险和教化学课等职业可能在 2050 年消失。

机器将人类赶出就业市场的言论早已不新鲜，而且历史也证明这些都是无稽之谈。但是，人工智能和我们刚才提到的机器则完全不同。以前，机器能够和人类 PK 的只有体力，而如今它们开始在认知能力方面同人类竞争。当机器人在除体力和脑力之外的第三种技能方面与人类竞争，我们是否还有优势呢？

随着旧工种的消失，新工种也会出现。但是，我们也不要高兴太早。首先，新工作可能数量有限，不能解决大部分的吃饭问题；其次，大部分新工作对人的技能和创造性都要求很高，一般人想做也做不了。过去自动化引发就业市场变革的时候，人们总是可以从一项低技能工作跳到另一项低技能工作。

比如，1920 年一个农民因为农业机械化而失业后，马上可以在拖拉机制造厂找到新工作；1980 年一个失业工人可以在超市胜任收银员的工作。这些人换工作都很容易，因为农民—工人—收银员的职业转化，本质都是从一个低技能工种到另一个低技能工种之间的转换。但是到 2040 年，如果一个收银员或者卡车司机被人工智能技术取代，那么他们几乎不可能一下就从事类似瑜伽教练或者软件工程师等这样的工作。因为他们没有掌握这些工作的必备技能。

算法加剧全球不平等现象

那么，职业培训和充电是否可以解决这个问题呢？假设你现在是一名 40 岁的卡车司机，到 2040 年你会被自驾功能的卡车所取代。于是你花 2 年时间去学习瑜伽，终于把自己训练成一名瑜伽教练。但是 10 年后，瑜伽教练也变得更多余，因为安装了生物识别传感器的电脑比人类还会教瑜伽。于是你还得对自己再培训，这次你希望成为一名虚拟文字设计师。然而这个职业也将在 10—20 年后被淘汰。

所以，政府需要为处于转型困难期的人们提供帮助，比如提供丰厚的失业补助金和支付就业再培训的费用。这就如同 20 世纪，政府为年轻人建立庞大的教育体系，而在 21 世纪，政府则需要建立完备的成人再教育体系。但是，这还远远不够，因为其中最大的问题可能是心理上的。

即使 40 岁的你有足够的经济实力来进行职业培训，那你心理上能承受吗？换工作总是让人压力山大，对于不惑之年的你来说可能更加难以承受，卡车司机和瑜伽教练的性格往往迥然不同，更不必说你要学习的不只是几个动作那么简单。即使成功转行，你能保证 50 岁还可以成功吗？那 60 岁呢？鉴于人类预期寿命的提升，以后我们的退休年龄可能延后至 70 岁、80 岁乃至 90 岁。

所以，即使新工种不断出现，到2050年我们很可能会看到一个庞大的新阶层——无用阶层的出现，这是十多亿失业并且无力再就业的人群，而我们还没有应对这一局面的经济模型。另外，随着算法把人类挤出就业市场，财富和政治权力将会集中在极少数掌握全能算法的精英手中，以至产生史无前例的不平等。

今天在一些欧美国家，上百万的出租车、公交车和卡车司机们可以对经济和政治施加强大的影响力，因为他们都占领着一小块交通市场的份额，如果政府让他们不满意，他们就可以联合起来罢工。但在不久的将来，他们的经济和政治影响力可能被几个亿万富翁所垄断，因为他们拥有可以操纵算法来驱动汽车的集团。

学校教的知识基本没用了

为什么教育有必要进行讨论呢？因为我们完全不能预知下一代会在什么样的世界生存，这是前所未有的。1000多年前（1018年）的人类虽然对未来也是一知半解，但他们可以预知未来人类社会的基本特点。如果你生活在1018年的中国，可能无法预测到宋朝可能灭亡，契丹人可能南下入侵中原，瘟疫和地震有可能使上百万人致死。但是，你深信不疑的是到1050年大部分人仍旧以务农为生，统治者还需要依赖民众去充军和交税，男性仍旧统治女性，人类寿命也就40岁左右，人体也不会发生任何变化。

所以在1018年，穷人家的父母会教他们的子女如何种地和纺织，富人家长会让他们的儿子学习《论语》，写毛笔字和骑马打猎，教育女儿们三从四德……显然，这些技能在1050年他们的孩子一定用得上。相比之下，今天我们完全不知道2050年的世界会变成什么样。我们不清楚人们将靠什么谋生，军事、官僚体系将如何运作以及两性关系将会怎样，人体是否会由于生物工程而发生巨大变化。

综上，现在孩子们在学校学习的知识很可能在2050年用不上，而学校教育又存在不少问题。首先，现在学校过于注重给学生们灌输信息，然而 21 世纪的人类已经信息过剩，孩子们不需要更多信息，而需要理解信息、衡量信息，以及将碎片化信息组合成一幅有意义的世界图景。

此外，学校还过度集中于教授学生一套套预定技能。因为我们实在不知道 2050 年就业市场乃至世界将会是怎样，我们也不知道孩子们长大究竟需要哪些技能，比如，你花大功夫教孩子学习软件编程，然后到 2050 年却发现，人工智能编程的软件比人类厉害得多，那时候社会已不再需要人类编程师。

人类到死都不能"稳定下来"

那么，我们到底应该教孩子什么呢？我的建议是要注重情商和心理复原力的培养。传统意义上，人生可以分为两个阶段：学习阶段和工作阶段。在第一个阶段中，人们建立了自己的既定身份，并学习专业技能；在第二阶段中，人们依靠他们的身份和技能来谋生，为社会贡献自己的力量。

但是到 2050 年，这样的传统模式会变成过去式。如果人类不具备终身学习和不断对自己再造的能力，一定会被社会淘汰出局。而这样的变化往往让人压力山大，尤其是人到一定年龄之后，会很厌烦变动。当你 16 岁，整个人生都是未知数，因为你的身体还在发育，思维随时可变，社会关系还没有固定……无论你喜欢与否，你的一切尚未定性。

当你 40 岁，你讨厌任何变化，迫切希望要稳定。但在 21 世纪，你可能享受不了这种奢侈。如果你希望继续维护所谓的固定身份、工作和世界观，你一定会被世界抛弃。所以，人类需要超高的心理复原力和情感平衡力来冲破这场永不停歇的暴风骤雨。

为了应对变化和不断重塑自己，你必须放弃一些已知的东西，在未知的领域冒险。你需要冒着失败的风险放弃你所擅长的，甚至改变你的身份。为了不断适应变化，人们需要习惯面对未知的领域。而且面对无序和失败的局面，也不会产生心理落差。然而，现在大部分学校教孩子们的都是正好相反的，让他们害怕未知、无序和失败。因为考试的正确答案往往只有一个，于是孩子们只专注于寻找这唯一的正解。我大学的学生们就是这样。当我尝试将世界无序的一面展示给他们时，有人总是问我："那正确的答案到底是什么呢？""我们答题的时候应该写什么？"

为了跟得上21世纪的步伐，学校不要再要求孩子们找到"唯一正解"了，而应该告诉孩子们放弃已知，直面未知。他们有一个足够强大的内心来拥抱未来出现的各种变化，而不是做无谓挣扎。过去教育为你构筑的身份如同基深墙厚的石屋，而现在我们需要如同帐篷一般的身份，你可以轻松地折叠和移动。

人类不一定会更幸福

随着老问题被攻破，新问题也会出现。现在越来越多人身患老年痴呆症，就是因为他们的寿命越来越高。中世纪大部分人都英年早逝，所以这些老年病也罕见。相似地，中世纪食物也非常匮乏，所以饥饿是人类面临的第一大问题。但今天人类生产的食物多到连一些发展中国家的肥胖问题都远大于饥馑。

我们可能也要面临新的健康问题，尤其是精神问题。由于生物技术赋予人类重新设计大脑和思想的能力，我们也许会因为无知而误用这种能力。自然灾害方面，过去，人类可以操纵世界上除人类以外的动物、河流、森林等。但是因为我们对生态系统复杂性认识不够，我们常常滥用这些能力，导致生态系统失衡，现在更面临生态崩塌的问题。

在21世纪，我们将学习如何操控包括我们在内的整个世界。我们将学习如何控制我们的大脑和思维。但是，因为我们不理解我们内部精神系统的复杂性，还是不可避免地误用我们的能力。我们的心理系统可能会失衡，我们也会面临精神系统崩溃的惨剧。

我们以后将掌握无穷的力量，但绝对不能保证我们以后会更幸福。现在的我们已经比以前厉害多了，我们的生活也的确比过去要更舒适，但是我们是否比祖先更快乐仍旧难以确定，将能量转化为幸福并非容易之事。有一种观点认为幸福更取决于我们自身的期望，而不是客观条件。但是，期望往往主动适应客观条件。当环境变好，欲望也会膨胀，所以就连巨大的条件改善也可能让我们像以前一样大失所望。

在更基本的层面上，人类对于快乐的基本反应不是满足，而是对于更多快乐的渴望。所以，无论我们取得怎样的成就，都可能会让我们变得更贪得无厌，而不是安于喜乐。这就是为什么人类在成功征服世界和获得巨大能量后，却没有成功地将其转化为幸福。如果我们不改变我们基本的心理模式，虽然在 21 世纪我们所拥有的能量可以让我们变得所向披靡，但我们终究还是郁郁寡欢。

采访、翻译：武君

03

超级战士是人类的大灾难吗？

导语： 据俄罗斯网站报道，2018年8月，美军宣布耗资1500万美元（约1.03亿人民币）进行"生物医学、人类表现和犬类研究计划"。实际上，数十年来，美国耗巨资致力于打造各种"超级战士"：强效兴奋剂让战士不眠不休；经颅磁刺激使战士忘却疲倦；纳米液态盔甲使其金刚不坏；舌模拟技术使其能够"用大脑看穿黑暗"……

这一切已然成为现实。在不久的将来，美国队长、金刚狼、死侍等超级英雄，会不会从大银幕走上战场？

据俄罗斯网站报道，2018年8月，美军宣布耗资1500万美元（约1.03亿人民币）进行"生物医学、人类表现和犬类研究计划"，"用于确定和开发一些技术，以便可以用于早期干预足以威胁生命的伤害、长期的野外护理、人类性能优化和犬类药物及性能"。该项目由素有美军"疯狂科学家大本营"之称的DARPA（美国国防部高级研究计划局，Defense Advanced Research Projects Agency）牵头负责，中央情报局等一些情报机构和私营企业参与。

美国国防部文件提出"生物增强实验开发出的技术将会使生理性能得到最大化"，包括"在体型没有明显增加的情况下增强耐力、对极端环境的耐受性、感官以及整体的身体素质"。说白了，五角大楼的用意是通过神秘的"极端实

144

验"，打造出可怕的"生物增强型"超级战士。

这并非天方夜谭。

美军人体实验由来久矣

实际上，美军打造"超级战士"的想法由来已久，几十年来花样百出。"二战"期间，美国海军希望提高士兵的夜视能力。由于维生素 A 具备增强视力所需的化学成分，便设想用它来提高眼睛对光线的敏感度。科学家给一些士兵志愿者服用从鱼类肝脏中提取的物质，几个月后，后者的视力果然发生了变化，扩大到红外波长范围。

直至红外夜视仪问世，这一实验才告终止。

1960 年 8 月 16 日早 7 时许，美国空军上尉约瑟夫·基廷格从新墨西哥洲图拉罗萨沙漠上方 3.13 万米的高空飞身跃下，创造出人类最高的高空跳伞纪录、时间最长的自由坠落纪录。但他此行的目的，却绝非为了创造纪录，而是有着清晰的军事与科学研究目的。

20 世纪 50 年代，美国空军想弄清飞行员高空跳伞的生存概率，于是让约瑟夫·基廷格乘气球到上万英尺的高空后跳下，做自由落体运动，到最后关头才打开降落伞落，到新墨西哥州的沙漠里。为此，身体素质优秀的基廷格忍受着摄氏零下 70 度的低温，差点送命。

解密资料显示，1954 年至 1973 年间，美军在马里兰州的德里克堡进行了一系列代号"白衣行动"的人体实验。美国陆军先后召集了 2300 名拒绝服兵役者，给他们注射所谓的"预防生物武器的疫苗"。

在整个实验过程中没有造成人员死亡，但是，这些志愿者后来回忆说，他们承受着发烧、寒冷以及痛彻骨髓的疼痛。在此后数十年里，他们均遭受了不同程度的病痛折磨。许多人因为当时注射的"疫苗"破坏了身体免疫系统，终生与病榻为伴。

20 世纪六七十年代，五角大楼实施了"112 计划"。该计划的内容之一就是：

向成百上千的海军士兵喷洒沙林和 VX 等神经毒剂，以此测试当时的毒剂净化程序和安全措施，应对潜在敌人的化学武器袭击。实验中的海军老兵们在晚年均遭受病痛折磨，他们无奈之下集体向政府索赔。2002 年，美国国防部迫于舆论压力公开了这一实验的详情，美国退役军人事务部也开始调查参与该项目的老兵可能受到的损伤。

4 年嗑了 2.25 亿片兴奋剂！

1887 年，德国科学家首先合成安非他命（Amphetamine），它是中枢神经兴奋剂的一种，一般用来治疗哮喘、嗜睡症与多动症，能够增加人的机敏性，暂时减轻疲劳感并增加攻击性。"二战"期间，纳粹德国的军医曾疯狂地向战士们分发安非他命、脱氧麻黄碱、D-IX（可卡因、脱氧麻黄碱的混合物），来打造纳粹"不死战士"。

当然，美军也不甘落后。担负远程奔袭任务的美军战斗机飞行员，往往需要连续飞行十余个小时，因此，为了执行好上级任务，在飞行前，他们会被强令服用安非他命。于是，1942 年，苯丙胺安非他命药片被加进了美军轰炸机成员的应急装备中。

从 1966 年至 1969 年，美军共运用了 2.25 亿片兴奋剂类药物，大多是右旋安非他命（安非他命的一种衍生品），比"二战"时期所用苯丙胺药性强 1 倍多。在后来的海湾战争中，仍有 58% 的美军飞行员使用过右旋安非他命；在伊拉克战争中，美军特种部队成员在执行潜伏、抓捕任务时，也携带有安非他命及其他强效兴奋剂。

不过，安非他命虽然效用明显，但同样伴有强烈的副作用，如上瘾、头痛、高烧、沮丧、异常兴奋、过度紧张甚至精神错乱、暴力攻击和自杀等。因此，1971 年就被美国食品和药物管理局列为二类毒品。

2002 年 4 月 17 日，两架美国空军国民警卫队 F-16 战机在阿富汗坎大哈执行任务时突然向加拿大地面部队开火射击，酿成一起 4 死 8 伤的惨剧。经调查发现，两名飞行员由于服用了安非他命，强烈的副作用导致其精神恍惚并产生幻觉进而实施了攻击。经军事法庭审判，两人被判过失杀人罪。

20世纪70年代末，法国科学家研制了莫达非尼这种药品，1986年开始用于嗜睡症的试验性治疗。1998年，该药被美国食品和药物管理局批准上市，名为"不夜神""聪明药"或"丧尸药"。

据称，"不夜神"可令人不感疲倦，保持良好记忆，增加兴奋度，提高警觉性和敏感度，甚至可连续40小时保持清醒。并且，该药没有像咖啡因或安非他命所产生的神经过敏、紧张、精神崩溃等副作用。比如，服用莫达非尼的士兵在清醒40小时后，仍可在晚间正常入睡，而服用安非他命的士兵则需大量使用安眠药才能入睡。

有报道称，伊拉克战争期间，美、英、法等国军队都曾要求士兵服用莫达非尼。2004年，它被世界反兴奋剂组织正式列入禁药清单。该药已被五角大楼列入打造"不眠战士"的计划中。

合成兴奋剂类似可卡因，能使人消除疲劳感，思维异常清晰。该药服用后不到1小时就可达到药效，药效可持续6—8个小时。若大量服用，可持续3天3夜。1986年3月23日至4月15日，美国出动大批战机先后对利比亚发动了两次代号分别为"草原烈火"和"黄金峡谷"的突袭行动。

其间，美军百余架战机从驻英空军基地起飞，在完成4～6次空中加油及夜间连续飞行5000多公里后，准时抵达地中海预定空域并实施突袭，整个作战行动精确无误。后来，媒体披露说美军飞行员服用了一种合成兴奋剂。阿富汗和伊拉克战争中，美军也将这种合成兴奋剂发给特种兵随身携带。

相关专家警告称，长期服用这种合成兴奋剂，有10%的人将产生嗜睡、食欲减退和萎靡不振等症状。2006年夏天，DARPA研发了一种名为"安帕凯恩斯CX717"（简称CX717）的药物，研究对象在服用该药之后，能够在战场上连续战斗20小时，不用睡觉和休息。

研究者对猴子进行CX717药物试验，每只猴子都被迫30～36个小时不能睡觉，然后测试其灵敏度。结果，猴子的动作精确度降低了15%～25%，反应时间慢了至少一半。而1剂量（约0.8毫克／公斤）的CX717能够迅速恢复严重缺乏睡眠猴子的大脑功能。在进行认知测试时，那些被剥夺睡眠的猴子在服用 CX717 后，其表现比参照组中未服用该药但睡眠良好的猴子更加活跃。

最新的测试表明，CX717 的不眠时间可持续大约 48 小时！

电击，激发士兵的最大潜能

2014 年 12 月 2 日，美国《沃克斯》杂志网站发表题为《军方正在努力使士兵变得健壮、聪明并具两栖作战能力》的报道称，美国军方、学术研究人员以及私营公司启动了"认知能力提升"计划，使士兵的身体和大脑最大限度地发挥作用。其中，就包括"经颅磁刺激"（TMS）技术。

TMS 始创于 1985 年，英国雪菲尔大学的医学物理学家巴科尔曾制造了一种电磁设备，能够在动物的脊髓中引起电流。

他们很快意识到，这种仪器也能直接非介入性地刺激人脑，由此开创了TMS 的研究领域。据称，2004 年，DARPA 就开始资助哥伦比亚大学临床精神病学专家试验一项关于 TMS 的技术，目的是消除或暂时消除士兵在战斗期间的睡眠欲望、提高战斗力。

简单地说，TMS 是根据电磁感应原理工作的，分为单脉冲 TMS、双脉冲TMS 和重复性 TMS 三种刺激模式。当戴在头上的磁线圈在头皮附近启动时，一个迅速变化的强磁场就会不受阻碍地穿过皮肤和头骨，在大脑的神经系统中引起感应电场，这一感应电场引起神经细胞膜发生一系列变化，从而产生神经电脉冲，激活大脑中负责疲劳和清醒的特殊区域。

厉害的是，TMS 不像脑电图、正电子发射断层扫描或其他纯电学技术那样需要电极紧贴头皮甚至插入大脑或神经组织中，它不需要与大脑有直接接触，而是利用可安全无痛进入大脑的磁场。目前，TMS 是除药物之外，将人脑特定区域进行"开关"操作的最可行、最安全的技术之一，同时也是五角大楼密切关注的军事科研项目之一。

美军通过研究如何利用低压电击刺激的方法，帮助士兵在从事飞行等高风险军事行动时保持长时间的高度清醒和警觉。

美军采用的低电压电击刺激大脑的方法，学名为"经颅直流电刺激"技术（TDCS），在医学领域已研究和运用多年，能够用于治疗认知障碍、抑郁症、帕金森综合征和老年痴呆症等疾病，还能提高人的分析能力和数学能力，是一种比较安全和成熟的技术。

根据美国《纽约每日新闻》和《空军时报》的报道，TDCS 的刺激方式包括三种：阳极刺激——能增强刺激部位神经元的兴奋性；阴极刺激——则降低刺激部位神经元的兴奋性；伪刺激——一般是作为一种对照刺激。

TDCS 的操作方法是在人的脑部和颈部贴上连接电脑的贴片，通过对大脑进行 10 分钟左右"温和"的电流刺激，不仅能使人长时间清醒，还可显著提高人的逻辑分析能力和数字运算能力。位于俄亥俄州帕特森空军基地内的美国空军研究实验室负责该项目的研究工作。该实验室称，这种方法能够使飞行员的思维更加敏捷，显著提高其识别图像及敌友的能力，可以帮助那些因执行任务而睡眠不足的飞行员及机组人员消除疲劳、保持清醒。

一名军士通过利用安全电流电击大脑的方法，成功保持了整整 30 个小时的高度清醒状态。除了应用在图像分析人员身上，该技术也将很快应用到需要大量监控工作的其他领域，如网络操作员、无人机操作员等。

按照计划，实验室的目标是让士兵随身携带一对电极，在必要时给自己施加电流提升战斗力。不仅如此，2018 年 5 月 29 日，英国《简氏防务周刊》报道，美国光环神经科技公司目前正与美军合作，试验将 TDCS 技术扩大到战术训练方面。据称，该公司开发的"光环运动"耳机可以发出微弱的、受控制的直流电，直接刺激士兵的运动神经元细胞，将让大脑反应更快，更高效。

目前，该装备已提供给美军部分特种部队使用，帮助士兵从创伤中恢复。未来，该系统将可以提高士兵学习技能的速度，提高其体力耐力训练的效果。当然，TDCS 也存在一定的副作用，比如个别志愿者出现皮肤过敏、头痛等现象。军事专家警告说，如果在电击时选错部位或操作失误，甚至会删去人的记忆或降低反应力，将对大脑造成永久伤害。

用大脑看穿黑暗、超级防弹

上边提到的那些还不算特别科幻。2006 年，为帮助盲人获得视觉，美国威斯康星大学的科学家保罗·巴赫里塔通过 30 多年基于"通过声音看物体"技术的研究，成功研制出被称为"大脑港"的设备。

"大脑港"可将摄像机拍摄的信号转化为视觉脉冲信号，通过舌头传递给大脑，使用这种装置的盲人志愿者会暂时失去舌头的一般功能，但却能够感知外部空间的轮廓特征。该发明吸引了军方的兴趣，美国国防部提供资金支持，佛罗里达人机合成研究院进行深入研究，为军队未来水下战士研制"超级舌头"——舌知觉模拟系统。

该系统可以把声纳探测器、红外线探测器信号转化为视觉信号，让士兵在水下和夜间有比普通人更强的"视觉"能力。如果配备这些装备，美军特种兵在夜间行动时就不必佩戴夜视镜，可"用大脑看穿黑暗"——他们将变成集猫头鹰的夜间视力、蛇的红外线"视觉"和鱼的声纳器官为一体的超人！

DRAPA 曾测试一种新型的"纳米液态甲"。这款盔甲穿上去与普通衣物没有区别，却能够抵御子弹的攻击。美国陆军研究实验室研究人员称："我们不能保证这项技术能够阻挡所有类型的子弹，但是我们已着眼于如何提高对低能量子弹的抵御能力。"

据了解，液态盔甲中所注入的液态硅就像一种液体在衣服中流动，但是它却可以抵御长时间的冲击碰撞。目前，这款盔甲已通过测试，能够抵御刀刺、粉碎性爆炸、低速子弹和皮下注射器针头。

下一阶段的研究重点是充分加强盔甲抵挡高速子弹、榴散弹和路边炸弹的攻击。2014 年 4 月，DARPA 新成立了生物技术办公室，旨在研究使士兵保持最佳战斗力以及迅速、全面恢复战斗力的新技术。

2017 年，DARPA 又公布了创立精英战斗部队计划，将直接开发一种可以连接士兵大脑的软件，提升其感官能力。正如 2015 年美国国家科学院发布《人体效能改造：国际研究现状及未来展望》报告所说，医学、生物学、电子学和计算技术的发展已经使得改造人体的能力日益成熟，而且这类创新会被各国军队采用。

　　看来，原本只存在于漫画和电影中的超级英雄，果真即将走向战场。

　　　　　　　　　　　　　撰文：王培志　国防大学政治学院

04

人造子宫让女人多余吗？

导语：现在，似乎人的一切行为和活动都需要工具来帮助。
生育也有了新突破。

最近，美国费城的医生们研发了一个相当于人造子宫的装置，育婴生物袋，其要素构成是：

——菌。

——羊水（混合的电解质溶液）。

——血液循环系统（模拟动静脉血管的供血和回收代谢废物）。

该装置主要模拟了人的子宫状态，为胎儿提供生存环境。

但是，目前这种人造子宫还只用于动物，确切地说，是用于早产的小羊，以保护小羊过度弱小的肺部和心脏，结果令人鼓舞。

对 8 只小羊胎的试验表明，让它们先在母羊的子宫中长到 105 ~ 120 天大（相当于人类早产儿）的时候，再将它们放入人造子宫中养育 4 周左右，4 周后，除了一些小羊出现轻微的肺部炎症外，剩下的小羊都非常健康。安乐死解剖小羊的脑和肺部情况发现，它们与足月出生的小羊没什么不同；另一部分小羊生长超过一年，结果也与正常生殖的小羊没有什么差异，都十分健康可爱。

这个结果当然让人振奋，并且让人浮想联翩，未来这样的人造子宫也可以用于人类的生育。想想那些为生育和哺乳付出太多艰辛和痛苦的女性，以及被"一孕傻三年"吓怕了的准妈妈们，这种人造子宫就会被寄予厚望，而且将有巨大的市场。

事实果真如此吗？

未来生育技术的幻想

未来，实际操作可能是这样的，人造子宫可能成为人工生殖技术最新的第六代或第 N 代。

第一代人工生殖技术是体外授精和胚胎移植；

第二代人工生殖技术是胞质内单精子注射，将精子注入卵子并发育成有 4 ~ 8 个细胞的早期胚胎，再将胚胎移植到人的子宫内继续生长发育直至分娩；

第三代人工生殖技术是胚胎移植前诊断（PGD），主要适用于夫妇双方或一方患有遗传性疾病，从发育到 8 个细胞以上的胚胎中取出一个细胞进行细胞遗传学或分子遗传学检查，再将检查结果正常的胚胎植入子宫内孕育，以达到优生优育目的。

第四代人工生殖技术是将卵巢干细胞的线粒体进行提取，然后再将这些线粒体注射到自身的卵细胞中，通过这一方式，让衰老的卵细胞进行重生，从而让女性生产新的卵细胞，有利于高龄女性生育。

第五代人工生殖技术是三亲婴儿，把健康捐赠者的卵子细胞核剔除，把有线粒体缺陷的女性的卵子细胞核取出并植入捐赠者的去除了细胞核的卵子中，再进行授精并植入子宫孕育，后代便具有一位父亲和两位母亲的遗传物质，但其中一位母亲提供的是线粒体 DNA，而另一位母亲贡献主要遗传物质——细胞核 DNA。

现在，人造子宫可能成为第六代或第 N 代人工生殖技术，推广到人类的生育中。自己不愿意生育的夫妇提取自己的精子和卵子在体外授精后，培养成胚胎，可植入人造子宫孕育，这种人造子宫类似现在的生物袋，里面不仅有羊水、血液循环系统，以供给胎儿养分和氧气，还可能模拟母亲自然子宫的无菌、温暖和富有弹性的条件。

但是，人造子宫必须逼真地模拟胎儿从母体吸引营养和氧气的结构，这个结构就是胎盘。

在子宫中孕育的胎儿通过胎盘、脐带与母体进行物质交换，获得营养物质和氧气。扁圆形的胎盘靠近胎儿的一面附有脐带，脐带与胎儿相连，胎盘靠近母体的一面与母体的子宫内膜相连，胎盘内有许多绒毛，绒毛内有毛细血管，这些毛细血管与脐带内的血管相通，胎儿自己制造血液，血液通过脐带中的血管流到胎盘。绒毛与绒毛之间则充满了母体的血液，胎儿和母体通过胎盘上的绒毛进行物质交换，胎儿的废物则通过滋养层进入母亲的血液，最后被排出母体。

理想与现实的差距

人造子宫要承担孕育胎儿的重任，首先就需要有胎盘这样的结构，其次还需要模拟母体中的各种营养物质的成分和浓度，以及氧气的浓度，如此才能让胎儿健康发育，最后让女性不经历任何痛苦就能迎来自己的宝宝。

如果人造子宫能全部胜任人类的生育，无疑是人类生育史上又一次巨大的创新和革命。

这种革命会成功吗？会成为人类未来的生活方式之一吗？

现在看来，还为时过早！

首先要看到的是，这种人造子宫技术并不足以支撑全部的生育过程。在羊身上试验成功的并非完全的人造子宫孕育小羊，而是母羊的天然子宫和人造子宫共同孕育小羊，并且是自然孕育占了绝大部分，那些小羊是在母羊子宫中长到 105 ~ 120 天大，成为早产羊，以模拟人的早产儿，此后早产羊在人造子宫中仅生长了 4 周。仅仅从孕育的时间比例看，也属于自然孕育的结果，而非人造子宫孕育的结果，人造子宫的主要作用是辅助的，只是为了让早产羊顺利渡过发育不充分的难关。

自然而然，这项人造子宫技术目前要应用到人类的生育上，也只是挽救早产儿。世界卫生组织统计，全球的早产儿平均占所有新生儿的十分之一，在早产儿中，每年又有约110万新生儿由于发育不充分而无法存活下去。研究表明，不到23周的早产儿生存的可能性几乎为零，虽然24周的存活率为55%，但是对于23周的宝宝们来说，存活率只有23%。

因此，即便人造子宫适用于人类，能否真正挽救那些23周前出生的早产儿，让他们顺利度过发育不成熟的艰难时光，生长为正常的孩子，依然需要不断研究。指望这样的人造子宫担负起全程的孕育和分娩婴儿的重任，也还只是一种想象。

但是，人类从来不缺理想，科学从来都是实现人类理想的坚实基础和工具。现在，人造子宫已经出现，未来当然可以修改和完善，直至与人类的子宫一模一样，到时，人类会不会把生育完全交与人造子宫来完成呢？

观念和伦理的地震

从行为来看，把生育完全交与人造子宫来完成，可能没有什么大问题，但是从观念和伦理看，将是一次大地震。

世界上第一例试管婴儿，有着蓝色大眼睛、金色鬈发的小女孩布朗·路易丝于1978年7月25日23时47分在英国的奥尔德姆市医院诞生时，就无异在人类世界投下一颗原子弹。如果在若干年后，第一例不用女性子宫孕育，而是由人造子宫孕育的孩子——另一个布朗诞生后，也将无异于在人类社会投下一颗精神原子弹。

超级精神炸弹的震撼力主要来自伦理。布朗诞生时，尤以宗教界反对最大，理由是，布朗的诞生没有经过人的自然生殖过程，是反自然的，因此是不合伦理的。而且，不合伦理还表现在导致和催生了买卖生殖细胞精子、卵子和胚胎的活动，造成了对穷人的剥削和掠夺。同样，如果经人造子宫的另一个布朗诞生后，也必然会引发更大的伦理争论，最大的理由也是，这有违人类的自然生殖过程，因而是不道德的。

此外，人造子宫生殖比试管婴儿对人性导向错误路径的可能性更大，也更为有害，因为，这种不经过人的自然生殖过程的生育还可能让人类的演化向负面的方向发展。剖宫产婴儿的大量出现，以及这些没有经过产道的孩子长大后本体平衡感差就已经是一个警告了。

同时，如果人造子宫孕育后代能成功并成为人类未来的生育模式，在伦理上也打破了固有的哲学边界。当人工生殖技术的争论到达巅峰时，科学哲学给出的解读是，人工生殖技术不是对自然生殖的革命，而是治愈疾病的手段。但是，人造子宫生育后代不是治愈疾病的手段，而是对人类自然生殖的革命，这需要人类思考，是否突破了人类伦理的底线。

很显然，社会只能以管理和法律手段来应对人造子宫一类的彻底而完全的人工生育，而且，又有谁会在有人代为受苦代劳生育时，自己再去忍受生育的痛苦呢？

正如创造布朗的罗伯特·爱德华兹在激烈的争论和实践的完美检验之后获得诺贝尔奖（2010年诺贝尔生理学或医学奖）的肯定一样，没准人造子宫也会如同试管婴儿一样获得肯定。人类需要做的工作只是，如何管理人造子宫生殖技术，使其不仅有效，而且公平和公正。

这才是人造子宫所拥有的意义。

女人是解放还是多余？

至于其他的意义，有人说，这对于女性完全是一次革命性的解放！

但也有人提出疑问：

——倘若未来人类发明了人工子宫，女性的地位会提升还是倒退？

——克隆技术出现后，有人预言男人将多余，现在人造子宫出现，是否女人也将多余？

　　这个问题大概就是社会层面的了，无法一概而论，事实上，回答这些问题之前，不妨先考虑以下前提：

　　——人造子宫的使用不会是无成本的。

　　——人造子宫仍然需要使用女性卵子和男性精子培育成的受精卵。

　　——人造子宫不是人口复制，得到的是婴儿不是成年人。

　　——婴儿长大为人需要消耗资源和人力。

　　——即使一切都由国家负担，国家的收入也需要来自纳税人，也就是工作的人口。

　　——由人造子宫造成的婴儿潮会带来非常大的护理、医学、制造、教育等行业的需求和人才缺口，而这个缺口是现在、马上、立即需要被填补的。

撰文：张田勘

生存的危机

01

未来可以喂饱地球 97 亿人的逆天技术，
美、日等国都有了，中国怎么办？

导语：据联合国粮食及农业组织预测，2030 年世界总人口有望达到 85 亿，2050 年将会达到 97 亿。

经测算，想要养活这么多人口，全球粮食产量必须提高 70%。

与此同时，随着城市化进程的不断加快，城市人口也越来越多——2050 年全球城市人口将会再增加 25 亿，世界三分之二的人将生活在城市中。

这种情况下，耕地面积势必遭到挤压，城市内部和周边的农业用地也被不断崛起的第二、三产业一步步蚕食。

城市周边没有地方种粮种菜了，那远点的地方行不行？

当然可以，但是在长距离运输途中，粮食的损坏和蔬果的腐烂一直是一个难以完美解决的问题。

仅 2016 年一年，我国粮食在收割、仓储、运输、加工这些过程中的损失，就超过 700 亿斤，相当于 2 亿人一年的分量。

如果再算上更容易变质的蔬果，这个数字就更大了。

一边是人口爆炸性增长，另一边是耕地急剧减少，这似乎将人类推向了一个两难的境地。

未来，要解决如此庞大人口的吃饭问题，我们或许需要一种新的食物生产模式——在摩天大楼里种植粮食蔬菜的垂直农场。

想象这样一个场景：在市中心的摩天大楼里，每一个布满 LED 灯的房间都种着西红柿、黄瓜、西瓜等。听起来是不是很像科幻电影？其实，这就是垂直农场，它为解决未来 97 亿人的吃饭问题提供了无限想象。

逆天技术，把农场搬到室内

在垂直农场里，植物不是种在土里，而是在一个个垂直堆叠的植物槽里。

工作人员先将种子撒在特殊的编织物上，这里用的种子与室外种植无异，而特殊编织物是用可循环的塑料制品制成，绿色环保。种子放好后，附着种子的编织物被放进植物槽。

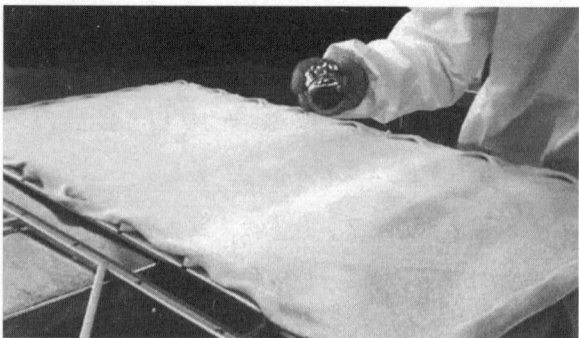

最开始植物的根部是被浸在水里的，通过水来实现氧化。后来，科学家们

意识到，如果将营养液雾化进根部，将会有更好的氧化作用。于是，就有了"气培法"这一种植方式——在容器的底部放一些培养液，植物的根系大部分处于悬空状态，培养液蒸发后形成气雾，然后再附着在植物的根系上。

相比传统种植方式，在同等面积的情况下，"气培法"能减少95%的水分消耗，同时高出75%的产量。

除了水分和营养，作物生长的另一个重要需求就是阳光。垂直农场用LED灯照替代阳光，能通过控制灯的颜色、强度来适应培养液的成分。

此外，容器内还有负责排气和供氧的小风扇，以及密布的、可监测作物生长的传感器，遇到长得不好的会直接摧毁，免得浪费资源。

时间久了，科学家们还研究出了一套算法。利用算法可以改变蔬菜中营养成分的配比，从而改变蔬菜、粮食的口味，比如让西瓜更甜一点、让辣椒更辣一点。

更为重要的是，这些复杂的操作都能通过电脑或手机App远程控制。别人以为你在玩手机，其实是在搞逆天的科学种植！

垂直农场，翻倍的不仅是收成

　　24 小时提供光源，不需要农药和化肥，再加上众多科学家和精密仪器的悉心守候，部分作物的生长期甚至缩短到 12 ～ 16 天，这样的垂直农场，首先带来的必然是翻了几番的收成。美国科学家迪克森·戴斯波米尔的测算显示，一座占地不足 600 平方米、30 层高的垂直农场可为 5 万人提供大约一年的食物和饮用水。如果建造大约 170 座这样的垂直农场，就能为整个纽约市提供一年的粮食、蔬菜和饮用水。

美国科学家迪克森·德波尔教授的垂直农场设计图

　　在实践中，垂直农场的产量也同样惊人，以现在比较成熟的美国 Aero Farms 公司为例，他们一年能收成 20 次莴苣，而在美国农业区，即使在丰收年，一年也只能收 3 次左右，这相当于将收成次数至少提高到原来的 6 倍！

　　除了显著提高的收成之外，垂直农场还有着其他诸多优点，我们一一来看：一是充分利用土地，堆叠式的种植将农田延伸到空中，大大节省了耕地。二是不再惧怕干旱、洪水、虫害等的影响，彻底摆脱了"靠天吃饭"。这个意义是重大的，相关资料显示，单是我国，每年因自然灾害而造成的经济损失就高达上万亿元。三是环保效能明显，在垂直农场里，可以利用雨水收集系统、中水系统等先进的绿色环保技术，把农作物生产过程中产生的有机废物转化成可以利用的清洁能源。

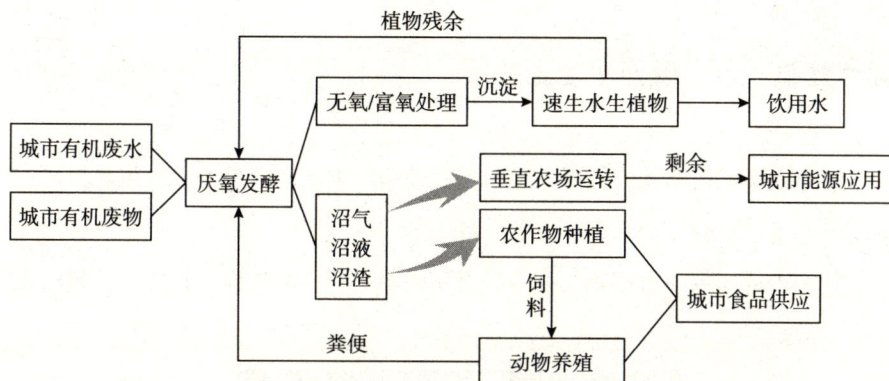

垂直农场能源流动图

一座座高楼大厦变成了种植园和花坛，"钢筋混凝土"成为绿色森林，这对调节城市气候也很有帮助，城市的夏天将会变得更凉快。四是丰富了城市文化，一幢楼里面既可以办公，又可以进行农作物生产，甚至还能养畜，工作之余我们可以去看看菜、赏赏花，周末可以带孩子见识下蔬菜、粮食的生长，简直不要太"田园范儿"！

垂直农场设计效果图

最后，垂直农场提供了大量就业机会，它其实是个自给自足的生态系统，不仅包含农业，还包含了建筑业、机械制造业等，不仅需要专业的农业技术专家，也需要建筑师、工程师、城市规划师等，这是一系列智慧的集结。这样的"农场"，实在太亮眼！

优点亮眼，但"硬伤"也很扎眼

垂直农场就没软肋吗？库叔带着探究的心情请教了几位农业及生态方面的朋友。

他们告诉库叔，垂直农场的优势确实亮眼，可劣势也同样扎眼，从现阶段来看，只是"看上去很美"。

首先，由于投资较高，垂直农场对产量的要求也很高。一些小而精致的蔬菜占用体积较小，产量勉强及格，但对于占用空间较大、生长周期较长的粮食作物来说就不行了。想要保证垂直农场种的粮够吃，要么将粮食亩产推高数倍，要么让小麦或水稻等植株变矮变小，但目前，这两样都很难做到！即使是那些已经开始搞垂直农场的国外公司，也刻意避开了种粮这块难啃的硬骨头，他们大多选择种菜。2015 年，谷歌母公司 Alphabet 停止了谷歌 X 实验室的 100 多个"登月"项目，其中就有自动化的垂直农业项目。

"在自动收割和提高光照效率等方面，我们取得了进展。但最终，我们无法以这种方式生产水稻和小麦等主要粮食作物，因此我们放弃了这一项目。如果有人能研究出植株较矮的水稻，请联系我们，因为这或许就是解决问题的关键。"谷歌 X 负责人阿斯特罗·泰勒这样解释道。

其次，库叔搞农业研究的朋友表示，垂直农场不仅对产量要求高，对技术要求更高。

这是高科技农业与建筑技术的结合，肯定需要多种领域的专业人才来贡献智慧——农业经济学家、建筑师、工程师、农艺学家、城市规划者……这就复杂了，人才培养、团队磨合、技术融合等都是问题。

最后，室内农场的成本和能耗居高不下。从经济方面来说，垂直农场的成本每平方米高达 5000 ～ 10000 元，一栋高质量的垂直农场就需数十亿美元，这显然远超传统农业。

而在能耗方面，垂直农场就更尴尬了，有数据显示，如果想利用垂直农业取代美国全年的小麦生产，仅照明用电就是美国所有电站一年生产总电量的 8 倍！

有这么多"硬伤"，垂直农场的规模化推行得极其缓慢，因为从中获利太艰辛，大多数投资人也就不想往里投钱了。

望而生畏？依然有人试水

垂直农场"坑"太多，让众多投资者望而生畏，但也有一些乐观者，从这"一半海水，一半火焰"的新生事物中看到了机遇。

在垂直农场的发源地美国，就有 AeroFarms、Square Roots、Freight Farms 等多家代表性企业。其中，AeroFarms 正在美国纽瓦克建世界最大的垂直农场，建成后总建筑面积将达 69000 平方英尺（约 6400 平方米）。

这里有必要提一下 Square Roots 这家公司，它的创始人叫金布尔·马斯克（Kimbal Musk）。

看到"马斯克"这三个字，再看看这清晰而有立体感的面部轮廓，高耸带感的鼻梁，还有那利落的下巴，你能想到谁？对了，就是"钢铁侠"埃龙·马斯克（Elon Musk）！

金布尔·马斯克是埃龙·马斯克的弟弟，哥哥身价过百亿美元，弟弟身价几十亿美元。这些年来，哥哥埃龙忙于造电动车特斯拉，发射、回收火箭，并计划挖隧道造地下高铁等，成为名副其实的硅谷"钢铁侠"。

与仰望浩瀚星空的哥哥不同，金布尔·马斯克只盯着方寸大小的餐桌，决心把横行上百年的精加工食品赶出这片领地，推广非工业化健康饮食的理念。相同的是，他们搞的都是颠覆性的东西。最初，兄弟俩合伙创办了一家研发建筑软件的公司，后来他们将公司以 3.07 亿美元的价格卖了，当时，金布尔年仅 23 岁。有了第一桶金之后，哥哥埃龙继续留在硅谷开始了他开挂的人生，金布尔虽然也有这个实力，可他觉得成为一名硅谷大佬不是他的追求，他真正想做的是一名"厨子"。

金布尔直接从加州搬到了纽约，并进入纽约国际烹饪学院开始学做菜！这给人感觉似乎就是，身价过亿的青年才俊，本来在硅谷也能搅弄一番风云，却开开心心地去了"新东方烹饪学校"……

金布尔可不管别人怎么想，从烹饪学校毕业后，他迅速投身到饮食行业，并频频掀起巨浪，让人们知道一名"顶级吃货"应具备的自我修养。

他创立了被称为"美国顶级餐厅"的 The Kitchen，这是一家自己种植食材的家庭式餐厅，专门提供脱离工业化体系的食物，但太贵了，普通人吃不起。

金布尔思考了一下，又创建了覆盖全美的连锁餐馆 Next Door，通过与本地有机农场合作，让食物"刚下田头，就上灶头"，从而缩短了产业链，同时也大幅削减了成本，让普通大众也消费得起健康安全的美食。

他还建立了普及食品教育的组织 The Kitchen Community，为全美超 24 万名学生提供亲近自然、学习食物的机会，帮助孩子们从小就建立健康饮食的理念。

……

再就是投资建设垂直农场。只不过，他的垂直农场跟我们前面介绍的不太一样，他把农场放在一个个集装箱里，然后把集装箱安置在废弃的停车场。

这些可不是普通的工业集装箱，里面有传感器、照明系统、精密灌溉管道、气候控制系统等高科技设备。他们利用数字和模型来改变植物的生长环境，根据客户需求来定制蔬菜，比如你想要比较甜的植物，他们就能为你生产出更甜的植物。金布尔的公司也在积极探索太阳能发电，毕竟电力是这项计划最大头的成本。

同时，他也在招募更多企业家参与建设垂直农场，他经常跟募集来的企业家说："怎么种不是难题，难的是怎么把果实送到每家每户的餐桌上。Square Roots 可能解决不了这个问题，但是从这里出去的人，前途不可限量。要做食品界的亚马逊。你们当中总有人能做到。总有人。"

除了发源地美国，还有一些国家也有了垂直农场的雏形，生产的食品已经能在超市中见到——比如地狭人稠的岛国日本。

2011 年福岛核事故之后，日本的很多土地无法再用来种植，消费者也不再相信他们的食物。于是日本企业开始投资垂直农场，政府、高校和科研单位也给予大力支持，如今，日本的垂直农场已有 150 多家，在全球遥遥领先。

目前，日本最大的垂直农场是 Spread，多种蔬菜从播种到收割都能由机器人来完成，所使用的机器人具备图像识别功能，通过对图像特征的识别来判断作物的成熟情况，这大幅度提高了生产效率，可节省约 50% 的人力成本。

日本的垂直农场中的机器人正在采摘草莓

在阳光明媚的新加坡，垂直农场的外层由玻璃构成，不需要人工光照来促进作物生长。可移动植物架上种植着各类蔬菜，每层架子不断旋转，架子转到最上面时能晒到日光，温度较高；转到下面时，温度下降，温度的变化让蔬果更鲜甜。

新加坡垂直农场

在"牧场之国"荷兰，有一家名为"植物实验室"的垂直农场企业，他们采用荷兰飞利浦公司研制的高效率 LED 光照系统，大幅降低了垂直农场的用光成本。此外，韩国、古巴、阿联酋等国也纷纷试水垂直农场。

这样的农场，能不能在中国落地生根？

上面这些试水垂直农场的国家，其实都是利用自身优势大幅冲淡了高成本，从而使垂直农场具有了落地生根的可能。

美国有技术，又有类似金布尔·马斯克这样有魄力的人才。日本、荷兰、韩国等国靠的也是技术，比如日本的机器人，荷兰的 LED 光照系统。新加坡、古巴、阿联酋等近赤道国家，靠的则是充足的阳光。

但即便这样，垂直农业的大规模推广仍然"道阻且长"，种植的食物在市场的占比基本可以忽略。

那么，中国要不要发展垂直农场？中国城市规模的急速扩张与城镇化的不断推进，加剧了建设用地短缺与农田保障的矛盾。提出垂直农场概念的迪克森·德波尔教授曾表示，最应该推行垂直农场的国家其实是中国和印度。

库叔认为，对于优点与缺点同样明显的垂直农场，盲目推进或避而不谈都是不理智的，最好的方法是利用垂直农场的长处结合自身国情，发挥垂直农业应有的优势。

光谈理论太虚，我们来举个例子。以城中村改造为例，我们可将城中村改造成集居住和现代化生产结合的垂直农场。

城中村改造，一直是城市规划中一个比较头疼的问题。如何改造？改造后如何安置村民？改造后村民如何谋生？

如果能在原来城中村的基础上，建成一栋栋垂直农场，既能居住又能生产，这样就既可以解决村民安置的问题，也能解决就业问题，同时还能为城市居民提供新鲜的农副产品，改善城市生态环境。

再比如，中国在城市发展中产生了很多烂尾楼，如果能利用相应的农业技术，在烂尾楼里建垂直农场，一能通过垂直农场的循环技术处理城市废弃物，二能美观城市环境。一举两得，岂不美哉？

不管怎样，垂直农场给我们解决食品问题，以及城市问题提供了新的思路，拓展了我们的思考空间。诚如中国台湾作家吴明益所说:"学习如何用不侵犯其他物种权益的方式来供应自己所需,才是垂直农场最迷人的地方。唯有朝着这个方向思考,我们才能拥有一个活着的,有灵魂的城市。"

参考资料:

《垂直农业:梦想能否照进现实?》| 科技信息报

《浅析垂直农场在城市中的应用》| 中国水运

《以后 97 亿人都靠它吃饭,这项新技术逆天了》| 微信公众号"玩物志"

《摩天大楼里种大田——走进各国垂直农场》| 中国国土资源报

《"垂直农场":又一场新农业变革?》| 中国科技奖励

《垂直农场:是海市蜃楼还是城市绿洲?》| 园林杂志

撰文:李浩然

02

央视曝光"黑幕"，有机食品的噱头到底有多大？

导语：央视曾曝光了有机蔬菜的"黑幕"：贴标签身价暴涨 10 倍，多有农药残留，生产过程使用化肥……

在人们对生活质量要求日益提高的今天，"有机食品"成为一个备受热捧的概念，只要穿上了"有机"的外衣，价格就能翻番上涨。究其原因，是人们相信有机食品更加"安全""健康"，但如今曝出的现实，却让人大跌眼镜，也让人意识到自己其实对"有机食品"知之甚少。

许多人对于有机食品的认识或许都存在着误区，甚至可能并不了解到底什么是有机食品。

这里就挑选了 5 个最受关注也争论最多的问题，为大家一一解析。

有机食品为什么造假泛滥？

要想明白有机食品为什么"假货多"，首先得知道到底什么是真正的有机食品。

有机食品的"有机"，说的是其生产方式，相对应的概念，不是"无机食品"，而是"传统食品"或者叫"常规食品"。

世界各国对于"有机食品"的定义不完全相同，一般的要求包括：

物种（粮食、蔬菜、水果、牲畜、水产、蜜蜂等）未经基因改造；

生产过程不得使用传统农药、化肥、人粪便、生长调节素、饲料添加剂等非天然物质；

产品的加工过程不能进行离子辐射处理，不得使用食品添加剂等。

那么，重点来了：有机食品不能使用的是"传统农药"和"化肥"，而不是"农药"和"肥料"。

实际上，各国都有用于有机生产的农药和肥料名录——它们的特征是"容易降解"，而不是"无毒"。

此外，虽然化肥绝对不能用，但跟许多人想象的不同，农家肥也不是自带"有机属性"——未经处理的农家肥同样不符合有机标准。

中国的有机生产由2005年4月1日实施的《有机产品国家标准》（GB/T19630-2005）来规范。这份标准详细规定了有机产品生产、加工、标示和管理的各种要求。

而有机食品之所以造假泛滥，关键就在于界定"有机食品"的唯一标准是其生产过程，而有机食品的"产品标准"并不存在。

也就是说，生产出来的成品食品——摆在超市或餐桌上的一棵蔬菜或者一块肉，你根本无法通过检测判断它到底是不是"有机"。

有机食品，只能通过生产过程来保障。而这种保障，又是通过政府授权或者认可的"独立机构"（比如本次事件中的北京五岳华夏管理技术中心）来认证的。这判断的仅仅是一个"准入资格"，只能保证生产者"达到"了有机标准的要求。至于生产者拿到认证的过程是否有假，拿到认证之后是否严格遵守有机标准，认证制度无法约束，就只能依赖于生产者的"良心"。在贴上"有机标签"就能涨价几倍甚至十几倍的诱惑面前，有多少"良心"能够得到坚守实在是很难说。这次有机蔬菜事件之所以引起众怒，就是因为打着"有机"的幌子却在实际的生产过程中使用化肥。

有机食品更安全吗?

许多人愿意购买有机食品的原因是相信它"更加安全"。从理论上说,不使用化学农药就不存在化学农残;不使用化肥和"植物激素",也就不用纠结它们是否有害;加工过程中不使用食品添加剂,看上去也似乎更让人放心。

但"有机"不是免罪金牌,化肥、农药也没有"原罪"。食品安全有自己确定的衡量标准。

不管是化肥、农药,还是植物激素或者食品添加剂,之所以能够被批准使用,就是经过了广泛的安全评估,只要"规范使用"的话就不会危害健康,就是安全的。

生产者的"非法使用"才会给食品安全带来危害。人们往往会先入为主地认为传统食品生产中不规范的行为更多,但这次事件揭示了,"不遵守规范"不仅存在于传统生产者身上,问题对有机生产者其实是同样的,只有"规范的有机生产"才能称得上安全。

因此,同样规范生产的有机食品和传统食品,说不上谁比谁更安全。所谓"有机食品更安全"的结论,是拿"不遵守规范的传统生产"跟"规范的有机生产"相比较而得出来的。

而且,即使是符合有机生产规范的产品,也并非大家想象的那样"安全"。

比如中国台湾成功大学的科研人员从市场上购买了不同来源的"散养鸡蛋"和"笼养鸡蛋"进行测量,结果发现"散养鸡蛋"的二噁英含量是笼养鸡蛋的 5.7 倍(二噁英是一种存在于自然环境中的致癌物)。

欧洲也进行过多项类似研究。2006 年荷兰学者发表过一篇综述指出:荷兰以及其他欧盟国家的"有机鸡蛋"中的二噁英含量,明显高于"笼养鸡蛋",其中有相当大的一部分甚至高于欧盟所允许的安全标准。

2016 年第 11 期的《食品保护杂志》,发表了美国疾控中心工作人员的一篇报告,报告总结了他们的食品安全事故中跟有机食品有关的案例,共有 18 起,总共 779 人中招，其中 258 人需要住院，3 人死亡。

食品是否安全，跟"有机"无关。

有机食品更有营养吗？

有机食品备受推崇的另一个原因，是许多人相信"有机食品更有营养"。

事实如何呢？关于有机食品和常规食品营养价值方面的比较非常多，但结论并非一边倒，支持和反对的数据都能够找到一些，偏听偏信恐怕得不出正确的认识。要得到有代表性的结论，需要把所有这些数据汇总起来进行分析。

2009 年 9 月的《美国临床营养杂志》发表了一项研究，就对过去几十年间发表的相关论文进行了系统整理。

研究者收集整理了以往 55 项高质量的论文，几乎涵盖了所有这方面的研究。经过统计分析，他们得到的结论是：在 11 类营养成分中，有 8 类的含量有机和常规产品没有差异；其他 3 类营养成分中，有机产品的氮元素低一些，而磷和酸的含量高一些。

也就是说，有机产品与常规产品在大多数营养成分上没有区别，而 3 类存在差异的营养成分呢，其实差异值极小，都在几个百分点的范围内——这个幅度的差异，从营养角度来说并没有什么价值。实际上，氮、磷的含量到底是高一些好还是低一些好，营养学上也并没有定论。

这项研究是英国食品标准局（FSA）委托伦敦卫生与热带医药学院（LSHTM）进行的。数据很完善，分析很严谨，最终所得到的结论就是——"有机产品和常规产品在营养方面没有差异"，该结论也就作为了 FSA 的官方态度发布。

这样的状况不只在英国存在，其他的农业或者食品监管机构，比如美国农业部（USDA），也从未表达过"有机食品在营养方面比常规食品更好"的态度。

有机食品更好吃吗?

还有很多人认为"有机食品更好吃"。

我们需要先搞懂"好吃"指什么,决定"好吃"与否的条件又是什么。

好吃说的是食物的风味,这主要取决于品种、种植条件、采收时机、保存条件以及加工方式。这么多因素中,"有机"能体现出不同的,只有"种植条件"这一项;而这种不同,到底能产生什么影响还未可知,只是"有可能"使风味更好,而并不是"必然使风味更好"。

当然,现在有机蔬菜和水果的产销链通常会更短,可以把蔬果保持到更好的成熟状态再进行采收,从采收到食用的保存周期也可能缩短,这些因素会让蔬菜水果的风味大有提高。但是,这跟"有机"本身并没有什么直接关系,因为更短的产销链并非有机生产的"自带属性",常规蔬果缩短产销链,同样能变得更好吃。

相比蔬果,"有机"肉类在风味上可能确实略占优势。

有机养殖的禽畜生长期会更长,活动会更多,反映在肉质上,会比常规的"速成养殖"更为筋道,风味物质的积累也可能会更多一些。所以,有机肉类就可能会比常规的肉类肉质更好。不过,人们很少会直接食用生肉,摆上餐桌的肉,风味口感如何更多地受到烹饪的影响——多数情况下,烹饪方法和烹饪技术的影响,甚至比肉质本身还要更大。

有机生产对环境更好吗?

有人可能要问:就算有机食品作为食物并没有什么优势,有机生产过程也总该对环境有益吧?

很遗憾,未必。

诚然，有机生产的提出，主要就是针对"绿色革命"所带来的"副作用"。

"绿色革命"是发达国家在第三世界国家开展的农业生产技术改革活动，主要目标是生产更多的食物，化肥和农药正是实现这个目标的基石之一。这在快速增产的同时也带来了相当严重的环境负担：化肥的大量使用造成了许多水域的杂草和藻类疯长，降低水体含氧率，从而破坏了鱼类贝类的种群；农药的残留对它们以及昆虫和鸟类也都造成影响；此外，化肥和农药的生产过程本身，也会排放大量的废气废水等污染物。

"有机食品"脱离了化肥和农药的使用，看起来是"环境友好"的，对于一块具体的土地来说，有机种植的确有益，对于其周围的生态保护也有积极意义。但有机食品的一个"致命软肋"，却很可能让其总体环境效益大打折扣，甚至得不偿失。

这个"软肋"就是产量。

有机种植的耕种成本要远远高于常规种植，产量却无法跟常规种植相比。虽然在特定实验条件下，"有机试验田"也可以获得与常规种植接近的产量，但"成功"却是不可推广的。为什么呢？最简单直接的原因，是因为有机种植难以提供充足的养分。氮肥是植物生产必不可少的，不管是化学氮肥还是有机氮肥，必须保证有足够的肥料，才能长出足够的食物。然而大规模地获取"有机氮肥"并不现实，在同一块土地上通过"有机氮循环"的方式来获得氮肥，并不足以达到使用化肥的产量。

因此，想要通过有机种植为人类提供同样多的食物，就只能开垦更多的土地。耕地是人类相当稀缺的资源，如果大量采用有机种植，很难说我们是否还有足够的土地用于耕种。而强行扩大耕地规模，向山、向水要地，以往的历史教训历历在目。当我们去耕种那些本来可以保持"原生态"的土地，不管采取如何"有机"的操作，也都是对生态环境的破坏。

产量上的"先天不足"，让有机种植"看上去很美"的环境效益变成了"拆东墙补西墙"的游戏。

简而言之，无论是对食品安全、营养健康，还是生态环境，有机食品其实都没有实质性意义。对"有机食品"的追捧，可以说噱头远远大于实际，只不过是现代人缓解内心焦虑，或者显示消费层次的一种方式而已。

撰文：云无心　美国普渡大学生物与食品工程专业博士、科学松鼠会科普作者

03

美国公布最脏的 12 种蔬果，
背后究竟暗藏着……

导语： "最脏的 12 种蔬果"再次刷爆朋友圈，草莓连续三年稳居"最脏"之榜首！

上榜的还有菠菜、樱桃、苹果……

这种说法在朋友圈里传来传去。消费者不禁发出疑问：这份榜单可信吗？这些"最脏"蔬果还能吃吗？

库叔告诉你真相：这些纯属胡扯。

所谓"最脏蔬果"，用自来水冲洗一下就能吃。

谁制造了"最脏蔬果"？

制作"最脏 12"以及"最干净 15"蔬果榜单的始作俑者，是美国一个叫作"环境工作组"（Environmental Working Group，简称 EWG）的环保组织。

它既不是政府监管机构，也不是学术机构，只是一个提倡环保、推广有机产品的民间机构，不承担任何实际检测工作。

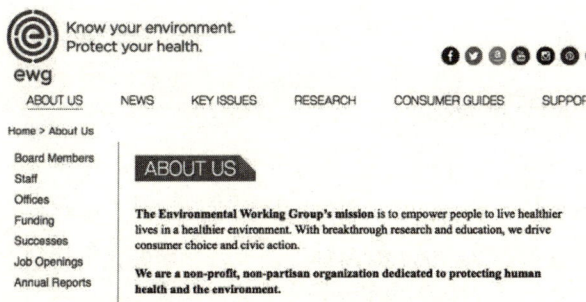

环境工作组（EWG）的官网介绍

"最脏12"，是"环境工作组"对美国农业部（USDA）的农药数据项目（Pesticide Data Program，PDP）中的数据进行的解读。

环境工作组（EWG）依据各种蔬果中农药残留种类数目及平均含量进行排名。

根据这个思路，受检的蔬果中，有70%的蔬果中至少被检测出了一种农残。

其中，草莓的农残种数最多，因此成了"最脏水果"。

紧随其后的是菠菜、油桃、苹果、葡萄，都是常见的蔬果。

环境工作组（EWG）顺势推出了他们的主张：要安全，吃有机蔬果。

环境工作组（EWG）官网文章：《草莓位列最脏果蔬排行榜之首》

一套数据，两种解读

农药数据项目（PDP）的农残数据是官方机构对上市农产品的监测结果。

在美国，环保署（EPA）对各种农药在食物中的残留量制定了一套"限量标准"。

意思是"只要不超过这个标准的农残，其带来的健康风险可以忽略"。

如果某种蔬果的农药含量超过了限量标准，或者检测到了不在标准种类范围内的农药，就会被通报给食品与药品管理局（FDA）。

近年来，一系列检测结果表明：虽然农残的比例很高，但绝大多数含量都远远低于环保署（EPA）的限量标准。

所以，美国农业部（USDA）得出结论：大家不需要担心市场上的农产品安全性。该机构从来没有表示"有机产品更安全"。

而环境工作组（EWG）的结论是"常规蔬果不安全，应该吃有机蔬果"。

这两个互相矛盾的结论来源于两个机构对于食品安全的不同理解。

美国农业部（USDA）认为：决定蔬果是否安全的标准不是"是否检测到农残"，也不是"检测到多少种农残"，而是"检测到农残是否超标"。

毒理学上有一个原则叫作"万物皆有毒，只要剂量足"，换成网络流行语就是"脱离剂量谈毒性都是耍流氓"。

能否检测到农残，跟种植环境和检测技术密切相关。现在的检测技术极为先进，从远处的水和空气中漂移来的微量农药也可能被检测到。

专业人士制定出的"限量标准"是在考虑了各种不确定性之后留下了很大安全余量的"保守标准"。

只要低于这个标准，就能够保证安全；超过这个标准也不见得有害，但要"当作有害"来执法，由此保护公众安全。

有机蔬果农残也不少

环境工作组（EWG）完全不认可美国农业部（USDA）的逻辑——尽管这是食品安全的常识。

他们鼓吹"只要有农残就不安全"。

在公众的心目中，有机产品意味着"无农残"，所以，选择有机产品似乎就顺理成章了。

但是，"有机蔬果无农残"这个概念是错的。

一方面，有机农业会使用"有机杀虫剂"，如果去检测的话，种类也不会少；

另一方面，有机农产品也允许检出"合成农药残留"，只要其含量低于环保署（EPA）"限量标准"的5%，就被认为是"非故意使用"而达标。

实际上，农药数据项目（PDP）检测样品中有一部分是有机产品，同样检出了多种农残。

例如，平均每个有机草莓样品检出的合成农药有5.2种，75%的检测结果低于环保署（EPA）限量标准5%，因而符合"有机标准"。

也就是说，按照环境工作组（EWG）"检出农残"和"农残种数多"就不安全的标准，他们推荐选择的有机产品也不安全。

有趣的是，价格更低（美国某线上水果商店显示有机草莓比普通草莓贵2美元）的普通草莓中符合"低于环保署（EPA）限量标准5%"的比例是76%，达标率比有机草莓还要高。

环境工作组（EWG）被瞬间打脸。

更让环境工作组（EWG）颜面全无的还有"最脏12"中排名第2的菠菜，平均每个有机样品"检出"的合成农药是7.7种，其中80%满足"低于环保署（EPA）限量标准5%"的要求。

实际上，普通菠菜中符合这个标准的比例也是80%。

Driscoll's
Strawberries
★★★☆☆
approx. 16oz
$4.99/ea

Driscoll's
Organic Strawberries
★★★☆☆
approx. 16oz
$6.99/ea

美国水果公司 Driscoll's 线上售卖普通草莓（左）和有机草莓（右）的价格
（普通草莓的评价比有机草莓多半颗星）

其他蔬果的情况类似：同一类的蔬果，有机产品价格更贵，但是在农药残留上并没有少很多。

环境工作组（EWG）通过选择性地呈现数据来误导消费者，引导消费者购买他们推荐的有机蔬果。

真相是：它们更昂贵，却不见得更健康。

因此，所谓"最脏水果"的说辞不值得国人"惶惶不可终日"，何况，那说的是美国水果。

撰文：云无心　美国普渡大学生物与食品工程专业博士、科学松鼠会科普作者

04

为什么西红柿越来越难吃了？
背后隐藏着整个人类的危险和机遇！

导语： 现在大规模密植的西红柿，从苗开始就注入调节剂（激素）促进生长，后期再催熟，大大缩短了植物整个的生长期和果实成熟期。然而，化肥、农药和激素的使用会大大冲淡西红柿原有的风味。

于是，农业育种家在品种选择上便向这方面努力，在纷繁多样的西红柿品种中，将小而丑的品种逐渐淘汰掉，最后就形成了我们现在食用的这样又大又好看的西红柿。

西红柿炒蛋作为中华经典名菜长盛不衰，可见西红柿在日常饮食中的重要地位。

可为何现在的西红柿越来越难吃，缺少西红柿特有的口感和本真的香味呢？

很多人可能都有这样的体验：刚从超市买回来的西红柿放在桌子上，不小心碰到地上，却毫发无损。

甚至有时候将西红柿抛起来，掉在地上滚来滚去停下，最后仍然完好！

一些上了年纪的老人有时回忆起以前的西红柿，那是在自家院子里栽种的：皮薄、汁浓、味好，都能当水果吃。

这不禁引发了我们的思考：现在的西红柿到底怎么了？

这样的西红柿，是我们自己选的！

西红柿最早起源于美洲的安第斯山脉地带，在秘鲁、厄瓜多尔、玻利维亚等地，至今还有大量的野生品种分布。

早在 15 世纪末，印第安人最早开始种植西红柿。

18 世纪初，西红柿传入欧洲，西班牙殖民美洲大陆时，开始作为食物从墨西哥传遍全球。

西红柿基因可以控制西红柿的颜色、形状和大小。现在我们在农贸市集上看到多种多样的西红柿，但是，实际上，这还只是西红柿基因组中很少的一部分——现在我们所种植的西红柿品种占西红柿基因池的 5% 都不到。

由于人们很在乎"颜值"，喜好又大又美的西红柿，消费者的喜爱，自然就成为生产者跟进的方向。

于是，农业育种家在品种选择上便向这方面努力，在纷繁多样的西红柿品种中，将小而丑的品种逐渐淘汰掉，最后就形成了我们现在食用的这样又大又好看的西红柿。

然而，这样的选育并不会让西红柿变得味道更好，甚至可能还与美味相互矛盾。

比如说，有一个名叫 SlGLK2 的基因，现在我们在超市里看到的常见西红柿品种都携带它的突变体。这个基因原本的作用是在发育的果实中促进叶绿体的生产和分配，而突变使基因失活。这个突变使西红柿果实的颜色变得非常均匀，因此它被选育者看中了。

但同时，这对糖分和香气物质的生产却是不利的。

需要明确的是，现代西红柿品种所缺少的这些风味并不是在一次选育中突然丢失的，而是逐渐累积的结果。

我们只能吃"硬西红柿"？

除了"颜值"，让我们选择"硬西红柿"的更重要因素是规模化农业对经济效益的追求。

为提高效益，就必须提高产量，所以必须加大化肥、农药的使用量。

而且，现在大规模密植的西红柿，从苗开始就注入调节剂（激素）促进生长，后期再催熟，大大缩短了植物整个的生长期和果实成熟期。然而，化肥、农药和激素的使用会大大冲淡西红柿原有的风味。

此外，西红柿长途运输与保鲜也迫使我们不得不适当提前采收西红柿，而且要想方设法让西红柿的表皮长得再厚一些、再硬一些，果实里面的汁液少一些。

如果不选择表皮比较厚的品种，在运输中就容易破损；如果不早点儿采摘，在运输中也就很容易腐烂。

由此看来，工业化的农业生产方式正在改变我们的食物体系。

其实，自现代农业加速工业化以来，伴随而来的规模化弊病也受到大家越来越多的关注，其中最重要的一点就是，农产品逐渐失去了应有的特点，已经被改造得像工业产品那样，失去了灵性。

除了西红柿，好多规模化种植的农产品没有以前那么好吃了。

"可怕"的工业化农业

工业化农业最发达的国家当属美国。

曾几何时，美国的农业被认为是发达国家农业现代化的标志，他们以只占国家 2% 的农业人口养活了全美国人，而且成了世界上最大的农产品出口国。

美国农业最大的特征就是大区域布局、大农场经营、大规模机械化、大规模化学品投入、大空间运输。

在美国西红柿的主要产地佛罗里达州，西红柿还在育种时就选择硬果品种，西红柿还很青涩时就开始采摘，这样能够减少采收次数，降低劳动力成本。

更可怕的是，为降低成本，美国的农业生产还大量使用了来自拉丁美洲的廉价劳动力，他们不像中国的农民一样拥有自己的土地，只是作为农业工厂里工人的一部分，不但要承受艰辛，而且还要饱受化学投入品的污染。

也就是说，采用欧美现代化农业生产方式生产的西红柿不仅品质不高，还显露了资本主义生产的剥削性，它不仅仅是一个经济问题，而且还有社会问题。

今天的国人普遍向往美好的生活，显然不是有得吃就能满足了，还是想吃得更好一些。

这就天然形成了一个机遇：谁能破解工业化农业的弊病、在品质上实现新的提升，谁将赢得农业的未来。

如果能实现本地化供应，问题也就迎刃而解了——我们完全可以种那些好吃的老品种，也可以在成熟度达到九成以上再采摘，然后就近送到城里的消费者手中。

然而，现实的情况是，要实现农产品完全的信息对称和产销对接，目前还非常困难——即使种出了这样好吃的西红柿，城里的菜贩子也很难接受，因为一旦当天卖不掉，就只能倒掉。

显然，问题比我们想象的复杂，仅仅批评和抱怨是没用的。

校正工业化农业弊端需要新的智慧，使其逐渐符合经济学和社会学的逻辑，才能持续下去。

想吃原汁原味的西红柿得这样做

幸好，互联网时代，科技的不断发展为我们提供了新思路。

在四川省，有一个叫王燕的姑娘，坚持种好吃的老品种，然后在本地寻找销售渠道，运用互联网把自己种植的西红柿及时销售给附近的消费者，以及长期有固定需求的餐馆、酒店。皆大欢喜。

这也在启示我们：只要信息对称了，完全可以实现蔬菜的本地化供应，而不再需要长途奔袭，现有的层级批发及销售体系也完全可以去掉中间化。

这也将是一场互联网和科技带来的农业供应体系的革命。

要实现这一点，就要从生产者与消费者的互信开始。

今天，他们之间还存在着难以捅破的信任藩篱。其具体表现是，城市人对农产品的质量和安全，有着难以名状的不信任，不管是绿色认证还是有机认证，甚至是国外的认证，他们可能在心底里依然都觉得不可靠，这很大程度上是一种心理层面上的，而不是物理层面上的不信任，需要从心理上建立一种可以信任的机制。

要建立这种互信，必须从宣传真实的农产品开始。

在这一方面，成立于1977年的日本大地协会给了我们很好的启示——他们通过宣传，让城里的消费者认识到了真实的农产品生产。以往的宣传一般会让消费者误以为农产品可以长得很大、很美、很整齐一致，但在现实中是很难办到的，现实中的蔬果有的可能被日光晒伤，有的可能被冰雹打伤，还有的可能被虫叮咬后畸形。蔬果有大也有小，颜值有高有低，这就是真实的农产品。

当然，日本大地协会主要依靠口口相传，非常辛苦。今天，我们有了互联网，建立城乡之间的互信，已经显得触手可及了。

越来越多的城里人还有他们的孩子知道了真实的农村、真实的农业和真实的农产品是什么样子。

也只有在这种情况下，他们才允许农业可以有自己的特点和个性，接受其不完美。

农业生产方式悄然发生改变

在此基础上，许多新兴的农产品销售方式开始走进人们的生活，包括最初的电商销售，后来又演化为众筹、预售、领养等模式，让农业的生产方式悄然演变。

最近，社群电商又风风火火的兴起了。

社群电商相比依托于微信、微博等社交媒体的电商又进了一步。一般是以居民小区为单位，由小区内一个孩子的全职妈妈或者其他有闲暇时间的人，专门负责联系小区内需要健康食物的家庭，然后再与农村可以生产这些食物的农民对接。

这种模式最大的特点是以互联网为基础，实时、便捷、可追溯，大大增强了农产品生产者与消费者之间的互信度，加上快捷的支付、便捷的物流和日益完善的冷链配套，让一切井井有条。

这时候，城市人想吃早先那种有味儿的老品种西红柿就不再困难了——可以直接向农民下单，然后通过电商体系运送过来，中间还可以通过手机观察生产的过程，有什么问题可以实时与农民进行沟通。

不用经过那么多环节，也无需复杂的仓储运输加工，直接可以送到城里消费者的手中。

利用这种模式，除了西红柿，我们还可以吃上不用增白剂和其他添加剂的馒头以及各种原汁原味的农产品。

当然，任何新的生产方式总是离不开生产组织的创新。在大多数农户依然从事小生产的前提下，要让城市和农村逐一对接起来，依然有较大难度，还需要生产组织的创新。

但是，只要开始了这样一种可喜的探索，用科技去改变我们的生活质量就逐渐成为可能。

撰文：魏延安　共青团陕西省委农工部部长

05

一小块肌肉组织就能培养出
10000 公斤肉的逆天技术

导语：当下，肉类已是现代人餐桌上必不可少的食物，很多人甚至"无肉不欢"，几天不吃肉，生活好像也变得索然无味了。

人类对肉食的极度热爱，催生出一条巨型产业链。

根据英国广播公司 2018 年 10 月的报道，为了满足人类的食肉需求，全球每年要宰杀 700 亿只动物，而饲养这些动物要消耗大量的资源，比如全球约 70% 的农业用地被用来饲养动物，60% 左右的谷物都被养殖的动物吃了……

不仅如此，畜禽饲养还对环境造成了很大压力，根据联合国的报告，到 2030 年畜禽饲养业产生的温室气体将占全球温室气体排放的一半。

科学家预计，等 2050 年世界人口达到 96 亿时，如果人类继续大快朵颐地吃肉，食物生产系统对环境造成的影响可不是一星半点，而是至少增加一倍！

那么，能不能用科学手段制造出一种能够被人类普遍接受的替代性肉类，缓解压力呢？

最近，美国农业部和食品药品管理局就联合发布了针对细胞培育食品的监管方案，这种听起来有些科幻感的食品，就是一种"人造肉"。

"人造肉"靠谱吗？它离我们还有多远？

逆天技术，一小块肌肉组织培养出 1 万公斤肉

伊恩是一只漂亮的白羽鸡，从它身上提取的一些细胞，在实验室中被培养成了鸡肉，当人们在庭院吃着来自伊恩细胞的烤鸡肉时，伊恩却在院子里欢快地跑来跑去……这情景并不是科幻故事，而是美国一家高科技食品公司拍摄的一段研究实践的短视频。

伊恩的肉其实就是"人造肉"，这也并不是什么新思维了。早在 1931 年，温斯顿·丘吉尔就表示，人类的行为非常荒谬，好不容易养只鸡，但只吃鸡胸脯和鸡翅，把其他部分都扔了。他预测，有一天，人类不再会做这种蠢事，而能在合适的条件下专门培育想吃的那部分（这样就会避免浪费时间去养鸡头鸡屁股等）。

进入 21 世纪后，丘吉尔的梦想在实验室里被科学家变成了现实。不只是伊恩这只鸡能"捡回一条命"，科学家们也正在努力，让人类即便不宰杀动物也能吃到肉。在荷兰马斯特里赫特大学的实验室，马克·波斯特教授正在研究"人造牛肉"，他介绍说，利用"人造肉"技术，一小块肌肉组织能培育出 1 万公斤牛肉，一个瓶子里的干细胞一年能生产出养活 2000 人的肉。

这已经非常厉害了，要知道，如果按 45% ～ 50% 的净宰率来计算，一头 500 公斤的肉牛，最多只能产肉 250 公斤，1 万公斤牛肉就是 40 头牛的产肉量。"人造肉"技术很有可能掀起一场"餐桌上的革命"。

这项逆天技术怎么做到的呢？首先从活着的动物身上提取一小块肉，这块肉里有干细胞。然后把这块肌肉组织进行过滤，分离成为肌肉细胞和脂肪细胞，接下来把需要的肌肉细胞放置在培养皿中，并在培养皿中放入血清，血清会给肌肉细胞提供必要的营养物质，如氨基酸、维他命、碳水化合物等，让细胞觉得它仍然还在活体组织上，而不是被分离出去了，这样细胞能继续进行复制。众多细胞长成短短细细的黏性物质，不断增多后就会形成带状，同时不断膨胀，拉伸成类似肉丝的样子。随后，再加入一些脂肪细胞，粘结成肉块。

培养这种肉无需基因工程，因此它不是转基因产品。而且，在培育人造肉的过程中，人们可以控制各种脂肪的含量，使其更有利于人类健康，比如，加入 OMEGA-3 脂肪酸，生产出的肉类就有了保护心脏的功效。

早在 2013 年，波斯特教授就向人们展示了他培育出的第一块人造牛肉饼。虽然看起来跟正常牛肉饼不太一样，——颜色更浅，味道也更淡，但科学家指出，人造牛肉饼更温和的味道换来的是更高效的制造蛋白质。

尽管"人造肉"口感、营养和味道都和正常肉类相似，但也有人表示无法接受，因为实验室的食物总给人"反常"的感觉。

"人造肉"背后，是关乎人类生存的大问题！

爱不爱吃"人造肉"，完全是个人选择，但从更宏观的视角来看，科学家们如此费时费力去"造肉"，担忧的其实是人类乃至地球的未来。当我们大快朵颐吃肉的时候，不能忽略背后的危机。根据英国广播公司 2018 年 10 月的报道，为了满足全球 70 多亿人的食肉需求，每年要宰杀的动物已达 700 亿只！

巨量肉类供给的背后，是不堪重负的资源与环境。首先，从食物来看。畜禽动物也以谷物和油料籽为主食，如果仅以这两种食物进行计算，人类消耗的口粮和动物吃掉的饲料比例已达 6∶5。也就是说，动物饲料所使用的谷物和油料籽，快要赶上人类吃的了！更糟糕的是，成百上千亿只动物极大依赖于精加工饲料，而精加工饲料又依赖大规模单一种植（同一块地种同种作物，便于机械化耕作），这对土地和自然系统造成了巨大破坏。

其次，再看淡水资源。我们经常强调节约用水，因为地球非常缺淡水，但动物饲养、清洁和屠宰都要耗掉大量淡水，工业化养殖耗水量更大。有学者做过统计，目前全球淡水用量的 1/4 以上被用于养殖动物，工业化养殖的猪，每头所消耗的淡水比散养的猪要多 50%。

除此之外，猪、牛等都是"大块头"，它们的排泄和呼吸也极具破坏性，比如一头牛一天的排便量大约是人类的 23 倍。人类集中住在城市里，为了处理自身产生的粪便，会修建昂贵的处理系统，但养殖场肯定不会如此破费，于是，只修建露天粪池草草了事。

北卡罗来纳州（以下简称北卡州）是美国养殖业第二密集的州，养殖的动物数量已超过了其人口数量，所以这里有大量密集的工业化养殖场。2016 年，飓风马修肆虐美国东南，洪水紧随其后，北卡州许多养殖场池子里的粪便就随水进入了当地的水循环系统。

有人说，为什么不把这些粪便当成肥料？其实，这些集约化、工业化养殖产生的粪便，很难简单归田，因为里面含有大量抗生素、激素，如果贸然用在农田里，对土地造成的污染不可想象。还有动物呼吸产生的二氧化碳排放量，已经超过了汽车、火车、飞机等人类所有交通工具二氧化碳排放量的总和。

现在超市里卖的各种肉类都还算便宜，但它的价格上并没有体现出地球为此付出的资源和环境代价，如果把这两者也考虑在内，结果可能出乎意料！比如，淡水是畜禽食品生产中消耗较多的资源：每生产一公斤鸡蛋需要 3300 升水；每生产一公斤鸡肉需要 3900 升水；每生产一公斤猪肉需要 4800 升水；每生产一公斤奶酪需要高达 5000 升水；最令人惊讶的是，每生产一公斤牛肉需要 15500 升水……

也就是说，这些看起来的"廉价"，其实都在暗中悄悄标好了价格。根据科学家预测，到 2050 年世界人口将达到 96 亿，如果继续按照现有模式生产肉类，那会对环境造成进一步的暴击，影响至少增加一倍！

工业化养殖，悄然改变我们的食物体系

仅仅在 50 多年前，人类食用的大多数肉类还来源于自然环境中成长起来的动物。那时候人类种粮种菜，饲养牲畜家禽，都是混杂在一块进行的，畜禽有充分的活动空间，食物来源也很丰富，甚至还能自己跑出去觅食。

但进入 20 世纪后，以实现利润最大化为目标的工业生产方式，在农业中得到了广泛应用。生产者们发现，把畜禽集中在封闭的空间中，统一喂食特制

的饲料，可以使其繁殖速度变得更快，同时更肥壮。于是工业化农场诞生，首先是鸡，然后是猪和牛。

如此饲养，效果是立竿见影的，有数据显示，自 1925 年以来，美国白羽鸡从养殖到上市的平均周期已从 112 天缩减至 47 天左右，而其重量则从 2.5 磅激增至 6.2 磅，其他肉类也基本如此，这极大满足了人们的吃肉需求，人们终于能以低廉的价格"敞开吃肉"了。

随着人口的不断增长，以及与畜禽相关的营养学、防疫技术的发展，工业化养殖在全球渐次铺开，在产业最发达的美国，有超过 95% 的肉类来自工业化养殖场。但大家都忽略了畜禽的感受，那里的环境可能并不适合它们的成长。比如，鸡是一种喜爱社交、好奇心强，又很聪明的动物，但在工业化养殖场，它们的生活变得短暂且痛苦。

养殖者的最大目标就是让畜禽迅速达到屠宰重量。那里的小鸡不是通过鸡窝孵化，而是通过孵化器孵化出来，在它们刚刚能够站起来的时候，就会被分拣、打包，送到巨大的饲养场。

它们长期处于拥挤的环境中，很多都是终生不见阳光，一般散养家鸡的正常寿命为 3 ～ 5 年，但养殖场的肉鸡只能活 35 ～ 49 天，也就是一两个月，在如此短暂的生命周期里，它们必须长到大约 2 公斤，这是任何有机体都难以承受的残酷生长。

鸡身上的肉长得太快，但它们的骨架却长得没那么快，所以有的鸡最后只能趴在地上，因为它们的腿支撑不了增加的重量。更重要的是，在集约化养殖的条件下，几百头牛、鸡、猪挤在狭小空间里，一旦爆发传染病，基本就波及一大片。为了避免这种情况，只能在饲料里添加抗生素，美国食品药品监督管理局（FDA）曾发布的一份报告显示，美国每年生产的抗生素，70% 用于家禽家畜养殖。从食品安全角度来说，只要严格遵循相关标准，抗生素的添加不会对人类健康造成直接危害，而且动物在出栏前一段时间也会停止使用抗生素，使其通过代谢从动物身体排出。但从长期来看，每次抗生素的使用，细菌间都会进行残酷的优胜劣汰，总有能抵挡抗生素的细菌生存下来，然后疯狂生长。可以说，抗生素加速了细菌自然选择过程，长此以往就会出现对抗生素不敏感的"超级细菌"。

优点亮眼，但硬伤也很扎眼

资源压力、气候变化、动物福利、人类健康……种种因素催生出"人造肉"发展，与工业化养殖生产出的肉类相比，"人造肉"的优点显得很亮眼：生产同样重量的一块牛肉饼，实验室培育能节约 99% 的水，减少 93% 的土地消耗，降低 90% 的温室气体排放，减少 46% 的能源消耗。而且"人造肉"还能减少对人体健康造成的负面影响。

目前美国、日本、荷兰等多个国家的生物公司都在致力于开发"人造肉"。早在 2013 年，比尔·盖茨就曾在《未来的食物》一文中指出，获得肉类食物会消耗大量资源，未来我们不可能为 90 多亿人类生产肉类，但又不能要求每个人都成为"素食主义者"。

基于这样一种担忧，同时也看到了其中蕴含的商机，比尔·盖茨和很多知名投资人在 2018 年投资了美国"孟菲斯肉类公司"，进行"人造肉"的研究和生产。近几年，硅谷也掀起了一股食品科技创业、投资浪潮。据研究机构估算，"人造肉"未来市场规模有望达 64 亿美元。

当然，谈到肉类消费就不可能绕开中国，国外对中国"人造肉"市场也充满信心。根据国际贸易中心的数据，作为世界上最大的肉类消费国之一，2016 年中国肉类的进口价值超过 100 亿美元，这也意味着肉类替代品在中国有巨大市场。但是，美妙的展望背后还有骨感的现实，要让"人造肉"真正走向餐桌，还面临一系列难题。上面介绍的制造步骤看起来简单，但实际操作起来难度却很大，比如细胞培养时，极易受酵母菌和霉菌的污染，整个培养过程需要严格的无菌环境，需要恰如其分的营养，同时又保证适宜的酸碱度、渗透压、温度以及二氧化碳等，这可比养鸡、养牛操心多了！

培养基的选取也十分关键，目前很多实验室用的都是胎牛血清，但胎牛血清太贵了，而且很难实现量产。细胞分裂的速度也是一个问题，目前细胞培养时分裂速度还是太慢了，这样产量就上不去。

所有这些问题，最终都酿成一个最大难题——居高不下的成本。2013 年世界上第一块人造牛肉饼问世时，成本高达 32.5 万美元！如今，孟菲斯肉类公司制造的不足一斤的牛肉，成本仍高达 2400 美元，这样就很难被市场接受。还有"人造肉"的监管问题，也让人很头疼，在美国，这种新型肉类由谁来管，美国政府也搞不清楚——美国农业部（USDA）负责规范屠宰场的肉类、家禽以及鸡蛋生产，而食品和药品监督管理局（FDA）负责监督食品添加剂，"人造肉"并不适用于现有的监管规定。

　　不过，最近这个问题有了新进展，2018 年 11 月 16 日，美国农业部和食品药品监督管理正式就细胞培育肉类产品的商业化制定了规则框架。根据这一框架，FDA 将发挥其管理细胞培养技术和活生物系统的经验，负责对人造肉制造过程中涉及的的细胞收集、储存和培育等方面进行监管。而农业部将主要监管食品的生产、质检等。分析人士认为，新监管框架的确定，对"人造肉"早日上市是一个利好消息，因为这会对行业发展提供更专业的指导，提升消费者对人造肉类食品安全的信心。

　　不管怎样，"人造肉"给我们解决未来的吃肉问题，提供了新思路，拓展了我们思考的空间。正如库叔一位研究食品的朋友所说，用不侵犯其他物种权益的方式，来供应自己所需，才是"人造肉"最迷人的地方。

参考资料：

《人造肉：餐桌上的革命》| 世界周刊，央视网

《简艺：吃肉背后不可不知的八个常识》| 简艺，微信公众号"CC 讲坛"

《皿食：争议未来之肉》| 彭卓，新华网

《细胞培养"人造肉"会缔造一个新的食物时代吗？》| 谢玲，中国日报

《准备好了吗？"人造肉"要上餐桌啦》| 中国科普网

撰文：李浩然

06

让中国人焦虑的杨絮背后，
隐藏着"拯救"北京的秘密！

导语： 春天来了，北京和其他很多城市满城飞絮的日子也到了。

库叔作为敏感体质，不得不戴上口罩，捂紧衣领，防止过敏。

相信不少读者也跟库叔一样，因被飞絮包围而苦恼。

那么，为什么会有这么多飞絮？没有治理办法吗？

飞絮虽恼人，但库友们知道，在 20 世纪 70 年代，带来飞絮的杨树和柳树曾拯救北京的 800 万人吗？

且听库叔为你一一讲述。

飞絮有多可怕？

不知道库友们有没有听过这样一则新闻：

2015 年春天，某位两届奥运会冠军得主将自己小区内的八棵杨树横腰砍断，只剩下不到 10 米高、光秃秃的树干，被其他住户举报。砍树者声称是为了"治理飞絮问题"，随后城管介入调查，也认同了她的说法，不予追究责任。

当时正值北京满天飞絮的时节，该事件也引发了人们对于该不该砍树的讨论。那飞絮与杨树有何关系，又给生活带来了什么样的影响，引得奥运冠军要砍树来"治理"？

其实，飞絮是杨树和柳树等植物种子成熟炸裂的自然现象。

杨树、柳树分雄株和雌株。雄株不飞絮。雄株的杨树在早春就开花，花序大多呈褐色或深红色，很像毛毛虫，开完就掉落，不转化成絮。雄株的柳树情况与杨树类似。

雄杨树的花絮

漫天的飞絮，都来自雌株。春天，正是雌株繁衍后代的好时机，它们生长出的花序上有很多小球，小球长大变圆后胀破，露出棉絮状的"絮"。这些"絮"都是种子，借助风力及昆虫，被传播出去，完成繁衍。

雌杨树花序的"絮"更凝聚

雌柳树花序的"絮"更纤细、分散，可随风飘很远

北京种植的杨、柳树品种主要包括毛白杨、加拿大杨、旱柳、垂柳等。目前，北京有杨、柳树雌株 200 万株，以杨树居多，主要分布在朝阳、海淀、丰台三个区，集中于公园、河道两侧、高速公路两侧、老旧小区等区域。

每年春天的"繁育盛宴"，一棵雌树能产生一公斤的飞絮，临街数以百万计的雌树群几乎同时飞絮，虽然无毒，但也让整座北京城"疯狂"。

飞絮的飘散首先威胁的是人们的健康，尤其是敏感体质人群。一到春天，北京市所有医院门诊的接待人数都会激增，相关科室一个医生平均每天能接待 20 ～ 30 个因为飞絮而过敏的人。

飞絮接触人的皮肤，可能会造成皮肤过敏，瘙痒，眼睛红肿；若不幸进入呼吸道，可能引发咳嗽和呼吸道水肿，更严重者可能会加重哮喘、慢性支气管炎等呼吸道疾病。飞絮还可携带病菌，产生交叉性传染。

其次，威胁公共安全。飞絮体轻易燃，影响范围大，10 平方米的飞絮遇到明火能在 2 秒内烧完。

曾有媒体报道，仅 2017 年 4 月 28 日一天，北京 119 指挥中心就接到因飞絮引发的火灾 301 起。没过几天，朝阳区某停车场也发生火灾，90 辆机动车不同程度过火，20 多辆被完全烧毁，起火原因是堆积的飞絮快速燃烧（据推测事故源头是一根没有被熄灭的烟头，没熄灭的烟头温度可达 800℃）。

此外，飞絮还会遮挡行人、车辆出行视线，影响交通安全；堵塞汽车水箱散热片，导致汽车开锅熄火引发交通事故。

既然飞絮有这么多危害，北京市为何要种这么多杨树和柳树呢？

杨树和柳树曾拯救北京！

这要从中华人民共和国成立初期说起。

当时，我国刚刚经过兵荒战乱的年代，林木凋敝，绿色消退，森林覆盖率仅为 8.9%。北京城区仅剩行道树 87 公里，公共绿地 476 公顷，区区 6.41 万株树木，八达岭也成了荒山秃岭。

在这种情况下，我国北方城市，尤其是北京，曾饱受沙尘暴的侵袭，每年春天最让人畏惧的就是漫天黄沙，遮天蔽日。根据北京观象台沙尘资料统计显示：20 世纪 50 年代北京地区沙尘最严重，春季沙尘日数平均高达 26 天。

当时，著名作家邓友梅发表的《暴风中》对北京沙尘暴有形象的描写：

他们出去不久，天色就暗下来，整个宇宙全被黄沙罩住，人们连呼吸都困难了。等我打完两个电话出去的时候，外边暴风已刮得很凶，树枝疯了似的乱摇，整个工地的上空旋转着沙土、刨花、锯末和木片。我刚走到现场，就听到了杉篙折断的叭叭声和扎绑绳拧断的嘎吱声。有人喊："不行了，快躲开吧，马上挡风墙就要倒了。"

联合国环境规划署甚至宣布：北京是"世界沙漠化边缘城市"。

于是，在 20 世纪六七十年代，城市绿化顺势起步，全国上下掀起了植树运动，北京还开展起了轰轰烈烈的"人民绿化战争"。

虎坊路居民正在给树苗浇水松土　图片拍摄于 1961 年

当年的"密云县铁姑娘造林队"常年坚持造林　图源:《北京日报》

但植树活动也出现了一些问题，最突出的就是树苗的成活率不高。

为了更好地推行绿化，北京的植树开始在选种上投入更多精力，备选的有杨树、柳树、杉树、桉树、泡桐、马尾松等。但这些树种大多存在这样或那样的问题:

★杉科植物喜温暖潮湿的生态环境，适合生存于亚热带和暖温带;

★桉树是"恶霸树"，在生长快速的同时汲取土壤中大量的肥料和水分，容易造成土壤沙化——之前种桉树的大户广西，就曾因水资源被破坏，而大量砍伐耕地、水源地保护区的桉树;

★泡桐树根浅、树冠大、树根含水量大易脆裂，不经风雨;

★马尾松虽对土壤要求不高，但怕水涝、不耐盐碱、喜温、不耐荫蔽。

选来选去，还是历代就栽种在北京的杨树和柳树好。

首先，适应能力极强，耐碱耐旱。对少雨的北方地区来说，杨树更是有着"绿化杨家将"的美誉。

其次，成材快。上面提到的备选树木杉树、桉树等，它们的成材时间基本都在 10 ～ 20 年之间。而杨、柳树生长速度奇快，一般 5 ～ 8 年就能成材，可供砍伐利用。

再次，绿得时间长、树冠浓密、遮阴效果好，是城市绿化的优选。以柳树为例，在各种落叶树中，它发芽最早，落叶最晚，绿期长达10个月。杨、柳树还有很强的抗污染能力：一株胸径20厘米的杨树，一年可以吸收二氧化碳172公斤，释放氧气125公斤，滞尘16公斤；一株胸径20厘米的柳树，一年可以吸收二氧化碳281公斤，释放氧气204公斤，滞尘36公斤。

最后，很便宜。中华人民共和国成立初期，我国百废待兴，绿化城市确实不是当务之急，能省则省，杨、柳树苗在价格上占有绝对优势。直到现在，生长一年的小杨树苗，一株不到10块钱，直径超过5厘米的杨树，一株用不了30块钱。

就这样，杨树和柳树，尤其是在北方深受喜爱的杨树，成为北京绿化树种的首选，全国的绿化工程逐渐形成了"北方杨（树）家将，南方沙家浜（杉树）"的格局。

全民绿化的效果也十分喜人，我国的森林覆盖率逐渐上升，北京的沙尘暴天数也逐渐减少。根据北京观象台沙尘资料统计显示：北京地区的平均沙尘天数从20世纪50年代的26天，逐次减少，60—80年代在10天至20天之间波动，90年代不到5天；2010年以后则下降到3天左右。

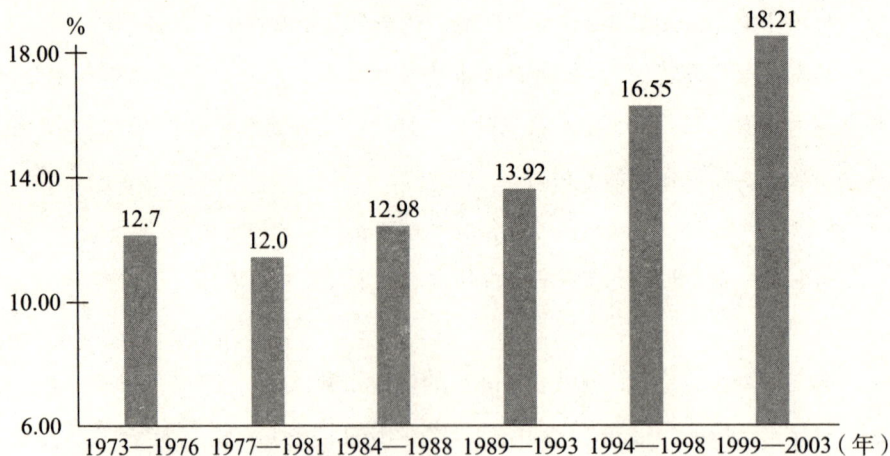

全国森林覆盖率变化图　来源：《人民日报》2005.9.26 第14版

可以说，杨树、柳树为挽救当年被沙尘暴狂虐的北京立下功劳。

但当时为何没有考虑到飞絮的后果呢？

雌雄不辨带来麻烦！

以杨树为例，最初，为北京绿化做贡献的杨树种类很多，包括从国外引进的黑杨、加拿大杨等，可谓"百杨齐发"，但栽种了几年后，这些品种就因为病虫害等原因，纷纷出现树势衰微的现象。

科研人员就此苦苦寻觅，恰逢当时的河北省林科院研究出表现优秀的乡土树种——毛白杨，它具有生长势好、树形美观、易管护等优点，因此被大量引进北京，逐渐替代了其他杨树品种。

不过，被大量引进北京的优质杨树品种，却是雌株的，学界统称"易县雌株毛白杨"。据北京林业大学生物科学与技术学院教授康向阳介绍，这是因为杨、柳雌株在前期生长速度较快，而市场上苗木的销售多按直径粗细计价，雌性品种带来的经济效益相对较高，所以被大量繁育、销售，然后"占领"了北京。

在当时，绿化拯救北京是当务之急，正如一位园林工作者所说，"说实在话，当时园林绿化工作者更多的是考虑怎么让北京尽快地绿起来，没有特别在意飞絮的问题"。

到了20世纪90年代，这些雌株都发育成熟，进入了壮年，有了繁衍后代的需求，飞絮危机一触即发。

在意识到雌株的飞絮问题后，北京逐渐开始限制雌株的引进，但仍无法避免雌株入市。

这主要是因为雌株真的长得很快，短时间内就可以看到绿树森森的效果，迅速满足绿化需求。此外，杨、柳树在生长初期，雌雄莫辩，很多经验丰富的园林工作者也无能为力，唯有把树苗送到专业实验室做DNA图谱检测才能分出雌雄。这就给很多不良商家以可乘之机，为了多赢利，把长相壮实的雌株当雄株卖，购买方在不知情的情况下买下种上，多年后雌树突然开花飞絮才知道上当了。

2013 年，北京出台了《北京市主要常规造林树种目录》，其中对杨树明确要求采用雄株。北京市园林绿化局同时也规定，自 2015 年起，在各项园林绿化工程中，严禁使用杨、柳树雌株，以求从源头上治理杨、柳飞絮。

拿小小的飞絮没辙？

出现问题，自然要想办法解决。

第一种方法，思路很简单，就是换树。

在飞絮问题集中爆发的 20 世纪 90 年代，声势浩大的"百万雄杨进北京"工程被提出，1994 年，一大批雄株毛白杨迅速占领了北京的多条道路。但雄株存在数量少、更新速度慢等问题，也不比"易县雌株"生命力顽强，从种下后第 3 年起，就开始生病，最终结局如何已不可考了。

那么，尝试换其他树种？

没有这么简单。

更新树木是一个巨大的工程。许多雌株杨、柳树都已成材，正处于植物生长的壮年期和生态效益发挥最显著时期，若全部砍伐淘汰，人力、物力、财力的消耗自不必说，更换后的树木短期内也难以顶替原有的绿化和遮阴效果，城市会变成光秃秃的一片。

此外，更换成其他品种的树木也未必会好到哪儿去。前面提到的杉树、桉树、泡桐、马尾松就各有各的缺点。除了这几种之外，呼声最高的是法国梧桐和银杏。

从观赏性上来说，这两种树确实很美，但法国梧桐所产生的果实飞毛，恼人程度较杨、柳絮有过之而无不及，而且这些毛毛更加细小，会直接飞入人们的呼吸道，引发呼吸道疾病。而银杏长势缓慢，发芽晚，落叶早，不能很快成荫，绿期较短，一旦树龄超过 30 年，顶部就易枯死。

换树成本也很高。移走一棵杨树的人工费是 30 元，其中还不包含运费，而更换成法国梧桐的价格则高达 1200 元一株，如果全部更换，以北京目前杨树和柳树的数量，花费之大超乎想象。

第二种方法是给杨树和柳树做手术，抑制其生絮。

比如做"变性手术"，砍掉原有雌株树冠，在其主枝上嫁接幼嫩雄性枝条，将雌性树变为雄性树。一般情况下，杨、柳树"变性"成功后至少需要三年的精心养护，才能恢复原本的景观功能和生态效益。"变性手术"的成本为每棵树500元左右，一位熟练工人一天嫁接数量不足10棵，2008年至今，北京嫁接的杨、柳树总量仅1000余株。

第三种常用方式是给树"吃药"，分为"内服"和"外用"。

"内服"的药物叫飞絮抑制剂，将这种药物注射到杨、柳树树干，可以抑制其雌花分化。但一针15元只管一年，2014年，北京注射了10万株杨、柳雌树，主要分布在公园、医院和幼儿园周边。

"外用"的药物是花序疏除剂，喷洒这种药剂后，雌花序会在飞絮前脱落。不过药剂的问题在于，只能达到70%的效果，且喷洒过程可能会造成空气污染，影响发芽早的阔叶植物，导致它们的叶面受损变形。

其他的一些诸如洒水、修剪花序的方法，也只能管一时，没有长久的作用。

这样看来，真的拿杨、柳絮没有办法了？

不要慌。

针对雄杨、柳树生长慢，易生病等问题，北京林业大学专门成立了课题组。目前，该课题组研发出了"北林雄株1号"和"北林雄株2号"，这两个新品种摆脱了此前雄杨树的劣势，并拥有了显著优势，一是树形美观、雄株不飞絮，是解决杨树飞絮的适宜替换品种；二是生长迅速，育苗出圃快，可迅速成林，育苗和造林效益高；三是材质优良，木材基本密度大、纤维长、纤维含量高、木质素含量低，是纸浆等纤维用材林建设的适宜品种。

这两个新品种已通过国家成果鉴定和国家林木良种审定，拿到了国家法定推广许可，不日就可投入市场。

不过，新品种即使投入生产，其生长周期也需3～5年。短期内，我们的确是被飞絮"难住"了！

只能尽可能保护自己了！

飞絮暂时无法被根治，我们只能想办法减少其对自己的影响了。

首先，出门要做好防护，尤其是过敏体质人群，最好同时戴上帽子、口罩等，尽量选择穿长袖衣裤，降低受影响的概率。热爱锻炼的读者尽量选择在户内进行，若要外出，尽可能选在杨、柳絮最少的时候，如清晨、深夜或阵雨之后。外出回家后，在进门前要把身上的杨、柳絮清理干净，避免带到室内继续受侵扰。

其次，若飞絮不慎入眼，切不可用力揉，异物较小刺激不大，反射性流泪会将其排出。若不能排出，要保证在无菌的前提下，请朋友将上下眼睑翻开，用消毒棉轻轻擦出，如果没有把握，应及时就医。有哮喘病史或过敏严重的病人，一旦出现症状，也需及时就医。

再次，做好车辆防护，在杨絮、柳絮飞散的周期内，最好增加一次"三滤"的更换保养，防止飞絮飘进汽车水箱散热片里，形成堵塞，造成熄火，引发交通事故。还要加强防火意识，不乱扔烟头，家长教育孩子不要玩火，出门前，要熄灭家中明火并尽量切断电源，以防意外。

最后，让我们多想一想杨树和柳树带给我们的美好环境，选一款自己喜欢的口罩，忍过这几天吧！

撰文：谢芳　钱姗仪

07

他们为啥戒不掉槟榔?

导语:"槟榔加烟,法力无边。"湖南人这样说。

湖南非槟榔产地,然而,在近20年里,这种小小的果实掀起的狂热久久不见降温——大街小巷时常能看见已经干瘪的槟榔渣;熟人相见,递烟不如递槟榔。《湖南地区食用槟榔流行病学研究》数据显示,湖南省居民嚼槟榔率为38.4%。

原中南大学湘雅附二医院副院长凌天牗教授团队调查结果比较保守,约为15.6%。即便按最低数据计算,有嚼槟榔习惯的湖南人接近1100万!槟榔给他们留下了终身印记——牙齿锈迹斑斑。

然而,阳光并没有始终照在槟榔果上。早在2001年,库叔就听到了槟榔可能致人变哑的传闻。近年,世界卫生组织与许多其他医学报告纷纷发布警告:食用槟榔与口腔癌存在着相当的联系。这一论点,毫无意外地遭到中国槟榔产业链上各环节从业者的长期反对。

到底谁说的对?

世界知名的"癌症制造机"

湖南并不是第一个受到槟榔狂热冲击的地方。南亚与东南亚一带的居民,无论是男女，与世界其他地区的居民相比，口腔癌与咽喉癌发病人数高得惊人！2000年，全球新增的26万余例口腔癌病例中，48%来自南亚与东南亚；当年新增的咽喉癌患者中，51%来自该地区。

这里的人有着跟湖南人相同的习惯——嚼槟榔，但是历史更为悠久。这项能追溯至青铜时代的爱好，已经引起了许多医学工作者与组织的担忧：它可能与癌症相关。

根据世界卫生组织报告，从20世纪60年代开始，印度、缅甸、泰国等国研究团队相继公布了本国口腔癌等癌症的临床研究报告，他们发现：患有口腔相关癌症的病人，大多都有咀嚼槟榔的习惯；相反，如果没有这项爱好，罹患口腔癌的概率大大降低；此外，咀嚼槟榔时间越长、日均咀嚼数量越多，就越容易患癌。

而且，槟榔热早已冲出了南亚次大陆和中南半岛，开始登陆东亚。

作为槟榔进入东亚腹地的跳板，我们的台湾同胞豪爽地给槟榔开起了"通行证"，使其一路通行无阻。于是，东南亚和南亚发生的悲剧在台湾重演。世界卫生组织引用的一项调查显示，台湾口腔与咽喉癌症病例不断增加，其增长幅度与槟榔果销售了增长趋势平行。

根据CNN的报道，在台湾，10名口腔癌患者中，有9名有咀嚼槟榔的习惯！这个数字让人触目惊心。因此，即便槟榔关乎税收，意味着大量农民与商贩的"饭碗"，政府也坐不住了。无论是台湾地区还是东南亚、南亚国家，都已经下定决心减弱槟榔的影响力：禁止市区吐槟榔渣；鼓励槟榔农种植其他作物；甚至干脆立法禁止槟榔销售……

它到底是不是毒物？

槟榔爱好者没有意识到，槟榔可能是毒物。不过它的毒性稀释在几十年咀嚼槟榔的时间里，在真正受到致命伤害前人们的确不容易察觉到。2017年，国家食药监总局公布了世界卫生组织认定的致癌物清单。其中，槟榔果被列入一类致癌物，也就是确认致癌的物质。

中国人民解放军总医院海南分院口腔科主治医师邵小钧与解放军总医院口腔外科副主任医师席庆在《食用槟榔及其与口腔癌间的关系》中提出：槟榔所含的生物成分，如生物碱，经过化学作用后，可能氧化而释放出活性氧，对细胞产生毒性作用。另外，一些槟榔的特殊食用方法也存在高度致癌风险。

例如，东南亚习惯在槟榔果中添加蒌叶、熟石灰等物质，都含有致癌物。来自天津中医药大学的刘东林团队在《槟榔药理毒理研究进展》中认为："槟榔的主要有效成分可以使 DNA 分子单链断裂，姐妹染色单体交换频率增高，基因突变，并且具有致癌作用。"

物理因素在槟榔致癌过程中的作用也得到了普遍承认——反复咀嚼槟榔，坚硬的果壳与粗纤维也会对口腔造成机械刺激，导致口腔黏膜病变。湘雅医院口腔科主治医师黄龙与湖南省口腔医学会会长翦新春在论文《槟榔致癌物质与口腔癌》中称：

"咀嚼槟榔可引起口腔黏膜下纤维化（以下简称 OSF），是一种癌前病变，经过长期的慢性病理过程可恶变为口腔癌。"

医院早有警告，没人理睬

原中南大学湘雅附二医院副院长凌天牖教授与湖南省口腔医学会会长翦新春等专家联合发布的《预测槟榔在中国诱发口腔癌人数及产生的医疗负担》统计显示：

从 2005 年到 2016 年，长沙市中南大学湘雅医学院五所附属医院所收治的槟榔诱发的口腔癌病例，由 305 例暴涨到 2108 例，12 年持续增长！2016 年来，长沙市与槟榔相关的口腔癌病例已有 8222 例，湖南省更是接近 25000 例。

按照这个趋势分析，到 2030 年，湖南省全省因槟榔诱发的口腔癌病例可能达到 30 万例！湖南省肿瘤防治研究办公室副主任廖先珍说，湖南省口腔癌发病率明显高于全国水平，这可能与湖南的饮食习惯有关。

然而，这些研究成果和统计数据，并未引起湖南人的重视。在湖南，至少约 1100 万的嚼槟榔爱好者几乎覆盖到每一个市镇。

　　一名在湘潭生活的下岗工人说，槟榔是当地社交的重要物品，求人办事若不赠送槟榔则无人理睬，街头的麻将馆也靠分发槟榔来招揽生意。一个戒掉了槟榔瘾的小哥说，他在长沙生活 5 年，身边的嚼槟榔爱好者始终认为嚼槟榔致病是小概率事件。

　　在湖南益阳，一个嚼了 7 年槟榔的在校学生称，槟榔是仅次于香烟的消遣品，消费人群覆盖各个年龄段，他还记得小学时教室里的垃圾桶与卫生间到处都是槟榔渣。

撰文：李雪　姜博文

08

中药在美国还不是药……

导语： 近一段时间流感爆发，库叔在美国的朋友和孩子也未能幸免。

流感发生了，在美国能吃什么药呢？

有人讲了，孩子流感在美国并没有什么好药，医生建议回家喝水观察，幸好自己从国内带了一些中药颗粒剂，孩子用了很快就好了。

中药对预防和治疗流感的确有很好的作用，因此，中医药界常有感慨：要是让美国人民也能正常吃上中药该多好哇！

美国人到底能不能吃上中药？其实这一点是肯定的。

今天的世界格局之下，中国和世界已经紧密地联系在了一起。中医药作为中国一种有效的治疗手段和技术，也随着国家之间交往和人员流动而走向了世界。在美国，也有中医，也有中药。

但是，中药在美国通常只能是以食品、保健品的形式在超市销售，而要纳入美国药品目录，以药物形式销售，则必须通过 FDA 的审核。

标准

FDA，就是英语 Food and Drug Administration 的简称，官方译名"食品和

药品管理局"，类似于我国国家食品药品监督管理总局（China Food and Drug Administration）。

FDA 是隶属美国卫生与公众服务部的一个局，由美国国会以及联邦政府授权，主要职责是帮助安全有效的产品包括食品、药物、器械等尽快进入市场，并在产品上市后继续跟踪其安全性，以提高和保护公众健康。

FDA 对不同类型的产品有不同的管理模式。如新药必须在进入市场前进行安全评价，而另一些产品如保健品、营养品、化妆品则可以放宽要求直接进入市场。FDA 就是美国从事食品与药品管理的最高执法机关，代表并执行着药品准入的最高标准。

正因为其要求严格、公信度高，FDA 的审核结论也得到世界各国的认可。通过美国 FDA 审核，才能被纳入美国的药品目录，这同时也就意味着打开了世界药品市场的大门。

进展

瞄准国际市场，是中国制药企业多年的一贯追求，同时也是我国推行中医药国际化、现代化发展的要求。

而通过美国 FDA 审核，正是中药进军国际市场的一条直接路径。因此多年以来，国家层面、药品管理部门以及广大药企以此为共同目标而不断努力。

特别是在中国加入 WTO、推行"一带一路"倡议以及国际地位不断上升的背景下，早日突破 FDA 审核已成为业内的迫切追求。

事实上，中药在通过 FDA 审核的道路上，已经进行了大量的探索，也取得了一定成绩。

从目前看，走在最前列的当属天津天士力集团的复方丹参滴丸，其他还有一些药品如康缘药业的桂枝茯苓胶囊等也在跟进当中。

1996 年，国务院科技部启动"中药现代化研究"项目，提出了"敲开美国 FDA 大门"的口号。第二年天津天士力集团以复方丹参滴丸向美国 FDA 进行新药申报，并成功获得临床试验审批。经过近二十载的研究，到 2016 年 12 月通过了 FDA Ⅲ 期临床试验，成为全球首例完成 FDA Ⅲ 期临床试验的复方中药制剂。

在 Ⅲ 期临床试验通过后，还要向 FDA 正式提交新药申请（NDA）或生物制品许可申请（BLA），申请批准该药物在美国销售。在该审核过程中，如果 FDA 认为药物化学、人体实验、临床药理学等数据不全面或者临床试验结果不够详尽，会要求额外补充试验来支持药物的安全性和有效性；如果不提出新的试验要求，即表示 FDA 同意其提交的 NDA（或 BLA）申请。

FDA 同意该产品在美国销售后，就要进入 Ⅳ 期临床试验，这是新药上市后应用研究阶段。这一阶段所要验证的是：产品进入市场后，能不能长久地运用，并取得市场的地位、赢得丰厚的利润，还有更为严格的临床应用、管理和药物疗效、不良反应等检测标准。

通过 FDA 前三期临床试验是一个艰难的过程，从 1997 年算起我们已经用了 20 年时间，时间、精力、财力的投入是巨大的。如果没有国家的大力支持、如果没有制药企业良好的市场运行以及经济实力、如果没有对相关制度政策的有效解读，这是不可能实现的。

天士力集团的努力为中药走向国际、纳入西方药品目录迈出了坚实的一步，为大量有意探索的医药企业树立了一个典范和模式。这是中药向国际化迈进的一个标志，但不是终点。

难点

FDA 对所有药物申请都是开放的，但至今还没有一种中药产品通过 FDA 审核。这中间究竟卡在了什么地方呢？

药物的成分问题

中药有单味药和复方制剂之分，存在着中成药和汤药等多种形式。目前有希望进入美国市场的主要是单味药和简单少样的复方制剂为主的中成药。从丹参滴丸通过前三期试验的例子中，我们不难发现，这与其简明的构成——仅有丹参、冰片、三七三味药——密切相关，药味多则不易控制，更难通过 FDA 的审批。

最初，FDA 严格地采用西药的模式进行新药审批，对中药申报也要求提供药物组成、分子式等技术资料。而实际上，不要说复方制剂，就算是单味中药，想搞清楚其药物组成以及分子式都是极其困难的。近年来，随着国际上对植物药的开发力度不断增加，FDA 的审核思路也发生着变化，在一定程度上降低了对植物药提供药物分子式的要求，更加强调临床疗效。这在客观上为中药通过 FDA 的审核降低了门槛，提供了更多可能。

资金和时间问题

这是最根本的制约因素——如果资金和时间充足任其研究，取得突破只是时间问题。

按照 FDA 要求，先期要进行三期临床试验，然后申报新药获得上市准入，再进行第四期临床观察。药品申报 FDA 的审查、论证的过程，通常需耗时 8 ～ 12 年，如丹参滴丸通过前三期试验已经用了 20 年时间。

资金方面，通常花费高达 3 亿～ 5 亿美元，约合人民币 19 亿～ 32 亿元，仅仅注册资金就需要 8000 万人民币。

如此大的资金投入、如此长的研发周期，对于制药企业来讲压力是巨大的，很多医药企业因此望而却步。

技术壁垒和沟通的问题

FDA 并不是高不可攀，技术要求、标准是公开的，但是国内的企业过去还是走了不少弯路。

2001 年前后，美国中皇国际开发管理集团借 FDA 认证的名号行骗，国内曾经有 400 多家企业因此上当。

实际上 FDA 本身不搞认证，一些企业宣布通过所谓 FDA 认证的产品，多是保健品或者营养品等，而非需要严格审核的药品。

因此也可以说，中国企业在通过 FDA 审核的道路上，还有许多的功课要做，要熟悉 FDA 的规则和运行程序，需要专门的技术人员，这些在一定程度上都是中国药企面临的壁垒。

争论

关于中药申请 FDA 审批，国内的声音是复杂的。

一方面是肯定。为了完成 FDA 要求的四期试验程序，国家相关机构和中医药企业付出了巨大的努力，但目前还是"路漫漫其修远兮"，在这 20 年的时光内，很多人黑发变成了白发，很多企业也承受了极大压力。但这个过程，只能前进不能后退，退则前功尽弃，进虽前路未卜但可见希望。

另一方面则是思考。我们中国有效的药物，究竟有没有必要花费巨大精力、财力去投美国所好呢？有些人就指出，中国是中医药的宗主国，我们应该拿出自己的标准，让西方接受我们的标准，然后推广中医药。

实际上，过去的几十年内，后一种呼声是很微弱的。

在我们没有任何话语主导权的时候，中医药的国际推广也只能受制于人，优质的中药和产品也只能以保健品、食品、食品补充剂的形式进入美国，在与日本、韩国的市场竞争中，优势地位还没有发挥，这严重地影响了我国中医药的国际化发展，制约着中医药宗主国的国际影响力和威信。而通过 FDA 审核，是当今得到国际认可、提升中医药国家话语权的一个有效途径，通过国家支持完成西方极其苛刻的认证，也为中医药走向世界蹚开了道路。

从这个角度来讲，中药通过 FDA 审核不仅仅是为了制药企业的利益，更关照了中医药的国际影响和话语权这个巨大的现实关怀，通过审核对中医药国际化有着重大意义。特别是随着我国国际威望不断提升以及在各个领域话语权的增强，加之西方特别是美国因为各种慢性病带来的巨大负担和经济压力，国际上也必将更加关注中医药对健康的保障作用，中药通过 FDA 审核的努力也将出现更多开花结果的契机。

出路

在中药申请 FDA 审核方面我们付出了极大的努力，但是至今仍然没有改变中药只能作为食品、营养保健品在西方存在的事实，这种状况及其背后的原因，应当引起国人的思考：

一是中国中医药标准的制定。

中医药领域，中国在过去的时间内一味地推行国际化，期待西方的认可。固然，这是为中医正名争利益，争取发展空间所作出的努力。但是，中医药毕竟是具有知识产权的资源，中国作为宗主国，应该在标准制定上有所作为，这必将成为今后国际化发展的重要方面。

中西方对中医药的认识存在着文化差异，让西方接受中医药也必须待以时日，因此当须在国际推广中首先做好我们自己的标准建设，这应该是今后中医药界的努力方向。只有把标准掌握在自己手里，才能有话语权；只有先做好国内，得到广泛的认可，中医药才能更好地赢得世界的公认。不然，一味地跟在西方之后，即使 FDA 解决了一个丹参滴丸的审批，其他的中药产品又是什么样的出路呢？

二是中药的属性问题。

在国内药企适应 FDA 标准的同时，中国对于药物的管理需要在体现本国管理特点的前提下与世界接轨。

如关于中药提取物属性的问题能不能归属于中药的范畴？至今国内并没有形成一个权威的说法。而这个定性的突破能不能与西方形成共识？如果可以，中药提取物则是可以突破的第一关口。

三是国内药品质量的问题。

相当长一段时间内，FDA 在一定程度上代表着药物研发的权威，这一点对中药开发启示很大，特别是中药推向国际化的同时，在药材的质量上更不能马虎，必须高标准。无论中药能不能通过 FDA 审核，根本落脚点是用药安全。

不论是美国人民还是中国人民服用，所有的药企必须把药材质量放在首位，而提升药材质量关乎中医药前途命运，关乎国人健康，这也是目前中药开发中存在的亟待回应的命题。

对 FDA 我们应该保持正确的态度，必须明白，能否通过 FDA 审核不是制约中药发展和国际化的根本因素。这是一条可以探索的道路，但不是"独木桥"，也不必盲从跟风。在国际交往中努力建设标准不降低中药身份，在标准面前不降低中药质量，中医只有用心地做好自己，才能更好地走向世界，赢得未来。

撰文：孟长海

09

为啥有些人相信养生微信，却不相信医生？

导语： 这几月，流感肆虐。库叔却发现社会上存在一种风潮，认为单凭积极的心态，就能打破专业医生给的"条条框框"，无需医疗就能治病。

心态有作用，医学有局限，但全凭心态放弃治疗却并不正确。患者应该充分地相信医生、配合医生，积极治疗。

其实，"心态治病"现象的背后，是一种根深蒂固的反智主义思维方式：不太相信知识的力量，不太尊重专业训练，不太信任专业人士，不但相信外行可以打败内行，而且把这作为值得夸耀的事。

科学思维的传播，路漫漫其修远，需要每一个人的积极参与。

积极心态就能刮骨疗毒、癌症自愈，你信吗？

今天讲的这个故事，可能许多人会感到似曾相识。

过年期间，有一天我和几位长辈朋友吃饭。酒过三巡，有一位长辈朋友兴致勃勃地说，最近学会了上微信。然后又说：微信上果然信息量很大，学到了很多东西。

大家问：学到了什么东西？

他回答：比如说，我最近看了一篇充满正能量的文章。

后来，我根据这位长辈朋友当场的叙述，找到了这篇文章，如下：

2002年的某天晚上，我在家看电视。央视某套节目播放的名人访谈。受访者是某国学大师。

老先生来到台上坐定，仙风道骨模样。

"先生，您今年高寿？"

"46。"

"您这样的一位老人，怎么才46岁呢？"

"哦，我不怎么注意自己的年龄。要说年龄，我早以'公岁'计算了，我今年46'公岁'。"

也就是说，当年他92岁。

在聊到人生观时，这位老先生说，我心中所想，都是那些美好的东西。我愿意看的，也都是那些美好的东西。

"我从来不把那些倒霉的事放在心上，始终保持乐观的生活态度。"

他讲了两个故事：

一次，他手上生了一个疔疮，必须做手术，从骨头上把疮毒刮除。在301医院，手术前两位护士来给他打麻药。他一抬头，发现两位护士貌若天仙，于是对她们说："我有个请求，别给我打麻药，等会儿医生给我做手术时，请求你们二位美女就站在我眼前。"

俗话说"十指连心疼"，手指头被切开，然后用手术刀在骨头上刮除疮毒，老人痛得内衣全被汗水湿透了，但他两眼始终盯着两位美女，终于在不做麻醉的情况下完成了手术。

还有一个故事更精彩！

有一年，他生病住院，专家给他全面检查后，告诉他，肝癌晚期，已经肝硬化。他问专家，如此还能活多久，专家说最多一两个月。

老先生听后沉默了，他忽然用手在大腿上掐了一把，感觉很疼，心想：我的知觉还这么好，怎么可能最多两个月生命就结束了呢？

想到此，他突然放声狂笑。医生护士吓坏了，以为老人家听说来日无多，吓出神经病来了。

老先生笑毕，坦然地对医生说："给我开些药，立即办理出院手续！"

出院后，老先生携同夫人离开了家门，离开了北京。他完全忘却了面前的死亡之路，陶醉在祖国的大好河山中，流连忘返。两个月的生存极限过去了，半年过去了，一年过去了，当两位老人回到北京，老先生再去301医院检查时，奇迹发生了，他的肝癌病灶不见了！

由此老先生更加坚信：乐观的心态对人的健康至关重要！

看了那场访谈之后，十几年来，我一直十分崇拜这位国学大师，把他对待生活的乐观态度，视为自己的座右铭。

斗转星移，转眼16年过去了。前几天，我带着好奇心在网上搜索了老先生的名字，奇迹再次发生：他不仅以108岁的高龄仍然健在，而且活出了新的感悟。

他说，他之所以健康长寿，得益于每天吃下两粒药：早上一粒叫"知足"，晚上一粒叫"感恩"。因此，和包括邻居在内的任何人都友善相处，心中只有阳光，没有烦恼，人也就不觉得老了。

最了解医学局限性的，是医生

当场那位长辈朋友把这故事讲完，意犹未尽，还在赞叹积极的心态有多么重要，其他人却已经面面相觑。

一位朋友忍不住提出意见：您单纯只讲哲学就好，不要讲医学。讲医学就容易犯错误了，不打麻醉药、不做手术肯定是不对的。

我也提了一通意见：

您的问题在于，把"积极的心态"过度神化了。积极的心态当然是好的，但这绝不能代替医生的治疗。否则，还要医生干什么？

那个不打麻醉药的故事更加离谱——简直化身三国关云长，还刮骨疗毒？关公那时候是条件所限，不得已而为之。现代医疗条件实施麻醉轻而易举，有什么理由还要逞强？再说，人在这种疼痛的强刺激下，会不由自主地产生抽搐，这让医生怎么做手术？"心态好"也不能用生命开玩笑啊。

所有这类文章，讲的都是"病人超过医生"的故事，好像医生总是不知天高地厚，专门立个 Flag 然后被不听话的病人打脸。

的确，医学并不是万能的，相反有着明显的局限性。但其实，这世界上最清楚医学局限性的人，就是医生们自己。

我有一位医生朋友，曾经开玩笑地说：

你要是问医生，你会感觉这世界上没有治不了的病。为什么呢？因为无论你的病情多么严重，你去问医生怎么办，他们一定不会说没办法，总会给你制订个治疗方案出来。心跳停了？上起搏器！呼吸断了？上呼吸机！总之，只要进了 ICU（重症加强护理病房），即使想死也难——当然，想活过来也不容易。

但是，制订了治疗方案，就意味着医生有信心治愈吗？当然不是，只是抢救生命是他们的职责所在。其实医生们很清楚，有许多病状超出了他们的能力范围。就像有一种说法讲的那样：有些病人不需要治疗自己就好了，有些病人无论怎么治都救不过来，还有些病人治疗就能活过来，不治疗就会死掉。医生真正发挥了作用的，就是这最后一类病人。

医生们自己，还有一个更加专业的说法："有时治愈，经常缓解，总是安慰。"这是美国的公共健康先驱爱德华·特鲁多医生（Edward Livingston Trudeau, 1848—1915）的名言（To cure sometimes, to relieve often, to comfort always），刻在他的墓志铭上，也被全世界的医生在入门教育中作为指导原则。

美国 2008 年发行的爱德华·特鲁多邮票

是的，医生不是超人，他们能做到的只是：有时治愈，经常缓解，总是安慰。这是一个多么悲凉，又多么温情的感悟！

在这个意义上，我们还可以理解一个说法：医学不是科学。

这当然不是说医学违反科学，而是说医学的内容不只包括科学。作为医学的基础，生理学可以是纯粹的科学，但医学还包括实际操作部分，这就有很大的不确定性了。对于同一个病人，不同的医生可能给出不同的诊断和不同的治疗方案；对于患有同样疾病的不同的病人，同样的治疗方案可能得到不同的结果。

在这些方面，医疗和战争有类似之处。正如岳飞所言："运用之妙，存乎一心。"同样的，医学的实践也有很大的艺术成分。

比"不信医生"更可怕的，是"反智主义"

说了这么多医学的局限性，不是要病人自以为比医生高明，像那位长辈朋友讲的故事里一样。其实我们大体上可以推测出来，那个故事是编出来的。

更关键的是，医学虽然存在着"局限性"，还是代表了人类对人体的最高认识水平。患者正确的态度应该是，充分地相信医生、配合医生，积极治疗。

那么，积极的心态有没有用呢？

答案是肯定的。

积极的心态平时有助于保持健康，增强免疫力，生病时也有助于恢复。因此，医生都会鼓励患者以积极的心态面对疾病，这是治疗的重要一环，鼓励和安慰患者也是医术的重要组成部分。

但是，假如你以为光有积极的心态就够用，不配合医生治疗，那就是大错而特错的"赌命"行为。

这类文章"风行"的背后，展示的其实是一种根深蒂固的思维方式：不太相信知识的力量，不太尊重专业训练，不太信任专业人士，不但相信外行可以打败内行，而且把这作为值得夸耀的事。这其实是一种反智主义的心理。

类似的故事还有很多。例如一个传播很广的段子：

博士群里热火朝天地讨论，一个从高空自由下落的水滴会不会砸伤人，直到有人问"你们没听说过下雨吗"，然后此人就被踢出群了。

真正读过博士的人，当然知道这故事漏洞百出，不值一驳，博士不会这么愚蠢。但这世上终归是没读过博士的人多，而且这其中相当一部分还很享受这种说别人"读书把脑子读傻了"的感觉，于是不管是不是真的，就狂欢起来了。这对社会进步，实在是一种巨大的阻碍！

反智主义思维下，无知者很多时候反而更加"自信满满"。

虽然由于种种原因，当今具有反智主义思维方式的人为数不少；但随着教育的普及，以及创新的观念日益深入人心，反智主义的影响是在减小而不是在扩大。

无论如何，科学思维的传播是一项长期而艰巨的任务。希望大家意识到这一点，加入这项伟大的事业中来。这项伟大的事业，正需要每一个人以最积极的心态来做才能完成！

撰文：袁岚峰　中国科学技术大学合肥微尺度物质科学国家实验室副研究员、科技与战略风云学会会长

10

这是关于艾滋病最强科普！

导语： 2018 年 12 月 1 日是第 30 个"世界艾滋病日"。截至 2016 年，全世界约有 3670 万艾滋病毒感染者。其中，成人约为 3450 万，儿童约为 210 万。每年，全球约 120 万人死于艾滋病及相关疾病。截至 2017 年 7 月 31 日，据相关统计，我国现存活艾滋病病毒感染者 728270 例。其中，HIV 感染者 425430 例、艾滋病病人 302840 例。可怕的是，只有约 51% 的艾滋病病毒感染者了解自身病症，大量感染者仍然未被发现。艾滋病究竟有多厉害？为什么难以治愈？

猩猩把艾滋病毒传染给了人类

20 世纪 70 年代末期，美国国家疾控中心在洛杉矶发现了一种奇怪的病：患者全身免疫系统几近崩溃，还会感染其他各种不同寻常的疾病。更可怕的是，所有的医疗手段都无济于事，治愈率为零！

随后，人们发现得病的人越来越多，而且，患者有一个共同点——都是男同性恋。因此，有些研究者直接将这种病叫作"男性同性恋者免疫缺陷症"。

然而，随着时间的推移，一些女性、异性恋男性、血友病患者、用注射器吸毒的瘾君子甚至儿童，也得了这种病。1982 年，这种病被美国疾病控制中心命名为"获得性免疫缺陷综合征",即艾滋病。

想要根治顽疾,必须从它的源头入手。于是,美国疾控中心组织了一支由癌症专家、寄生虫病专家、病毒学家和社会学家组成的强大阵容。他们通过多地多种取样、分析和研究,推算出一种"类艾滋病毒"。该病毒最早于1908年出现在猴子和猩猩身上,1930年前后,由猩猩传染给了人类。

猩猩和猴子具有较强的免疫能力,约30%～70%的猴子被"类艾滋病毒"感染后,只是携带病毒,并不发病。一旦该病毒进入人体,就会肆无忌惮地在人体内攻城略地,逐渐进化人类艾滋病病毒。在医疗不发达的年代,一旦被感染就相当于被宣判了"死刑"。

那么,艾滋病是如何迅速的大面积传播开的?"针具污染"是其中一个重要原因。虽然自20世纪50年代起,廉价的、不需消毒的一次性塑料注射器就开始在医药卫生领域大范围应用。但是,在经济欠发达的非洲,一支注射器可能会被使用上千次,造成病毒在人群之间的快速传播。

20世纪60年代,艾滋病病毒逐渐通过加勒比海地区传到美国东部、东南部,进而到欧洲和亚洲,现在,全世界都深陷其中。

这种病毒有多可怕!

2002年,研究艾滋病的权威期刊《AIDS》报道,在未使用抗反转录病毒药物治疗的情况下,一位感染者从正式进入"艾滋病发病期"算起,存活时间的中位数仅有9.2个月。感染者的无症状期持续的时间可长可短,少则为2年,多的可达20年。这一时间的长短与感染途径密切相关,一般情况下,经血感染者(主要为非法采血与共用注射器)为4～5年,性交感染一般为11～13年,如果一个感染者的无症状期能达到13年,就可以被称为"长期生存者"了。

目前,在全世界范围内仍缺乏根治HIV感染的有效药物。现阶段的治疗目标是:

最大限度和持久地降低病毒载量;

获得免疫功能重建和维持免疫功能；

提高生活质量；

降低 HIV 相关的发病率和死亡率。

也就是说，以目前的医疗水平，艾滋病只能被控制，不能被治愈。

有个问题需要注意：HIV（人类免疫缺陷病毒的英文简称）与 AIDS（获得性免疫缺乏综合征的英文简称）不是一回事。HIV 是一种病毒。AIDS 是一种病症。一个人感染了 HIV 病毒不一定马上发病，发病之后，才能说这个人患上了艾滋病。

目前，感染人类 HIV 可以大致分为 1/2 两型，在基因构成方面，HIV-1 与黑猩猩的免疫缺陷病毒（SIVcpz）非常接近，HIV-2 与乌色白眉猴的免疫缺陷病毒（SIVsm）非常接近。这也印证了艾滋病毒最初来源于灵长类动物的研究结果。两型的主要区别在于，HIV-1 比较普遍，目前的大部分感染者都是 1 型，HIV-2 则主要集中在西非区域。此外，2 型的病情发展较 1 型缓慢很多。

当感染者体内的免疫细胞已无法与 HIV 抗衡时，就标志着进入 HIV 感染的最后阶段，称"有症状期"。这时，感染者才成了艾滋病（AIDS）患者，他们的免疫系统被侵蚀到几近崩溃，这时候，一些普通病可能会要了艾滋患者的命。

2011 年 2 月，一位中年男性因咽痛、咯血、发热及呼吸困难入院，临床考虑为肺部感染，但最终被确认为 HIV 抗体阴性艾滋病伴 KS。因病情已进展到艾滋病终末期，该男子在确诊两周后死亡。

奇迹：被治愈的"柏林病人"

不过，有一个艾滋病患者确实被治好了，全世界仅此一例！这个幸运儿就是美国的蒂莫西·布朗，因为居住在柏林，他被称为"柏林病人"。

布朗很倒霉，先后得了艾滋病和白血病，身体每况愈下，几乎到了死亡边缘。然而，就在生命即将"触底"的时候，他遇到了救星——胡特医生。在这名专攻血液病的医生建议下，布朗决定先治白血病。

2007 年 2 月，他接受了骨髓移植。结果，骨髓移植不仅治好了他的白血病，他的艾滋病也被治愈了！并且，经过 3 年多的临床观察，他体内再也找不到艾滋病毒。

原来，捐献者骨髓里的 CCR5 变异基因能抵御艾滋病病毒！据以往研究发现，这种变异基因只存在于少数北欧人体内。也有医生说，也许布朗体内也存在变异基因。

此后，医院又找到 6 名同时患有艾滋病和白血病的患者，并按照相同步骤为他们移植了带有变异基因的骨髓，然而，都没成功。这几名患者要么死于白血病，要么死于干细胞移植引起的并发症，相同点是，艾滋病毒仍留在体内。

因此，布朗仍是世界上第一位，也是目前唯一被治愈的艾滋病患者。2012 年 7 月，在美国华盛顿召开的世界艾滋病大会上，布朗宣布建立以其名字命名的基金会，和全世界的科学家、研究机构、大学一起探寻 HIV 的最终治愈方法。

一旦患病，终身治疗

虽然艾滋病不能治愈，但是可以在感染初期迅速服药阻断 HIV 病毒。在发生了高危行为（无套性行为或共用针头针管等）之后，"HIV 阻断药"用来防止 HIV 病毒扩散。服用时间以 72 小时为临界点，越早越好。

发病后，大部分艾滋病患者都需要接受药物治疗。2017 年的最新报告称，目前临床通行的艾滋病治疗方法，是"抗逆转录病毒疗法"（简称 ART）这种疗法可以把患者体内的病毒减少到与常人无异的程度，但是无法完全清除。一旦患者停止接受治疗，病毒就会重新疯狂复制，也就是说，艾滋病患者必须终身治疗，按时按量服药。

目前，我国的国家疾控中心免费为艾滋病患者提供该疗法的治疗药物。

截至 2017 年上半年，全球有 2090 万艾滋病感染患者获得抗逆转录病毒药物治疗。近 6 年的统计数据显示，全世界新的 HIV 感染病例数下降了 16%，同期的致死病例人数下降了 32%。

艾滋病的传播途径有哪些?

艾滋病传播途径主要有三种:

1. 性传播

如果一个人和一位艾滋病病毒感染者发生性行为而不使用安全套的话,他就可能感染艾滋病病毒。

2. 血液传播

与艾滋病感染者共用注射器,输入感染艾滋病病毒的血液,甚至使用过的解剖刀、输血设备等,如果未经正确的消毒,都可能成为传播艾滋病病毒媒介。

3. 母婴传播

如果母亲是感染者,可能会通过怀孕、分娩和哺乳将病毒传染给孩子。不过,艾滋妈妈也可能生出健康宝宝。2000 年,深圳率先启动了预防艾滋病传播工作的试点,2012 年到 2016 年期间,共帮助 300 多位 HIV 阳性母亲生下了健康宝宝。

一位 39 岁的艾滋妈妈不顾家人反对,决定留下肚子里的孩子。从怀孕初期,她就开始接受抗病毒药物治疗,尽量阻断母婴传播,最终生下了一名健康的宝宝。

对于这类妈妈,医生不建议顺产分娩,产后也不要母乳喂养。

一般的接触,如共同进餐、握手等,都不会传染艾滋病。在生活当中,我们应该正确对待艾滋病患者。

怎样预防艾滋病?

1. 安全性行为

加强道德教育,禁止滥交;避免与 HIV 感染者、艾滋病病人及高危人群发生性接触；在所有的性行为中使用安全套。

2. 不要共用针头

如果需要诸如海洛因这样的麻醉剂，不要和别人共用针头，也不要使用已经被人使用过的针头。医护工作者遵循了一定的安全措施，就可以避免艾滋病在病人和工作人员间、病人之间的传播。

3. 避免不必要的血液暴露

如美容、文身、扎耳朵眼、修脚等操作行为，这些均有血液暴露，如果必须进行上述操作行为，不要图价格低廉的操作室或没有卫生合格证的机构做这种高危操作行为。因为如果这些用具没有进行严格消毒，很容易造成 HIV 病毒感染。

4. 不共用生活用品

避免共用牙刷、剃须刀等物品。女性月经期要注意卫生。

5. 注意外伤防护

工作中如有外伤，体育运动外伤等引起的流血，一定要注意保护自己，在救护伤病员时，避免破损的皮肤接触伤员的血液。

多一份对艾滋病的认识，就会给艾滋病患者带来多一份的温暖。

（资料来源：纪录片《艾滋病起源之谜》《艾滋病 AIDS 的发生原理与 HIV 病毒感染的过程》、中国专业艾滋病网站等。）

撰文：谢芳　黄玲

神奇动物在哪里

01

如果蜜蜂消失，人类只能存活 4 年？
这真的是一个大危机

导语： "蜜蜂消失后，人类只能活四年。"

近来，打着爱因斯坦旗号的这句话流传甚广。

实际上，爱因斯坦并未说过这话。

但是，蜜蜂对人类意义重大，的确是不争的事实——人类一天也离不开蜜蜂。

然而，目前，全球每天有数以百万计的蜜蜂离奇死亡。

人类的生存危机真的要来了吗？

活不见蜂，死不见尸

一只工蜂每天的例行工作就是离巢寻找甜美花蜜，并运回来给蜂群制造蜂蜜，这个过程日复一日地持续了数百万年。

但是，自 2006 年以来，世界范围内出现了蜜蜂大量失踪的神秘现象。

蜂王　　　　　工蜂　　　　　雄蜂

在一个蜂巢中，绝大多数工蜂都不知所踪，只剩下幼虫、少量哺育蜂和蜂王。"活不见蜂，死不见尸"，像从人间蒸发了一样。

这实在太不寻常：

工蜂在一定时间内的自然死亡数量相对小且稳定；

工蜂在巢内死亡后，尸体会由活着的工蜂搬运到巢外，散落在附近；

一般情况下，工蜂不会抛弃蜂王和幼蜂，这背离了群居蜜蜂的社会性原则，因为蜂巢没了工蜂的支撑，整个蜂群很快就会被"团灭"。

蜜蜂消失现象像瘟疫一样，逐渐蔓延至全球，五大洲都传出了蜂群大量消失或死亡的消息，而且，情况愈演愈烈：

在美国，35 个州的养蜂人发现自家蜜蜂飞走以后再也没有回来；

Diminishing Buzz
Annual loss of honeybee colonies
April-April

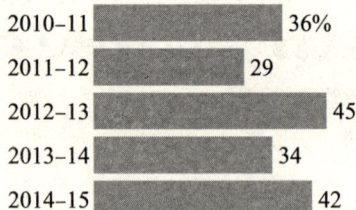

2010–11	36%
2011–12	29
2012–13	45
2013–14	34
2014–15	42

Source: USDA
THE WALL STREET JOURNAL.

图源：美国农业部

在英国，各地的养蜂者发现，在没有疾病等明显原因的情况下，大量蜜蜂舍弃"家园"而去，光在苏格兰就有数千群蜜蜂神秘消失；

作为世界第一蜂蜜出口大国，我国蜜蜂数量从 20 世纪 90 年代初的 750 万群减少到现在的 680 万群左右，减少了 10%（依据我国草场、森林和农作物的数量，中国比较合适的载蜂量是 1000 万群左右）；

西班牙有报告称已有数千个蜂群消失；

在瑞士，大约 40％的蜜蜂已经消失……

另外，在 2016 年世界自然保护联盟（IUCN）发布的濒危物种红色名录中，31 个种类的蜜蜂赫然在列：30 种熊蜂（Bombus）和 1 种切叶蜂（Megachile），其中，极危 3 种、濒危 1 种、易危 4 种、无危 18 种、数据缺乏 5 种。

跟咱有啥关系？

有人可能要问，蜜蜂的事跟人有什么关系？

关系很大！

首先，蜜蜂的存亡影响着人类的吃饭问题。

全球约 30％的农作物依赖虫媒授粉，蜜蜂是其中的主力军。

在一只蜜蜂传粉的过程中，它毛茸茸的身体能粘住 50 万～ 75 万粒花粉，使植物得到充分授精的机会，从而在提高粮食作物产量和质量方面发挥巨大作用。

失去了蜜蜂，很多作物的产量会直线下降，甚至出现绝收危机。

在人口数量持续暴增的情况下，蜜蜂的消失将使人类面临严重饥荒！

同时，蜜蜂创造了巨大的经济价值。

据估计，蜜蜂授粉每年可以为美国创造 150 亿美元的价值，除了酿蜜，更多的是作物因蜜蜂授粉而在产量和质量上产生的增加值。

从 2014 年，我国农业部就开始试验推广蜜蜂授粉技术（目前，全国共有 24 个示范区参与了蜜蜂授粉的示范推广，涉及油菜、向日葵、大豆、苹果、梨、枣、樱桃等 12 种植物，示范推广面积超过 100 万亩），试验结果表明，多数作物增产效果显著，果树、草莓等作物每亩增收 5000 元以上，设施作物每亩节约用工 10 人以上。

其次，如果蜜蜂灭绝，更多物种会随之消失。

生态系统环环相扣，无论少了哪一环，都会对整体造成不可估量的伤害。

蜜蜂这一环尤其关键，它与植物的协同进化效应使物种的多样性得到了最大体现。

假如蜜蜂消失，很多物种也会跟着逐渐湮灭。

比如高度依赖昆虫授粉的巴旦木，如果缺少蜜蜂等授粉昆虫，几乎不会结果。

许多濒临灭绝的珍稀植物甚至只能依靠特定的蜜蜂帮助授粉。

最后，蜜蜂的副产品太珍贵。

蜜蜂的"才艺"很多，不但产出蜂蜜，还产出蜂胶和蜂蜡。

什么是蜂胶？

这是它们从植物中收集非常黏的树脂等带回蜂巢，加入自身的分泌物，产出的一种具有芳香气味的胶状固体物。

一个5万至6万只的蜂群一年只能生产蜂胶70克～100克。

物以稀为贵，蜂胶因此被称为"紫色黄金"。

对蜜蜂来说，蜂胶是蜂巢的黏合剂，也是天然的消毒剂和抗生素，杀死蜂巢里的细菌、霉菌等，维持整个蜂巢的健康；

对人类来说，蜂胶具有很高的药用价值，在美容养颜方面效果也十分显著。

什么是蜂蜡？

它是工蜂自身分泌出来的一种天然蜡，是蜂巢的重要组成成分之一。

对于蜜蜂来说，蜂蜡是建造蜂巢的砖头，蜂胶是黏合砖头的混凝土。

对于人类来说，蜂蜡作为少有的能被大规模获取的天然蜡，已经被广泛应用于化妆品、农业、医药、食品甚至航天、电子、军工等行业的生产制造中。

由上可知，如果蜜蜂消失，我们将面临各种各样的问题。

谁杀死了蜜蜂？

谁是幕后元凶？

脑洞向来很大的美国人几乎立刻找到了"替罪羊"：

有人称，政府喷洒的某些"东西"导致了蜜蜂的消失；

有人认为，外星人正在带走蜜蜂；

有人怪罪手机辐射；

有些人怪罪奥萨马·本拉登；

还有人归罪于紫外线……

实际上，蜜蜂的大量消失行为被称为"蜂群崩溃失调病"（英文简称CCD），经过科学家不断地研究，终于得出结论：

一是环境气候发生了巨大变化。

空气、水体的污染，二氧化碳大量排放导致的温度升高，都会对蜜蜂生存所依赖的水源、食源，甚至是生长发育造成巨大影响。

当下，世界各地城市化进程加快，现代化建筑、公路、铁路以及人类活动等都能造成蜜蜂所处生态环境的破碎化。

大面积连续的生存环境，被分割成一个个总面积较小的斑块。

这种机械性的分割，不仅减少了野生动物的栖息地，还让一些动物种群被迫隔离，降低了物种之间的联系，作为其中一员的蜜蜂访花频率和行动都会受到一定影响。

二是人类耕作方式的改变。

随着农业集约化的不断推进，我们开始成片种植单一作物。

这种情况在欧美尤其常见，他们实施大农场经营，可能一大片农田只种植玉米、大豆等一两种作物。这些作物的花期几乎同时开始、同时结束，持续性短，使野生授粉蜜蜂得不到连续而充裕的食物供给。

三是杀虫剂、农药的使用。

数十年来，人类将数以百万吨的药剂施用于农作物。根据美国农业部调查，超过50%的食物都有杀虫剂及农药残留。

然而，在消灭害虫的同时，蜜蜂等无害动物也被灭掉了。

蜜蜂没有免疫系统，无论是被农药喷到还是把粘了药的花粉当作食物带回家，都会让其中毒身亡。

即便微量的农药毒素，也会让蜜蜂表现失常，找不到回家的路，最终也只能走向死亡。

为了证明农药对蜜蜂的影响，科学家做了几个实验。

实验一

科学家用尼古丁类农药喂食蜜蜂幼虫，浓度在十亿分之十到五十，相当于自然界中农药的微量残留。

之后，比较被喂食过农药与未被喂食的蜜蜂发现：虽然表面看不出差别，但长时间喂食农药会使蜜蜂神经系统逐渐瘫痪而导致死亡。

美国宾西法尼亚大学的研究人员对含有农药的花粉进行研究发现：蜜蜂当作食物带回家的花粉，至少含有6种可测的杀虫剂、除草剂、除菌剂。

活不见蜂、死不见尸，又是怎么一回事儿呢？

实验二

先将能发射雷达信号的小型感应晶片粘在蜜蜂身上，晶片非常轻，不会影响蜜蜂的正常活动；

用紫外线使黏着剂干燥，这样就能追踪蜜蜂的行动轨迹了；

将含有微量农药的糖水放入喂食器，蜜蜂会在数分钟内记住地点（喂食器与蜂窝的距离控制在30米以内）；

正常情况下，蜜蜂从喂食器回到蜂巢、再返回喂食器，所花时间不会超过5分钟。

但是，蜜蜂吃了含有农药的糖水后，这个过程所需时间延长了。

农药剂量越大，所用时间越来越长，并且，这些蜜蜂看上去焦躁不安，甚至无法回到蜂巢。

利用雷达追踪到这些失踪的蜜蜂，我们发现，它们已经死亡，并且明显偏离既定路线，落到了超出正常范围的地方。

当然，科学家必须追踪大量蜜蜂，才能得到可靠资料证实这个结论。

实验三

科学家创造了身上有刺青的蜜蜂。

将活蜜蜂稍微冷冻，使它半昏睡；

然后，把蜜蜂固定在雕刻架上，刮除其背毛并补上颜料；

接下来，在每只蜜蜂身上刺上不同编号；

用蜂巢门外安装的红外线感应门，记录下每只蜜蜂的活动；

同时，建立专业的资讯追踪系统用于监测蜂巢内外的环境。

将一系列监测的大数据进行匹配和研究后发现，摄入农药后，蜜蜂的飞行距离、飞行时间和速度都被削弱。

一些蜜蜂在暴露于农药中一到两天后，会在短期内非常活跃，飞得更远，但长期观察下来，它们的飞行能力是大幅度下降的，飞行状态也趋于无规律化。同时，蜜蜂的学习、记忆能力也几近丧失，忘记如何采蜜，忘记返回蜂巢的路径。

谁能替代蜜蜂？

没了蜜蜂，苍蝇、甲虫等昆虫不是也可以授粉吗？

当然可以。

但是，蜜蜂是授粉昆虫大军中的"精锐"，其他昆虫根本没法跟它比：

效率极高；

不会破坏性地"消费"植物；

有专业的装备（如花粉篮、花粉刷、分叉绒毛等）和专业的能力；

授粉的同时能为人类提供食物和药品；

可以人工大规模的饲养。

其他昆虫不行，那人工授粉可以吗？

当然可以，但是这个过程相当复杂：

爬到树上，从树上摘一些品相好的、完全开好的花；

把花烘干、花粉搓下来，挑出杂质后分装到小药瓶里；

每人胸前挂个小药瓶，到了果园，用铅笔头上的橡皮或者毛笔粘取花粉，对着花蕊轻微摩擦，让花粉转移到花上。

这样，一朵花就授完粉了。在授粉季节，这一系列动作要重复无数次。

需要注意的是，一定要抓好时机——早了，花没全开，就需要授第二轮；晚了，植物就结不了果了。

为了让授粉变得简便一些，人们发明了一些装置。

人类可用花粉振动器给西红柿授粉，西红柿的花粉被紧紧锁在花的雄蕊，释放花粉的唯一方法就是振动花药。

这本应是大黄蜂干的活。

大黄蜂是世界上少数可以握住花朵并将其震动的蜂种之一，通过抖动飞行肌来震动花朵，振动频率类似于音乐的 C 大调，就这样在不知不觉中给花朵授了粉。

那么，通过大黄蜂授粉和花粉振动器授粉的果实，哪个口感更好呢？肯定是大黄蜂授粉的。

科学家深知蜜蜂的重要作用，为了防患于未然，开始着手研究"机器蜂"，以期实现蜜蜂的授粉功能，从而应对未来可能遇到的糟糕情况。

2013 年，哈佛大学 Wyss 生物启发工程研究所制造了一款体重不到 1/10 克的机器蜂 RoboBee。

该机器蜂只有硬币大小，可以通过电脑控制在空中"飞行"，但是无法完成更多的动作，电池续航、传感器等方面也有诸多难题亟待解决。

此后，日本科学家在一台超小型无人机上使用了新材料"离子液体凝胶"固定了一些马的鬃毛，通过指挥无人机飞过花朵的雄蕊到雌蕊，来完成授粉。

但是，在短期内，机器蜜蜂和无人机授粉都无法代替蜜蜂。

一方面，想要生产 1 千克的蜂蜜，辛勤的蜜蜂必须完成 200 万朵花以上的巨大工作量，90 万英亩（约 3642 平方千米）的杏仁树，有 3 万亿朵花需要蜜蜂来授粉，无人机授粉这种方式需要远程操控，指挥像蜂群一样多的无人机暂时还不切实际，只能寄希望于未来，通过使用全球定位系统和人工智能，无人机实现了真正的自己飞行。

另一方面，因为蜂产品内部都有蜜蜂自身携带的生物活性物质，机器蜂无法酿蜜，这是机械蜂完全不可能取代的。

如何保护蜜蜂？

针对蜜蜂消失的现象，一些农业发达国家出台了相应的保护措施。

近几年，美国、英国、法国等相继出台了保护蜜蜂等传粉昆虫的国家发展战略规划。

此外，欧美很多科学家及爱蜂人士提倡把开花植物种植到家门口的院子、林荫大道、公共花园、社区公园、路边及草地等；同时，提倡农田更加多样化，重新种植固氮作物滋养土地，并种植有花的缓冲田埂。

上述方式，不仅可以滋养蜜蜂，还可以滋养享受蜜蜂授粉成果和蜜蜂产品的我们自己。

在我国，为了保护中华蜜蜂（中蜂）的物种资源，国家和科研院所开始重视研究中蜂的繁衍和发展。

比如，北京市房山区蒲洼乡建立起中蜂生态保护区和科普馆，推出了蛇鱼川沟峪"中华蜜蜂生态观光谷"和"中蜂割蜜节"活动，一些国家级自然保护区已经禁止在保护区内放养意大利蜂，并鼓励当地村民通过木桶招蜂、野外引蜂等方式保护当地的中华蜜蜂。

我国科学家认为，对野生蜜蜂，需要从蜜源植物和栖息地两个角度考虑有花植物的种植——在城市绿地、公园和农林生态系统中，增加有花植物，不但可以招引蜂群并提供花蜜和花粉，还可以为蜜蜂筑巢提供便利。

最后，我们希望蜜蜂消失的那一天永远不要到来。

撰文：李浩然　赵亮

02

这种被人类认为最软绵可欺的动物，
其实是个真正的狠角色！

导语： 提起羊这种动物，我们脑海里往往会浮现出湿漉漉的眼睛，萌萌的表情，它们一脸无辜，每天漫无目的地在山坡上游荡。

很多人认为它们温驯、没什么防卫能力，甚至觉得其存在对人类来说就是提供羊肉和羊毛。

"待宰的羔羊"甚至成为弱者的代名词。

其实不然。羊可是真正的狠角色。

一系列研究还表明，羊拥有很高的智商，甚至还有比人更强的记忆力，它们会在团队中建立友谊，在战斗中拉帮结派。

更可怕的是，羊还是世界上最具破坏力的生物之一。

"飞檐走壁"的攀岩大神

在阿尔卑斯山脚下的安特罗那山谷中，一群欣赏美景的旅行者突然停了下来。因为他们看到了难以置信的一幕——远处的钦基诺水坝上，似乎"挂"着什么东西，更神奇的是，那东西还在移动。

要知道，钦基诺水坝几乎垂直于地面，比山坡更陡峭，比自由女神像还要高，达到 50 米。

这对于经验丰富、有专业设备辅助的登山家来说，都是极具挑战的。但这种"挂着"的生物，似乎强大到摆脱了地心引力，如果横过来看，还以为它们趴在了地上。

旅行者们纷纷跑过去，拿出望远镜和摄像机，拉进镜头看看这到底是什么生物，神秘生物微微一笑，露出了萌萌的脸，这是羱羊，野生山羊的一种。

旅行者们的心都提到了嗓子眼，生怕这样呆萌的生物一个不留意踩空重重摔下来，血溅当场。但羱羊丝毫不紧张，在近乎垂直的峭壁上闲庭信步，爬累了还能说停就停。在风光摄影师的镜头下，它们仿佛嵌进了大坝里。

动物学家称，羱羊只是想舔舐坝体岩石上的盐分和矿物质，于是攻占了这座 50 米高的大坝……

羊竟然还有如此"神技"，这让旅行者们惊叹不已！"这太神奇了，他们会从一个石块跳到另一个。不费吹灰之力。"

看到围观的人越来越多，瀱羊顿时有点害怕，从水坝上一路小跑下来，步伐踏得鼓点一般紧密，却很扎实，看起来就像从高山上滑雪下来。

"上山容易下山难"在瀱羊这里也成了伪命题，在它们看来，上下山统统都是坦途，没什么区别。

绝技的养成，不外乎天赋加努力

其实不光是瀱羊，很多品种的山羊都有杰出的攀爬技巧，比如雪羊、岩羊等。那么，山羊们怎么就这么厉害？主要是老天爷"赏饭吃"。

首先，由于腿短、身体低矮，它们的重心接近于地面，这样无论攀爬还是行走都十分稳当。其次，它们拥有适宜攀爬的轻巧骨架，以及结实的腿部肌肉。

但最关键的，在于它们的蹄，堪称绝妙登山靴——双趾可以随意张开，牢牢抓住微小的岩石突起，双趾并拢时，趾尖可以挤进岩石的裂缝，然后站稳，支撑起自身体重。山羊蹄子的中心柔软、面积大，也有助于吸附在平滑的表面。

总之，只要能在岩壁上找到一丁点儿坑洞，山羊就能用蹄子抠住稳稳站住，如同站在"楼梯"上，然后拾级而上。下山时，山羊脚后那小小的悬蹄还能插进坑洞中，起到刹车作用。

四只蹄子就是山羊的"油门"与"刹车"，它们操纵起来张弛有度，力道均匀，再加上天生的些许自信，可以说，没有到不了的高处。

然而，太多经验告诉我们，光有天赋是远远不够的，如果后天不努力，对于人来说会变得平庸，对于山羊来说，可能要搭上一条羊命了。

因为从先天来讲，整个羊类都很弱，自然界里只要是想欺负它们的，大多都可以把它们按在地上狠狠胖揍。虽然老天爷也赐予了它们尖锐的羊角，但看起来更像是唬人的摆设，遇到体型稍大的动物，立马露怯。

思前想后，山羊们发现只能在"登山靴"上做做文章了。于是，刚出生没多久，小羔羊就开始跟着妈妈学攀岩，因为岩壁不只是它们的家，还是它们保护自己的安全港。

如果遇到豺狼虎豹，就可以倚仗岩壁抵达敌人到不了的高处，把敌人远远甩在身后！

绝技在身，怎么任性都不过分！

绝技在身，山羊经常独自或者结伴攀爬高处，只要不是待在陆地就好，理由也多种多样，有时为了找吃的，有时为了躲避天敌，有时纯粹为了好玩……总之，山羊的心思不好猜。

在北美，雪羊在山间攀爬会突然停下来，如雕塑般静止不动。不要以为它被困住了，它只是在上演"悬停"绝技，思考一会儿应该去哪儿，等它想明白了便纵身一跃，消失在你目力所不及的地方。对于一只山羊来说，没想清楚下一步怎么走，不妨老老实实待在原地，因为，牵一发必然动全身。

岩壁断开了怎么办？山羊的方式很简单粗暴——直接跳过去，技能在身，到哪里都是坦途。

在摩洛哥（非洲西北部国家），有种山羊可以像豹一样爬上树顶。这是因为，非洲的植物很少，山羊只有爬上树，才能吃到多汁的浆果和嫩叶，在这里，会爬树才不会混得太差。

比起来攀岩，爬树显然需要更强的平衡感，这点不用担心，山羊的平衡感也好到爆。

在巴基斯坦的兴都库什山，捻角山羊也能轻松地爬上树，寻找有营养的食物。对于"吃货"来说，为了饱餐一顿，怎么做都不算过分。

它们也很爱玩，遇到没见过的东西总想一探究竟，做出一些反物理常识的动作，甚至大白天爬到桥底下约会。偶尔也会用技巧取悦下自己，制造一点惊险和刺激。在高处它们也闲不住，依然嬉戏打闹，显然不把这上千米的高地当回事！

世人都认为它们绵软可欺，它们也不恼，总是一副谦虚低调的模样，悄悄在高处欣赏着属于自己的一片天空，独自感叹："你们到底上不上来，我都坐好久了。"也不用担心它们"高处不胜寒"，这个物种已经进化出了不惧寒冷的生理构造，它们甚至没有汗腺用来降温。

虽然天生比较弱，饱尝了受欺负的滋味，但山羊们却没有变得偏激狭隘，性格从不孤僻，反而更容易体贴包容别人，只要是真心对它们的，都被当成好朋友对待。

面对猛兽，不放弃自己的执拗

当然，生活总是参差多态，并不是每一帧都如此惬意，有时候失足踏错了路，山羊也会摔得血肉模糊。

它们也会被捕食者盯上，比如凶狠的雪豹。在攀岩界，雪豹也是执牛耳者，它们威猛、矫健，修长的尾巴用来保持平衡，身上灰色的斑纹用来在山崖中伪装，可以说拥有了攀岩的全套装备。更关键的是，雪豹是实实在在的狠角色，如果在陆地"公平对决"，雪豹可以直接手撕山羊。

然而地点转移到悬崖峭壁上，雪豹想占山羊点便宜，难度就大了。山羊跑在前面，雪豹根本跟不上节奏。最后只能望着山羊远去的背影，一脸忧伤。捕食者反而被猎物累得气喘吁吁，郁闷的雪豹内心绝望。

像黑熊这种只靠蛮力不讲技巧的生物，一旦来到岩壁，更是不知不觉就被山羊带入坑中。最后，黑熊被困住了——两手用力攀着岩壁，两脚不断往上缩，庞大的身躯左右微倾，虽然很努力，但仍被岩壁深深锁住，不知如何是好。此时，黑熊肯定在不止一次地问自己："这到底是谁在伤害谁？"

偶尔，山羊也会被逼入穷途末路，眼看前面是悬崖，山羊也不减速，反而铆足了劲往前冲，雪豹也加速追赶，最后双双摔下悬崖。既然无路可走，那就选择跟捕食者同归于尽！就是死，脸上也留着一副毫不屈服的执拗，拉上另一个王者垫背，不亏。

兄弟绵羊也并不好惹，破坏力惊人！

靠着自己在大自然磨炼的这四只蹄，没啥攻击力的山羊拥有了超强的防御力，偶尔还能戏耍对手一番。这样看来，山羊并不是绵软可欺的，反而有点横，有点狠。那么，被人类圈养的绵羊，不会攀岩，没什么惊艳的技能，肯定懦弱无疑了吧？

并不是！BBC 最新的研究表明，绵羊有智慧，很复杂，绝非你看到的那样忠厚老实。首先，绵羊的记忆力非常惊人，甚至可能超过人类。绵羊可以记住和识别至少 50 个人的面孔超过两年，这比很多人类都强。它们还能通过照片来识别人类，剑桥大学的研究人员训练了 8 只绵羊，去识别演员吉伦哈尔和艾玛·沃特森，以及奥巴马和 BBC 播音员菲奥娜·布鲁斯的脸。绵羊更多地选择了此前它们曾见过的人脸，当看到熟悉的脸部照片时，受试绵羊会发出不同的叫声，这显示出它们具有类似灵长类——如猴子、猩猩那样的脸部识别能力。

如果你招惹了绵羊，和它们发生了冲突，那么你一定会被铭记在羊心，就算过了一年，它们仍然会想办法攻击你。

其次，绵羊的智商也很高。澳大利亚的研究者将一群羊放到了迷宫的出口，然后将其中单独的一只羊放到了迷宫的中心，被困的羊很快就能走出迷宫，和伙伴们会合。这一点可以表明，绵羊是具有较强的判断力和对逆境的适应能力。

最后，绵羊还能很好的借助团队力量。加利福尼亚大学的研究人员通过观察发现，羊和羊之间一旦形成坚定的友谊，在需要的时候就会彼此照顾，并且是长期的关系。如果发生群体战斗，它们还会主动帮助弱小的队友。并在打斗时彼此支持。

其实，羊在古代就很受推崇，在古埃及宗教中，公羊是神的象征。星座里也有和羊相关的。

在中国的民间传说中，羊是一位同希腊神话中普罗米修斯一样伟大的人物，普罗米修斯因盗天火给人间而被送上台，羊则因盗五谷种子给人间而舍身取义。

有人认为，就算绵羊也很厉害，但终究要依靠人类庇护，没有人类，它们在天敌众多的大自然中，根本不可能活那么久。其实，绵羊的生存能力比人类要强大得多。

肯尼亚是动物的天堂，在 1977 年到 2016 年期间，野生动物的种群数量下降了 68%，受影响的动物包括羚羊和斑马等跑步极快的动物。但是绵羊恰恰相反，反而增加了 76.3%。可以看出，绵羊的生存能力有多强！

绵羊在世界上的不断增多，反而导致了很多其他动物数量的急剧减少，比如同样吃草的水牛、斑马等，甚至造成了一些动物的灭绝。有科学家表示，如果再不对绵羊采取措施，那它们将毁灭掉整个世界。肯尼亚、新西兰等国家甚至开始限制绵羊数量，以防止更多动物灭绝。

虽然不能正面冲撞对手，面临绝境时也会无能地选择引颈受戮，远没有山羊跳崖那么悲壮，但绵羊却能依靠自身对环境超强的适应能力拼命繁殖，悄悄酝酿出一股足以掀翻整个食物链的力量，真的是"羊狠话不多"。

BBC 感叹："相比绵羊，人类才是愚蠢的，因为人类直到现在还不了解绵羊。"

　　其实何止绵羊和山羊，人类总是认为自己可以驾驭很多东西，但每种生物都是从数万年残酷的自然选择中锤炼出来的，本身就有着立身于大自然的"神技"，很多都值得人类学习和借鉴。对于人类来说，回归谦虚、树立对自然的敬畏之心，非常重要。

撰文：李浩然　刘润

03

这个有 200 多套"房子",一只能守卫 450 亩森林,"四毒"俱全的动物,又快被吃灭绝了!

导语: 说到穿山甲,大家多半会想到《东游记》或者是《葫芦娃》里面的形象。实际上,真正的穿山甲长这个样子。

作为鳞甲目穴居动物,穿山甲自小练就了一身出神入化的挖穴打洞本领。研究显示,每只穿山甲可能有 200 个藏身之处,每天在不同地方栖身,简直就是打洞界的"帝王"!狡兔三窟什么的弱爆了。

不过,打洞只是穿山甲的技能之一,在动物界,它可算得上"全能高手",上树、下水、攻击、防御,无所不能。

超强鳞甲，可攻可守可自愈

它真正厉害的，是那一身褐色角质鳞片，它的名字也由此而来。

这些鳞甲很像古代士兵的铠甲，硬度还超过了铠甲，据说小口径步枪难以击穿。于是，穿山甲遇到危险时，立即把自己团成一个"球"，牙齿锋利的食肉动物也奈何它不得。

尖齿利爪都拿穿山甲没有办法，狮子遇到了它，也只能是一脸生无可恋。

它还能"转守为攻"。当遇到大型食肉动物时，穿山甲就会控制肌肉让鳞片进行切割运动，割破敌人的嘴巴。

穿山甲共细分为 8 种，其中 2 种——树穿山甲和长尾穿山甲的鳞片格外犀利。它们的鳞片上，都有一个锐利的小尖，边缘很薄，十分锋利。

强大的鳞甲成长于恶劣的生存环境。上述两种穿山甲生活在树上，该技能可以帮它们应付蟒蛇的攻击，让豹子等食肉动物没法下口。

最神奇的是，穿山甲鳞甲能自我修复，秘密在于鳞片的分子结构。研究人员发现，穿山甲鳞片部分分子以一种独特方式互相连在一起，以保留对最初形状的记忆。与飞机上的黑匣子原理相似，这种记忆结构令鳞片能够经受住外部的强力物理冲击。

水，能唤醒这种记忆，并在可变形分子的参与下激活自我修复过程。无论变形多么严重只要鳞片保持完整，就可以完全恢复至初始形状。

与锋利铠甲相配的是"霸气"的走路姿态。很多库友会认为穿山甲行走时四肢着地，事实上，它们只用后肢着地，用大尾巴来保持平衡，是不是让你想起了霸王龙？

穿山甲的"铠甲"还能起到"救生圈"的作用。穿山甲的每片鳞片只有2克重，并且向内翻卷，入水之后，下面的空腔会充满空气，增加浮力，让它可以毫不费力地游泳。

此外，穿山甲还拥有有力的前爪，可以钉住树干、带动身体、轻松爬树。

软萌的内心，温柔又害羞

虽然有着战士般的坚硬外表，但它的内心却是温柔又害羞的。

它的眼睛小，视力也不好。白天，通常藏在地下洞穴或树洞中，偶尔会出现在树上，当然，大部分时间都是在呼呼大睡，只有夜晚才外出活动，依靠敏锐的嗅觉寻找食物。

穿山甲平时独来独往，只有在交配季节才会去寻找另一个"对的甲"。由于它们数量不多，难寻同类，所以，对于穿山甲来说，遇上对的他／她，真是太难得了。

好不容易遇到了异性穿山甲，眼神锁定，完成交配，一胎也只能生一个小宝宝。对于来之不易的宝宝，它们非常珍爱，宝贝走不动了就把宝宝背在身上。

穿山甲性情温和，爪子毫无杀伤力，只适合挖洞，嘴里甚至没有牙齿，只能靠长长的舌头来获取食物。

它们很爱吃"小零食"，各自的口味还不相同。一般情况下，每只穿山甲会认准最爱的一两种昆虫不放。当然，白蚁是它们的主食。

华南师范大学生命科学学院吴诗宝教授说："穿山甲的胃能装 500 克左右的白蚁。一只 3 公斤左右的穿山甲，一次就能够食用 300 克至 400 克的白蚁。一片面积在 250 亩至 450 亩的森林，只要有一只穿山甲，就可以免遭白蚁的破坏。因此，穿山甲也被称作'森林卫士'。"

被抓的那一刻，它就已经"死"了

身体被灌入水泥，会是什么感觉？这不是黑帮片中的桥段，而是真实发生在穿山甲身上的事。

有一部名叫《寻鳞》的纪录片，在 16 分钟里，向世人呈现出穿山甲地下交易的"冰山一角"。单只是这一角，便足以让人心惊。在纪录片中，作为线人，野生动物保护人士宁智杰和益云，帮警察抓捕穿山甲贩子。

他们在暗访的时候了解到，穿山甲贩子为了牟取更多的利益，往往会给穿山甲灌入水泥或者水，使其增重好几斤。被灌入泥浆的穿山甲很容易器官衰竭。即使被解救，它们活下来的概率也非常低。可以说，这些穿山甲在被抓的那一刻，就已经被"判了死刑"。

纪录片中，被救出的两只穿山甲已经不能自主走动了。

穿山甲是国家二级保护动物，根据我国《刑法》规定，非法猎捕、杀害国家重点保护的珍贵、濒危野生动物的，或者非法收购、运输、出售国家重点保护的珍贵、濒危野生动物及其制品的，将会判处有期徒刑或者拘役，并处罚金，情节特别严重的，处十年以上有期徒刑，并处罚金或者没收财产。面对如此严厉的法律惩罚，是谁给了穿山甲贩子这么大的胆子？

这都源于人类莫名其妙的认知与需求。穿山甲善于打洞，不少人就认为它有舒经活络的妙用，还能"下奶"。因此，有上述需求的人，即使弄不到穿山甲肉，也要搞些穿山甲的鳞片磨粉服用。

在我国南方一些地区，有些人迷信食用野生动物能够"大补"，还有人为了炫耀，"越濒危越吃"，于是，穿山甲沦为了盘中餐。有了这些需求，穿山甲贩子们为了谋财，不惜铤而走险。

除了被捕杀之外，生存环境的剧变，也造成了穿山甲数量锐减。穿山甲喜欢生活于丘陵地带的阔叶及针阔混交林带，食性单一，对环境变化的适应性很差。

一旦栖息地遭到破坏，其种群数量就会迅速下降。我国南方地区由于人口密集，开矿、修路及森林砍伐等人类活动频繁，对穿山甲的栖息地造成了严重破坏。虽然现在很多地区进行了退耕还林工作，但新种植林木多为单一树种，并不适于穿山甲的栖息。另外，由于习性特殊，穿山甲无法进行圈养，人工繁殖迄今都没有获得过成功。

在中国最近的资源调查中，本土穿山甲已经罕有野外观察到实体的报告，洞穴也都是多年前的老洞穴。可以判断，穿山甲野外种群即使有，也应该处在非常窘迫的境地。

中国的穿山甲资源接近枯竭，贩子们又把目光瞄向了国外。

吴诗宝教授在采访中提到，我国每年大约消耗 30 万只穿山甲，近几年可能更多，其中 95% 以上来自国外。

要知道，这些国外来的穿山甲都是非法的。2000 年，我国从亚洲国家进口穿山甲的渠道就被彻底禁止了。并且，因为检疫问题，从非洲引进穿山甲的限制一直没放开。

此外，我国对于查获的活体穿山甲通常采取放生的策略，但近年来，走私到境内的穿山甲大多是东南亚甚至非洲物种，若不经严格的物种鉴定即行放生，由此带来的基因污染也同样严重威胁着中华穿山甲的遗传属性。

根据 CITES（濒危野生动植物种国际贸易公约）数据，在过去 21 年里，中国穿山甲的数量下降了 90%；中科院动物所曾岩博士提供的信息更悲观，"20 世纪 60 年代至 2004 年，中国境内的中国穿山甲数量减少了 89% 至 94%"；2008 年一项调查显示，我国穿山甲数量"大致在 25100 到 49450 只之间"。

早在 2014 年，穿山甲就被世界自然保护联盟定为"极度濒危"动物。情况有多严重？2016 年，大熊猫已经被"降级"到"易危"，穿山甲比大熊猫面临着更大的威胁！

"四毒加身"，穿山甲真的有奇效？

然而，遭到大肆屠杀的穿山甲，真的有那些神奇的效力吗？其实，穿山甲肉不仅完全没药用价值，据《本草纲目》记载，穿山甲肉是有毒的。

穿山甲的鳞片确实有药用价值，将其入药在我国有很长的历史，宋代时，有记载可被用于妇科治疗上。

需要注意的是，其使用范围很窄：在中医中，穿山甲鳞片只用于治疗乳汁不通，而且能轻而易举地找到替代品。

北京师范大学生命科学学院生态学研究所所长张大勇表示：一些初步临床试验证明，猪趾甲和穿山甲片在某些医疗效果上并无显著差异。北京中医药大学教授王承德也提到：目前已经有很多临床实验证明，猪蹄甲在消痈、抗炎、催乳等方面可以取代穿山甲鳞片的功效。

穿山甲携带大量寄生虫和病毒，人食用穿山甲是有巨大风险的。谈及食用、交易穿山甲的风险时，武汉市食品药品监督管理局罗志表示：大部分野生动物都是通过地下渠道交易，没有经过卫生检疫，存在很大的安全风险。加之，非法经营的野味餐馆，常偷偷摸摸经营，烹制时难免会粗制滥造，野生动物烹饪过程中交叉污染……那些病毒、寄生虫、病原体侵入人体，大大增加了患病的概率。

有民警透露，为了方便运输、有个好"卖相"，走私分子会给穿山甲打镇静剂；如果是死体穿山甲，则会打防腐剂，防止烂掉；为了多赚钱，他们还会给穿山甲喂重金属。这样"四毒加身"的穿山甲，你敢吃吗？

穿山甲数量锐减，人类已经尝到了苦果。目前，中国的森林正在走向人工纯化林，在这里，白蚁更容易泛滥，如果没有了穿山甲，人们能够依靠的，只能是剧毒农药。

长此以往，除了食物里会有农药残留，家具里、建材里也会出现剧毒农药。

这场由于人类的贪婪和迷信导致的浩劫，将"硕果仅存"的8种鳞甲目推到了灭绝的边缘。我们的子孙后代是否还能看到穿山甲，取决于我们每一个人的态度。

撰文：黄俊峰　马溢韩

04

"平头哥"到底什么来头?

导语: 某集团宣布新成立半导体公司,名唤"平头哥"。大家十分好奇,"平头哥"是谁? 什么来头? 怎么就成了公司名字?

其实,"平头哥"并不是某一类人的称呼,而是一种动物的别称,并且这种动物连狮子老虎见了都发愁,它就是蜜獾。

由于经常在动物界"横行无忌",蜜獾留下了许多"传说",诸如"非洲乱不乱,獾哥说了算"等,这也为它带来了另一个别称——"非洲一霸"。

不要尿,就是干

蜜獾(Honey badger),是鼬科蜜獾属下唯一一种动物,主要分布于非洲、西亚及南亚,体长 70 ~ 90 厘米,肩高 25 ~ 30 厘米,体重 10 公斤左右,算得上小巧玲珑。它的面相呆萌可爱,甚至有点傻气,乍一看并无什么攻击力。

因为头顶平,背上覆盖一层白色毛发,像极了留寸头故意染白的江湖大哥,故而大家都称呼蜜獾"平头哥"。当然,这个别称不仅仅来源于体貌特征,更是它性格的概述——蜜獾性格凶悍、放荡不羁,獾生信条"不要尿,就是干",对得起"哥"的称号。

比如，误入狮群，面对"非洲一哥"，毫无惧色，先发制人。

遇到非洲大草原上实力要次于狮子的"非洲三哥"野狗的挑衅，先咬了再说。

疣猪？不怕的。

小鳄鱼？不仅不怕，还要"反杀"。

满身是刺儿的豪猪也阻挡不了它的脚步。

好奇的斑马想凑近看一眼小蜜獾，被闻风赶来的蜜獾妈妈一声吼，吓得掉头就跑。

正是因为不惧向体型数倍于自己的动物发起进攻，蜜獾被吉尼斯世界纪录大全封为"世界上最无所畏惧的动物"。有网友总结蜜獾打架的心理活动：别告诉我多少人，也别告诉我对手是谁，告诉我时间地点就可以了。

库友们可能要问了，这怼天怼地的劲头，谁都敢惹，他就不怕被强敌吃掉吗？想吃掉蜜獾真的不容易。

首先，蜜獾身材娇小，战术灵活，它与大型动物对峙的时候，会选择边走边攻击，或者快速从对手身下穿过，转而从后方攻击。

其次，蜜獾的皮毛光滑，厚实，有韧性，一旦被咬住，可以通过扭动挣脱，甚至转头反咬一口。即使被控制住了，因为其皮毛和肌肉并没有紧密相连，猎食者没有着力点，也无从下口。纪录片《无畏的蜜獾》就记录了两只狮子抓住一只蜜獾后，死活咬不开它的皮肉，从傍晚面面相觑到破晓，最终只得放了它。

最后，蜜獾还有一门看家绝技。它的尾部有一种含有臭味液体的腺体，一般情况下只用来标记领地，一旦陷入威胁，就可以释放臭气，警示敌人，救自己于水火之中。

从不记仇，因为有仇当场就报了

当然，蜜獾虽然凶猛，也是讲道理的。它们喜欢独来独往，尽量不与其他动物发生冲突。不过，一旦惹怒了它，后果就会十分严重。性格直爽火爆的蜜獾，从不记仇，因为它会当场直接找你算账。其报仇"执念"之深，就像一贴膏药，你粘上了撕下来就是一层皮。

电影《上帝也疯狂2》中就有一个经典片段，对蜜獾的这一性格进行了精准细致的刻画。影片中男主角在拖拽掉落的飞机时，没有看到身后的蜜獾，不小心踩到了它，没想到开始遭遇史上最疯狂的报复。蜜獾先是咬破了飞机轮胎，觉得不解气，一定要咬男主角一口，自此开始了漫长的复仇路。先是咬住男主角的鞋子不松口，只好被拖拽着走，不小心被甩开后就一直紧随其后，追着男主角满沙漠跑，炎炎烈日下，它几番中暑晕倒，却依旧不抛弃不放弃，跑起来继续追。

最终累瘫在地，只能被男主抱着继续行走。

虽然在电影中蜜獾的"大仇"未能得报，但在现实生活中，蜜獾报仇成功的案例比比皆是。

在某研究基地，蜜獾和狮子被安排在相邻的园子中，有一天，蜜獾忽然开始挖洞，然后越过铁丝网与对面的狮子打了起来，最后把人家的脸抓出了血。事后，管理员分析，应该是两个动物在无意的对视中，滋生了敌意，蜜獾的火爆脾气促使它先行出击。

这种"你瞅啥"引发的"血案"，在"平头哥"的日常生活中毫不稀奇。这种有仇必报、马上就报的个性，实在是让对手们只能感叹：真是怕了你了！

百毒不侵，万物皆可为食材

除了对抗强敌，蜜獾还是一个顶级的捕食者，它眼里，"一切皆可吃"，是从不挑食的杂食动物，老鼠、小鸟之类的自是不在话下。

更让人感到惊讶的是，自身携带毒液的动物，蜜獾也吃，比如，蝎子。

母蜜獾经常拿蝎子作为练习对象，教授孩子如何捕捉带毒液的动物，小蜜獾在无数次被毒刺蛰后，就会习得，咬住毒刺就可以一招制敌。

当然，蝎子只能作为"甜点"，真正的大餐是蛇。蛇占到了蜜獾"菜谱"的四分之一，在非洲的旱季，由于其他食物短缺，这个占比还会上升。

库友们可能要问了，蝎子和好多蛇都是有毒的，蜜獾吃了不中毒吗？还真别说，蜜獾"骨骼清奇"，可谓"百毒不侵"，是世界上少有的能抵抗蛇毒的动物之一。此前，有研究人员发现，蜜獾在捕捉了一条剧毒的鼓腹咝蝰，将其头部撕扯吃掉后迅速失去生命迹象，爪子里还紧紧抓着鼓腹咝蝰的尸体。

但是两个多小时以后，蜜獾抖了抖身体，又恢复了生命迹象，继续吃鼓腹咝蝰。这说明，蜜獾的体内有着强悍的抗毒系统，毒液只会暂时麻痹其神经，等自身消化完毕，又会恢复如常，堪称奇迹。

为了吃，蜜獾也掌握了许多捕猎者的必备技能，觅食一次，可以挖洞50个，它还会利用挖洞时跟随泥土跑出来的虫子，吸引小鸟来吃，进而捕捉小鸟。它的爬树技能也十分突出。这有赖于其从小的锻炼以及长达4厘米的爪子，可以深深嵌入树干。

眼镜蛇的天敌极少，而其中之一就是蜜獾。

就连狮子老虎都奈何不了的乌龟，蜜獾也可以轻松咬开硬壳，这有赖于其锋利的牙齿。

正所谓，打铁还需自身硬，蜜獾肆意生活的背后，是勤奋练习带来的过硬身体素质，以及天赐的抗毒能力。

智勇双全，"永不为奴"

不要以为蜜獾只是空有一身蛮力，它在动物界可以说是有一颗聪明的小脑瓜。也正是由于聪明，它们得以一直保持自由身，因为动物园圈养不住。

美国曾有人试验过圈养一雄一雌两只蜜獾，结果是让它们好好"秀"了一把逃亡操作。研究人员一开始用铁门加铁丝固定，试图阻止它们逃跑。

然而，那只叫史道佛的雄性蜜獾找到了打开门的方法。它先让雌性上去打开第一个门栓，它自己在下面撑住门，随后雌性继续往上爬，打开第二个门栓。

最后，等雌性下来，史道佛打开门，两只蜜獾一起逃了出来。

研究人员加固了门，史道佛就挖洞跑了出来。

专门建造一个水泥砌成的"蜜獾监狱"，蜜獾爬上树，把树压坠到了墙边，跑了。把树全砍了，蜜獾就开始搜集石头堆到墙角，积累到足够的高度后，又跑出去了。

石头都被挖走，蜜獾就开始捏泥团堆在墙角。即便是研究人员遗忘在墙内的扫帚，也被蜜獾当作梯子，用来逃出生天。

除了自身机智外，蜜獾还会联合其他动物，共同捕猎。虽然蛇肉在蜜獾的饮食结构中占据很大比例，但蜜獾这个名字不能白叫，它最喜欢吃的还是蜂蜜，以及蜜蜂幼虫。但是野蜂常常把巢筑在高高的树上，不容易被找到。蜜獾为了一饱口福，选择与目光敏锐的黑喉响蜜鴷合作。

一般情况下，黑喉响蜜鴷发现树上的蜂巢后，便去寻找蜜獾。它们边飞边扇动翅膀，发出"嗒嗒"的声音。蜜獾得到信号后，迅速赶来，爬上树咬碎蜂巢，吃掉蜂蜜和幼虫。在这期间，蜜蜂会疯狂攻击蜜獾，不过蜜獾皮厚眼睛小，耳廓还可以自如地开合，避免异物进入，完全不在意蜜蜂的攻击。

等蜜獾饱食一顿，黑喉响蜜鴷就开始享用蜂房里的蜂蜡。说来也神奇，一般的动物是无法消化蜂蜡的，黑喉响蜜鴷却可以，所以，它跟蜜獾简直就是"最佳拍档"。

在库叔看来，蜜獾真是一种神奇的动物，小小的身体藏着大大的能量。它表面呆萌软懦，其实内心强悍。

它性格直爽，敢爱敢恨，心里不开心就要表达出来，被欺负或被挑衅，不管对手多强大，不关心胜负，追到天涯海角都要誓死捍卫自己的尊严。同时，它又竭尽全力地锻炼自己，暗暗蓄力，以求一击即中。这就是"平头哥"的生存之道。

最后，库叔就用非洲的一句谚语来鼓励大家吧：

"做一只强悍的蜜獾"！

撰文：谢芳

05

开国、宫斗、战争、覆灭、重生……
这是一部蚂蚁王朝的暗黑兴衰史

导语： 当我们的视线深入阴暗潮湿的巢穴，扫过那些密密麻麻、耸动着的触角时，你会发现，在这个庞大的地下王国中，隐藏着一部不为外人道的王朝兴衰史——嗜血的屠杀和内部的倾轧。

漫威电影《蚁人2》中，主人公在蚂蚁大军的帮助下力挽狂澜，拯救了困在量子空间的未来岳母，打败了反派，赢得了战争的胜利。从昆虫学的角度来说，《蚁人》系列的精彩之处，不仅在于酷炫的特效和英雄情怀，更在于影片中那些数不清的蚂蚁——木工蚁，子弹蚁、疯蚁和火蚁。

这些蚂蚁勤劳勇敢、灵巧忠心，为了主角前赴后继，屏幕前的观众纷纷捂住胸口大呼："可爱！萌萌哒！"的确，人们很容易对这个小不点产生好感，在教科书里，蚂蚁和蜜蜂肩并肩，雄霸着动物界的勤劳排行榜。

随着观察的深入和研究的拓展，科学家们发现，蚂蚁并不像大家想的那么简单。

开国：工蚁尸体堆出的王朝

在大家的普遍印象中，我们脚下的蚂蚁窝，是一个安排有序、井井有条的大家庭：工蚁勤勤恳恳、进进出出地找吃的，兵蚁担负起守护家园、冲锋陷阵的重任，蚁后则养育孩子，为家族的繁衍做贡献。整个家族其乐融融，资源共享，恰似人类升级版的繁荣社会。

但是，这无法解释：微不足道的它们如何建立起一个规模宏大的"蚂蚁帝国"？这个帝国的一切，都要从这只蚁后说起。

一场暴雨过后，土壤松软湿润，最适合开疆辟土。这只蜜蚁蚁后从藏身地爬出，重新寻找栖息地，作为她帝国建立的第一步。时间不等蚁，在巡视完一圈后，她选择在畜栏旁"扎下准备施工的小旗"。

随后，王后要开始建设她的帝国了。开国总是面对着成堆的难题，这时，王后的帮手出现了——另一只蜜蚁蚁后。

王后很愉悦地接纳了她，紧接着，第三只蚁后、第四只蚁后陆续出现。作为帝国的开创者，王后似乎展现出了她惊人的大度，她接纳了所有前来投奔她的其他蚁后，如同清宫里的六宫之主皇后娘娘，准许她们在自己的帝国里生存。

这在自然界是很少见的。一般情况下，一个蚁巢中只能容纳 1 ～ 2 只蚁后，最多不超过 3 ～ 4 只。然而，在畜栏蚁巢中，陆陆续续来了 10 只蚁后。伴随着这些蚁后的加入，帝国初具规模，地下疆域空前壮大。

帝国初步稳定下来后，蚁后们颁布了第一条政策——人口繁衍法令。无须多言，大家心领神会，她们的任务就是——生！

每个蚁后都开始积极地繁衍子孙，诞下它们第一批卵。

这些卵都很小，比大头针的平头还小。

很快，卵孵化成幼虫，在蚁后们的悉心照料下化蛹。几周后，白色的蚂蚁突破虫蛹，慢慢变黑变硬，一只小小的工蚁便诞生了。第一批小蚂蚁的数量远远超过 300 个，它们都是不能生育的雌蚁，将作为帝国最早的开拓者，时刻准备着为了帝国开疆扩土大业、为了王后粉身碎骨。

其中，一部分工蚁待在地下，照顾蚁后和卵；其他的则向地面进发，寻找食物。

帝国建设之初资源匮乏，留给它们的只有几平方米土地，工蚁们必须珍视找到的每一点粮食。惊人的是，一只小小的工蚁，可以抬起超过自身重量400倍的物体，能拉动超过1700倍的物体！正是这种"蚍蜉撼大树"的勇气，使帝国生出了扎实的根基。

探路的工蚁们常常落单，一旦找不到回蚁穴的路，等待它们的只有体力的白白消耗，还有身死他乡的悲凉。同时，工蚁们的生存环境相当恶劣，处处强敌环伺，虎视眈眈。既有来自牛群的"地震式"袭击，也有蚁狮、蜥蜴等食蚁动物的威胁。

一只棘蜥可以在一分钟内，消灭30只到45只蚂蚁，一餐可以吃1000到5000只；一只食蚁兽一顿则能吃一斤重的蚂蚁，要想填饱肚子，一整个蚁巢都不够用。穿山甲也是它们的"灾难"。因为没有牙齿，它会将自己细长的舌头伸进蚂蚁穴，把洞穴内的蚂蚁粘住，再送进自己的口中慢慢吃掉。

对于刚刚诞生的帝国来说，这种毁灭是"哥斯拉"级别的。工蚁们无时无刻不面对着死亡。

依靠工蚁们初次勘查带来的食物，蚁后们度过了她们的第一个难关，恢复体力，产下第二批卵。

然而，对于一个帝国而言，仅仅维持食物供给，是远远不够的。她们需要的不是和平，而是战争！

战争：帝国的血腥扩张

在畜栏蚁巢生活的土地上，也存在着其他的蚁巢。由于资源有限，各个蚂蚁家族都在极力谋求利益最大化。

建立之初，帝国还比较低调，工蚁们也习惯于默默过日子。但是，随着第二批第三批卵的孵化，帝国军队逐渐兵强马壮，粮草渐丰，弱国无外交的历史已经终结，它们做好准备，去发动一场血腥的掠夺战争。

畜栏蚁巢的工蚁们出动了！离它最近的邻居，成为了帝国扩张的第一个牺牲品。工蚁们迅速发起进攻，利用自己锋利的下颌和喷洒蚁酸，它们咬死对方的工蚁，并肢解它们的尸体，效果堪比人类的机关枪和生化武器！

蚁多力量大，在摧枯拉朽的强大攻势下，隔壁的蚁巢迅速亡国。战斗工蚁残骸散落在战场上，妇孺被拽出洞穴，要么杀死，要么带走。

尝到甜头后，畜栏蚁巢继续发动"闪电战"，向势力范围内的蚁巢进攻，掠夺它们的资源和子女。不久，畜栏附近所有蜜蚁巢穴都被摧毁了，工蚁们把战利品搬回蚁巢，贡献在蚁后们的面前。于是，抬眼望去，普天之下莫非王土，率土之滨莫非王臣，畜栏蚁巢帝国空前繁盛！一切似乎向着好的方向发展。

似乎没有蚂蚁发现，阳光照射不进的阴暗角落里，一次政变阴谋正在酝酿之中……

政变：王后只能有一个！

王后宫殿的气氛越发凝重而紧张。强壮的蚁后四处爬动，开始挤压其他蚁后的生存空间。于是，弱者不得不向强权屈膝，以求食物和空间。开国时各位主子同舟共济的脉脉温情早已消失得无影无踪，宫斗大戏逐渐浮出水面。

与后宫中妃嫔间借刀杀人的戏码类似，"择后"进行得悄然而毒辣。强者不断占有弱者的空间和食物，使得她们越来越虚弱。

或许是来源于一次食物的剥夺，或许是经历了一次不显露的暗示，工蚁们在活着的蚁后中，挑出第一个帝国"祭品"。

工蚁们开始骚扰和恐吓那只蚁后，伴随着逐渐紧张的气氛，行动开始升级。工蚁们咬住这只蚁后的头和腿，使劲拽向四周。

这个过程缓慢地持续着，直到这只被选中的蚁后停止挣扎，被工蚁们撕成了碎片。

即使她已经死了，也要为帝国奉献最后一点血肉。蚁们抱来幼虫，让它们啃食蚁后的尸体，从而摄取足够的营养。

这些咀嚼碎片的幼虫，不少都是这只死去蚁后的后代，但这些都不重要，没有任何一只蚂蚁会为失败者树碑立传。重要的是胜利者，在这场政变中，兵不血刃地赢取了第一次革命。

接下来，这场政变会持续几周，重复上演前文提到的那一幕：参与建国的蚁后们一个个被咬死、分食，只有那只最强大的蚁后能活到最后——在这个帝国，王后只能有一个。

这时，她终于真正坐稳了中宫的宝座，之后，什么都不用做，只需享受食物和照顾，耐心等待着同伴们的死亡。所有的工蚁，无论是谁的后代，都要归顺她、对她忠心耿耿。

极盛：穷兵黩武与筑墙贮粮

在获得绝对指挥权后，唯一的统治者开始带领着臣民进行新的扩张和发展。

几次战争后，畜栏蚁巢拥有了一个网球场那么大的领域，相较于之前的几平方米，帝国已空前强大，工蚁们还获得了一种新食物——花蜜。

为了把花蜜运到蚁巢，工蚁们会疯狂汲取花蜜，让自己的肚子胀起，成为储粮袋。同时，它们也会有意识地照顾蚜虫，因为蚜虫会分泌出的植物汁液，就像人们养奶牛挤奶一样。

吸饱花蜜后，工蚁大腹便便地回到蚁巢。

一些工蚁会被王后选中，被强制喂食大量的花蜜，腹部膨胀起来，甚至会有一颗豌豆那么大。等它们的腹部装满花蜜后，就爬到洞穴的顶部把自己悬挂起来，成为未来的"粮仓"，它们被称为"贮蜜蚁"。

等到干旱的季节或者冬季，这些"活粮仓"会把花蜜吐出来，供蚁后和其他蚂蚁补充营养。

此外，一些小工蚁会自动成为保姆，照顾蚁后，或者小的幼虫，保证它们的洁净和健康。

另一些工蚁会成为"外科大夫"，在幼虫无法突破虫蛹时，用锋利的下颌切掉蛹皮，把幼虫释放出来。

"独夫之心，日益骄固"，随着王后野心的膨胀，帝国的扩张进行得如火如荼。工蚁们去更远的地方觅食，对更丰沃的蚁巢发动侵略，夺出食物。

其中，最珍贵的要数贮蜜蚁，工蚁们会直接在地下吸光一部分贮蜜蚁肚子里的花蜜，再把剩下的搬到蚁巢。有时候，为了方便，工蚁们会把贮蜜蚁的头咬掉，只把肚子搬回去。

不仅如此，战败方的蚁卵、幼虫、蛹、工蚁，全部被侵略者搬回蚁巢。工蚁们会把抢来的卵放进自己的幼儿所里抚育长大，这些俘虏长大后，继续为王后效力。

经过食物采集和侵略战争，畜栏蚁巢的粮仓终于满了。这一次储存的粮草，可以确保 2000 只幼虫饮食充足，度过即将到来的冬天。

峡谷中的万物按部就班地生长着，周而复始，年复一年，而王后的帝国却一直不停歇地壮大，度过了它六岁的生日。几千只工蚁、数百个贮蜜蚁、数不清的虫卵，一座复杂的地下城市已经建立，一个繁荣的帝国正处于它的辉煌之巅，统治着峡谷区域。

这一切，都是在为一只重要蚂蚁的到来做准备，这，就是王后的继承"蚁"。

繁衍：下一个帝国的诞生

畜栏蚁群帝国纪元六年，王后第一次生下有翅膀的雄蚁和雌蚁。过去几年，帝国万民的努力都是为了这关键性的一刻。这些带翅膀的、有生育能力的皇家子弟，会飞越这片沙漠，建立下一个帝国。

又一个夏季的大雨终于来了，被泡软的土壤有利于帝国的初建，工蚁们倾巢而出，一边承担着安保工作，一边清理出一片安全区域。皇家子弟们爬到地面、飞向天空，努力寻找可以交配的对象。

当然，对于这些身份贵重的王子、公主们来说，这一次雷雨，可能是新的契机，也有可能是死亡的信号。它们之中，有的会成为下一任王后，挖掘蚁巢，产下幼虫；有的则会迅速死亡，除了尸体，什么也留不下。

被淹死、被吃掉，被自己人杀死，尸体被拖到其他蚁巢……只有极少数有幸追寻着母后的脚步，建立其自己的王国。

覆灭：帝国的陨落

第七年的夏天，王后把帝国内人口升级游戏玩到了极致，并再次成功放飞了她的孩子们。在她自己的预测中，自己的统治仍将维持 15 年。

然而，蚁算不如天算，第八年，干旱降临。峡谷中持续的高温，让蚁巢无法孕育出新生命，地面上的工蚁面临着被烤焦的危险，不能在地面停留太久，距离地面几厘米的地方，空气比地表温度低好几度。为了活命，它们只能爬到高处。

工蚁每爬几厘米，就要爬上枯草"冷静"下；几分钟后，再爬下来，继续寻找食物。热风、干旱、饥馑，威胁着畜栏蚁群帝国。

蚁巢里的食物早已被吃光，连贮蜜蚁的肚子也干瘪起来，王后产卵的速度也慢慢降低。

为了存活，王后下达了一次冒险的命令：去唯一的水源处——水槽，寻求食物，带回生机。工蚁们出发了。一小支队伍向着陌生的水槽进军，陌生意味着危险。

在距离畜栏蚁巢 40 米的距离，它们遭遇了另一只蜜蚁队伍，来自水槽蚁巢帝国，更大、更强、更具有侵略性。战争一触即发。

一只畜栏工蚁向着水槽工蚁发射了蚁酸，水槽蚁群立马组织起反攻，战争爆发。畜栏工蚁无法抵挡攻势，开始向自家蚁巢撤退，水槽工蚁紧追不舍。

水槽工蚁乘胜追击，杀到了畜栏蚁巢的门口，正在兴头上的水槽工蚁们闯进畜栏蚁巢，开始大屠杀。

得知消息的王后带着她的保姆和幼虫们，逃向更深的房间，然而，为时已晚。畜栏工蚁尸横遍野，依旧无法抵挡水槽工蚁的进攻。畜栏帝国的宫殿一个个被攻破，贮蜜蚁被咬掉脑袋、拖到阳光下；幼虫们被带走，成为他人的后代；死去的工蚁尸体被拖走，或被敌人当场吃掉……

最终，入侵者找到了王后。它们冷漠地咬住王后的头和腿，先把她拉直，然后肢解、吃掉。

这是一个可怕而屈辱的结局，这个帝国的创始者从未想到，帝国会如此快地覆灭；她和她曾经杀死过的同类一样，绝望地、悄无声息地死去。

很快，畜栏蚁巢便空空如也，胜利者满载而归。

历经八年的畜栏帝国，轰然倾覆。

一切：都是为了活着

畜栏帝国的历史血腥、残忍、可怕，像极了一段人类王朝暗黑史。在庞大的世界面前，弱不禁风的蚂蚁们，不惜付出这样惨烈的代价，承受物竞天择的压力，代代相承，最大程度地繁衍出新的生命。

实际上，在面对不同环境时，蚁群也会通过内部自身调整来应对危机。例如，在某些蚁巢中，工蚁和幼虫的关系更为玄妙。它们的嗉囊和胃都长在细细的腹柄后面，大多数膜翅目成虫腰部过为纤细，无法通过任何固体食物，也无法消化 1 微米（一米的百万分之一）以上的固体颗粒，进食就成为一个难题。对此，作为主要劳动力的工蚁，在食物方面依靠的是幼虫，它们身体里有很多成虫不具备的蛋白酶，可以消化蛋白质，流出口水，反哺给工蚁。想象一下这种场景，恰似爸妈做好了饭但自己不吃，只是喂给你，再把你的口水收集起来自己喝掉。

这似乎看起来很搞笑。但是，对于蚂蚁来说，生存是第一要义，它们因此选择了最为有利的方式。凭借着这些方式，无数帝国王后高贵的子女们，飞过沙漠、飞出峡谷，在新的土地上继续自己的战役，开创出一个又一个强盛帝国。

撰文：李雪　伍越

272

06

这种被人类认为最丑陋不祥的生物，
其实是一个真正的狠角色！

导语: 提起乌鸦这种动物，我们再熟悉不过了，但人类对乌鸦的评价并不好，觉得它们又丑又笨。

乌鸦似乎真是"丑"得别具一格，从头到脚都是黑的，仅在局部泛着绿蓝色或深蓝色的光泽，叫声粗粝，有发"哇"的，有发"啊"的，甚至还大胆地从人类脸前略过，带起一丝凉风，让人心生厌恶。

在人类看来，乌鸦也很笨，"乌合之众"这个词，就表现了人类对乌鸦智商的蔑视。它们往往集结成庞大的队伍，忽而腾空又忽而降落，落日余晖里，时常能见到它们冷峻闪亮的小眼睛，聒噪、闹腾，鼓动着翅膀，相互追逐，在夜空中划出一道道黑色的闪电。

人类也毫不客气地把乌鸦和巫术联系在一起，认为看到了乌鸦，就会有不好的事情发生。

但你相信吗，其实乌鸦有勇有谋，既有轻松碾压大部分动物的智商，又有随便挑衅豺狼虎豹的勇气，除此之外，它们还有比人更强的记忆力，极度自律，能学习会玩耍……

乌鸦在动物界可是个不一般的狠角色！

细数自然界的鸟类，美到极致的真是不胜枚举，鹦鹉、白鹭、黄鹂、喜鹊、锦鸡……

美国画家约翰·詹姆斯·奥杜邦绘制的鸟类图

它们的羽毛光滑细致，颜色搭配也让人眼前一亮，可以说有着很好的"衣品"。即使像鹰这样活得比较粗糙的，也因其矫健强劲的姿态、桀骜不驯的个性，得到了人类的广泛赞誉。

然而，乌鸦在鸟类中的处境就比较尴尬了，它既没能在天空中美到窒息，也没猛到让人敬畏，却"丑"到别具一格，让很多人类心生厌恶。

但乌鸦似乎对这些毫不在意，每天仍然开开心心，在空中相互追逐、闹腾，用粗粝的嗓音发出"啊～啊～啊"的叫声。既然上天给了这副尊容，与其郁郁寡欢、自卑自弃，不如坦然面对、接受现实。

更重要的是，乌鸦似乎早就认识到了一个真理：在它们鸟界，好看的皮囊自然是千千万，但有智慧的灵魂却真是万里挑一。如果说智慧也是一种性感，那乌鸦凭借自己的头脑，无疑成为自然界最性感的动物之一。

乌鸦的智商到底有多逆天？

乌鸦的智商到底有多逆天呢？我们都曾听过"乌鸦喝水"的寓言故事，很多人以为这只是瞎编的，其实不然！科学家就曾做过这样的试验。

科学家又设置了下一个试验，这次有两种"石头"，分别是真正的白色石块和看起来几乎也一样的白色泡沫。如果乌鸦"扔石头"的技能只是生搬硬套的话，那可能就要丢人了，结果，乌鸦很轻易就明白了两者的差别，专门挑白色石块往里扔。

最令人惊讶的是，乌鸦甚至能搞定 U 形管连通器。

如果觉得这不算什么，那就继续往下看。研究人员在一个小洞里放了一块肉，尽量把肉推到最里面，不借助工具，乌鸦无论如何是拿不出来的。

研究人员也很"贴心"地给乌鸦提供了一根足够长的小棍，但这并不白给，总要为难它一下——把长棍放在了一个工具箱的最里面，乌鸦同样够不着。

然后，把另一根小短棍放在旁边，作为乌鸦直接可用的工具。

接下来，乌鸦来了，看看这场高智商的表演。乌鸦毫不犹豫地捡起了地上的小短棍，然后用短棍去盒子里捞长棍，麻利地把长棍叼了出来。

然后，用这根长棍把肉捞出来，也是分分钟的事。

研究人员很惊讶，但很不死心，再次提高了试验的难度系数，这次把短木棍吊起来！

刚开始，面对这样的场面，乌鸦左瞧瞧右看看，显得不知所措，不要以为它彻底蒙了，其实它只是在踱着步思考。没过几分钟，乌鸦就果断腾空，把线一点点捋上来，再慢慢抽出木棍。

然后不就是无聊地重复之前的动作吗？

看到自己精心设计的试验被乌鸦一一攻破，研究人员还不死心，把难度提升到了"变态级"——号称"有史以来最困难的动物智力测试之一"。这次要成功拿到食物需要依次通过 8 个阶段，短木棍还是吊在绳子上，但长木棍却卡在最右侧的透明盒子里，需要利用石子的重量才能使其滚出。

看看乌鸦怎么来吃到食物，一开始还是左顾右盼了一番，心中可能暗想：这个问题超纲了。平复了一下心情之后，乌鸦决定还是先把短棍取下来。

在尝试了短棍不能直接勾到食物之后，乌鸦开始捞三个盒子里的石头。

石头拿到了应该怎么用呢？思考了一会儿之后，乌鸦叼起了石头，依次扔到卡着长棍的透明盒子里，接下来就尽在乌鸦掌控中了。

要知道，人类经历的最重要进化就是学会了使用工具，而乌鸦的一系列行为也说明，它们能使用工具！更重要的是，从短棍到长棍，乌鸦还能变换使用，用工具去获取食物是一回事，而用工具去找另一件工具，然后再获取食物则是另一回事，这需要更复杂的认知能力。引起人类技术发展的不是用石头敲击坚硬骨头，而是用石头去敲击另外的石头，从而获得火。

乌鸦这种"不起眼"的小生物，竟然也有这项使人类走向强大的技能。

乌鸦为什么这么聪明呢？

很多人可能觉得，会使用工具其实也不算啥，自然界中很多动物都会。然而，乌鸦除了能使用现成的工具，还跟人类一样会制造工具，而且做得特别精巧，比如，在一根笔直的铁丝上撅一个钩子，钩起放置在塑料管里分量较大的食物。

它们平时为了达到不同的目的，也会花费很多精力造一件趁手的工具，比如做一根木棍，除了单纯从树上啄下来，还会一点点修剪侧枝，最后风骚地弄个挂钩，以便使工具发挥更大的作用。

新喀鸦"钩"树洞里的昆虫　　　　　新喀鸦制作的钩状的小木棍

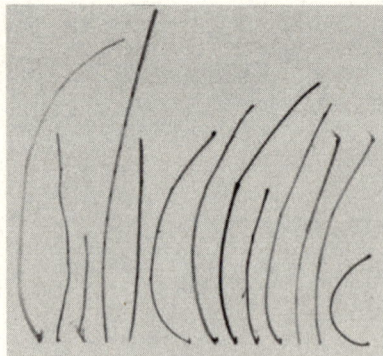

凭借这样高段位的能力，乌鸦能轻松碾压动物界大部分生物。它们为何这么聪明呢？

天赋肯定是不可或缺的，科学家通过对动物进行的大量研究发现，乌鸦的智力水平不仅在鸟类中算是最高的，而且还能媲美黑猩猩。因为它们鸦科动物前脑的神经元异常密集，拥有与黑猩猩同等数量的神经元，有时甚至更多。

有了这样高密度的神经元，和哺乳动物的大脑相比，它们的大脑每单位质量可能会有更高的"认知能力"。"尽管乌鸦的脑袋更小，但其表现与黑猩猩相比毫不逊色。"甚至有人把乌鸦称为"长了羽毛的大猩猩"。

此外，它们还有很强的逻辑推理能力，研究者曾在屏幕上设置了一种程序，让乌鸦选择两种不同的图标，一种有奖励，一种没有。

如果点了有奖励的图标，就会有食物弹出来，否则，屏幕就会变红。乌鸦需要通过不断积累经验区分出来。

在探索了一番之后，乌鸦对那些有奖励的图标了如指掌，获得了大量奖励。

儿童和狗也曾参与过这个试验，儿童只需尝试几次就能掌握，狗需要70次才能解开谜团，而乌鸦，跟儿童的速度几乎一样快。网友大呼："汪星人的智商被碾压得好惨""狗在动物里已经算是聪明的了，只是乌鸦是开挂的"……

除此之外，乌鸦的智慧也来源生活，乌鸦是杂食性动物，多样化的食物会对大脑发育产生直接影响。如果一种动物只吃水果，那它就只需要了解一类食物，乌鸦吃水果、蔬菜和肉，所以它们必须学会辨别并能获取各种食物。

就拿吃核桃来举例，对于一只鸟来说，想想难度都大。但乌鸦把敲开硬核桃皮做成了一门艺术：它们叼着核桃飞行时就估计了核桃的重量，然后在一定高度抛下来，正好能使核桃落地时裂开却不粉碎，然后他们跟着下来，确保没人来抢。

它们甚至算准核桃着地时最好遇到红灯，这样才不会让自己和核桃被车轮碾压到。

光有智商还不够，后天也必须努力

太多经验告诉我们，光有天赋是远远不够的，就算你很聪明，如果后天不努力，对于人来说会变得平庸，对于乌鸦来说，成为"乌合之众"的一员已经是代价最小了，它们很可能还会搭上一条鸟命。

聪明的乌鸦老早就认识到了，即使你智商再高，如果没有强硬的手腕，也一样会葬身尖牙利爪或猎枪下。既然单一个体很难面对凶险的环境，那就要努力集结起整个鸦群的智慧和力量，形成一股强大的黑色闪电。

有了同伴，连老鹰之类的猛禽都不怕，打不过的时候，乌鸦会呼叫附近的伙伴，直至把老鹰打得满天飘毛。

有了同伴，获得的不仅是力量支援，还有知识水平的提高，乌鸦总是很喜欢跟四海八荒的同伴们交流，倾听各自的遭遇，增长知识和见识，以此来提高自己的办事能力。当一只乌鸦在农场里遭到射杀时，它们就会改变整个迁徙模式，不会再有乌鸦跑到那片区域。

曾经有科学家做了一个实验，让一群戴着面具的人去驱赶乌鸦，很快这些乌鸦就记住了：戴这几类面具的都不是什么好人。

它们会找机会对这些面孔进行报复，而那些戴着其他面具的"好人"，它们就不会去骚扰。这说明了乌鸦记忆力惊人，能识别出人脸。

关键还在后面！研究人员还发现，那些没有受到驱逐、不曾参与过实验的乌鸦，在面对这几类戴面具的人时，也和那些曾经被欺负过的乌鸦一个反应，这说明乌鸦会把这个消息准确地传达给它们的其他同伴！

当有同伴死亡后，方圆十几公里的乌鸦都会闻讯赶来，"默哀"几分钟后，又静悄悄地飞走，场面极其诡异。动物能感知疼痛，但具有社会性的动物，却能感知整个群体的疼痛。乌鸦把整个族群的力量和痛苦看得很重要，因为族群是它们在自然界安身立命的依靠。

玩归玩，强者还是要保持自制！

有了智慧和力量，乌鸦怎么任性好像都不过分，在鸟界俨然成了一个小霸王一样的存在。不管是体型多大多危险的动物，它们也敢于挑战，猫头鹰就这样成了猛禽界的耻辱。

连有着"空中王者"之称的老鹰，乌鸦也敢戏耍一番，把人家当成了自己的坐骑。

其他鸟类见到老鹰可都要绕路走的，不然就可能成为老鹰的猎物，但乌鸦却直接飞到老鹰头上，大力踩踏老鹰头部，不给鹰王一点面子，让空中之王丢尽颜面！

老鹰被乌鸦踩抓得头部发痛，几乎要翻白眼了，但无奈的是，乌鸦站的这个位置非常巧妙，根本抓不到它。鹰做到这个份儿上还有什么意思？此时它的内心一定是崩溃的。

各种调戏手法也是常有的事，比如，拉一下鹰的尾巴。

既然连猛禽都不怕，那当然可以随意吊打全场了，整个鸟界仿佛都被乌鸦欺负遍了。

就连同伴之间也可以相互皮一下，被踩了头还表情淡然，毫无反应，显然是已经习惯了不安分的同伴。

对于高智商的动物来说，没事做就会异常空虚，欺负完了天上的猛禽，那就再跑到地上去看看，于是，乌鸦来抢汪星人的食物了。

乌鸦喜欢用嘴拉扯动物们的尾巴，这样做可能是为了分散动物的注意力，以便达到自己的目的，不过它们有时这样做，单纯只是为了好玩而已……

从马背上薅点毛……

表情吓人的黑猫，乌鸦也不忘咬一口……

还可能把猫暴打一顿，因为猫侵犯了自己的领地，就要尽全力把它驱赶出去。

就连人类，也曾经被它们的小伎俩给骗到过……

乌鸦喜欢亮晶晶的东西，你瞧，故意解开人的鞋带，在人忙着系鞋带的时候，大模大样地拿走搁在一旁的勺子。

好心人将一只受伤的乌鸦救回家，但乌鸦康复后却企图偷走他的假牙……这是现代版的"农夫与蛇"？可能，它们只是像小孩子一样，对一切没见过的东西很好奇。

连陆地上的猛兽，乌鸦也敢随便挑衅。比如，强大到可以与狼对视，丝毫不露怯。"你敢直视我锐利的双眼吗？小狗！"

北极熊的屁股也被乌鸦啄了。

乌鸦还会找一头精壮的野猪，跳上它宽阔的背部，啄一口遛一遛，也算是在冰天雪地里体验下冲浪的感觉。

它们很爱玩，什么都可以当作玩具玩一下。

都说"落地的凤凰不如鸡"，但空中小霸王，落地了照样是一股恶势力。

雨刷上也能荡秋千，让开车的人类再次崩溃。

玩归玩，闹归闹，强者一般都有原则，保持着一份自律。比如，不胡乱拈花惹草，动物界最忠贞不渝的其实并不是鸳鸯，而是乌鸦。很多乌鸦都是一夫一妻制，外表其貌不扬，内里忠心不二，它们一生中只有一个异性伴侣，直到对方死亡。

雄性乌鸦还会经常搜集一些闪闪发光的小玩意儿，叼回家献给雌性乌鸦，以博得配偶的欢心，生活在日本东京的乌鸦，就喜欢把居民的晾衣架叼回家，因为这个材料太适合筑巢了！

乌鸦甚至还会为明天做好规划，食物成熟时，它们不会一下子挥霍殆尽，而是很克制地把一部分埋在土里，等到冬天食用。曾有新闻报道一只乌鸦储存了上万颗松子，并依靠惊人的记忆力挨个找到。

生活在城市中的乌鸦还特别关注垃圾回收日，能记住垃圾车的回收路线，知道什么时候是清理多汁食物的最佳时间。到了那时候，它们就早早地等在那里，不会有丝毫耽误，实在让人惊叹。

说了这么多关于乌鸦的话题，相信大家对这种生物有了一个比较全面的认识。也有人说，乌鸦之所以这么聪明，是因为长时间跟人类生活得很近，总是在暗中观察和模仿人类。

这种观点虽然值得商榷，但乌鸦观察人类起码上千年确是事实，而我们对乌鸦的观察，近几年才刚刚开始，我们惊奇地发现，那些曾让人类在自然界中引以为豪的技能，比如制造和使用工具，比如认知能力、逻辑推理能力等，在乌鸦身上都有体现。

人类并不独一无二，跟很多动物拥有同样的起源，也是自然界的一份子，理应对自然保持一种敬畏。

撰文：李浩然　王祁欣